武汉颂大教育科技股份有限公司资助出版

武汉大学教育研究

Wuhan University Educational Research

2019年卷第1辑（总第9辑）

武汉大学　主办

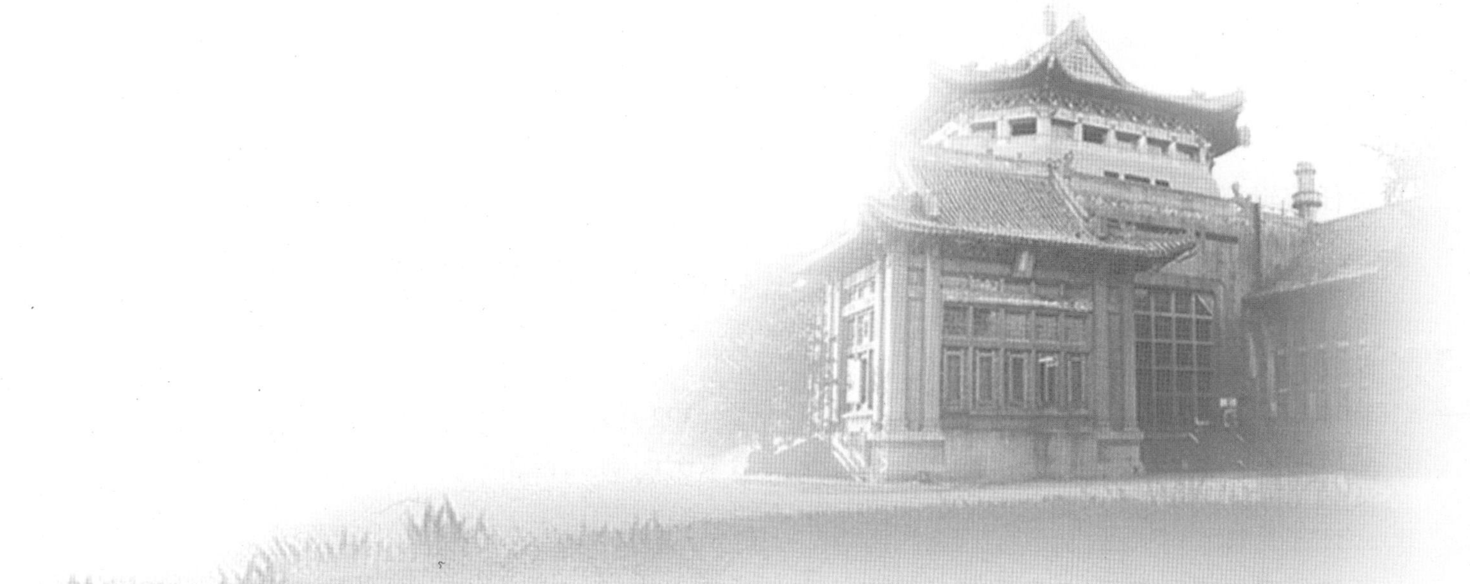

WUHAN UNIVERSITY PRESS
武汉大学出版社

图书在版编目(CIP)数据

武汉大学教育研究.2019年卷.第1辑:总第9辑/武汉大学主办.—武汉:武汉大学出版社,2019.9
ISBN 978-7-307-21059-2

Ⅰ.武… Ⅱ.武… Ⅲ.教育—文集 Ⅳ.G4-53

中国版本图书馆CIP数据核字(2019)第152107号

责任编辑:陈 红 责任校对:李孟潇 版式设计:马 佳

出版发行:**武汉大学出版社** (430072 武昌 珞珈山)
(电子邮箱:cbs22@whu.edu.cn 网址:www.wdp.com.cn)
印刷:湖北金海印务有限公司
开本:880×1230 1/16 印张:10.25 字数:302千字
版次:2019年9月第1版 2019年9月第1次印刷
ISBN 978-7-307-21059-2 定价:30.00元

目　录

CONTENTS

·高端论坛·

坚持学生第一　注重学生参与　助推学生发展

——关于立德树人的几点思考

徐东兴

（武汉大学　党政办公室，湖北　武汉　430072）

摘　要：立德树人是我们党教育方针确定的高等教育根本任务和中心环节。要让立德树人从统一的教育方针转化成科学好用的教育方案，从政策性的文件转化成自觉内生的文化，从统一的目标细化为多元一体的评价标准和举措。我们必须把握立德树人的认识维度，不断形成步步深入的“认识自觉”；必须把握立德树人的系统维度，努力形成层层递进的工作格局；必须把握立德树人的实践维度，不断形成环环相扣的工作体系；秉持坚持学生第一、注重学生参与、助推学生发展的工作思路，不断提高立德树人的针对性和有效性。

关键词：立德树人；学生第一；学生参与；学生发展

Adhere to the Student First Pay, Attention to Student Participation and Promote Student Development

—Thoughts on “Fostering Morality and Cultivating Talents”

Xu Dongxing

(Party and Government Office, Wuhan University, Wuhan, Hubei, 430072)

Abstract: “Fostering morality and cultivating talents” is the fundamental task and central link of higher education as determined by our party’s educational policy. How to transform it from a unified education policy into a scientific and easy-to-use educational program, transforming from a policy document into a conscious endogenous culture, and refining from a unified goal to a multi-integrated evaluation standard and measure; We must grasp the cognitive dimension of “fostering morality and cultivating talents” and continue to form a “cognitive consciousness” step-by-step; We must grasp the system dimension of “fostering morality and cultivating talents” and strive to form a progressive work pattern; We must grasp the practical dimension of “fostering morality and cultivating talents” and constantly form a working system that is interlocking; We must adhere to the principle of adhering to the student first, paying attention to student participation, and promoting students’ development, and constantly improve the pertinence and effectiveness of “fostering morality and cultivating talents”.

Key words: Socialist qualified builders and reliable successors; The student first; The development of students

---

收稿日期：2019-02-16

作者简介：徐东兴（1973—　），男，湖北罗田人，法学硕士、副研究员，现任武汉大学党政办公室主任。研究方向：高等教育管理，高校学生工作。

立德树人是高等学校的主要使命，也是办学治校的根本任务和中心环节。在政治站位上，必须将立德树人置于办学治校的战略层级、中心环节和优先位次，作为高等学校各项工作的出发点和落脚点；在指导思想上，必须系统化推进立德树人，将其贯穿融入并指导引领人才培养、科学研究、社会服务、文化传承创新、内部治理等各项具体工作；在工作标准上，“要把立德树人的成效作为检验学校一切工作的根本标准，做到以树人为核心，以立德为根本”①，将立德树人细化为工作目标、具体指标和评价标准，切实发挥其指挥棒作用。

一、如何把握立德树人的认识维度

立德树人具有独特的历史渊源、文化内涵和发展脉络。我们既要不断提高立德树人的政治站位和自觉意识，也要充分认识立德树人的内涵、外延、规律，还要达成立德树人的深度共识，不断形成步步深入的“认识自觉”。

(一)在古今中外各种思想理论的交汇融通中把握立德树人的发展逻辑

一方面，“立德树人”源于中国悠久的教育传统。“立德”语出《左传·襄公二十四年》：“太上有立德，其次有立功，其次有立言，虽久不废，此之谓不朽。”“树人”语出《管子·权修·第三》：“一年之计，莫如树谷；十年之计，莫如树木；终身之计，莫如树人。”“立德树人”于2006年中共中央政治局第34次集体学习时被正式提出，并在2012年党的十八大报告中被明确为“教育的根本任务”，进而在2016年的全国高校思想政治工作会议上被提升为“中心环节”。可以说，“立德树人”是对我国数以千年教育传统的创造性继承与创新性发展，是对中国共产党九十多年思想道德建设和中华人民共和国成立以来教育改革发展经验的高度凝练和系统总结②。另一方面，“立德树人”合乎世界高等教育发展大势。表1所列7所世界一流大学的人才培养理念③，虽然没有出现明确的“德”，但不难看出，大都强调全人教育特别是对品格等道德方面的培育；虽然对“德”的内涵和外延有不同的认识和定义，对“德”的培养有不同的侧重，但注重培养学生的价值观却是相通甚至是相同的，这一点在2015年联合国教科文组织推出的《对教育本质的新认识》报告中也有体现，这份报告提出以道德伦理为基础的道德人文主义价值观，符合教育领域的新特点、新动向，也充分体现了在教育目标上的世界性④。

表1　**7所世界一流大学的人才培养理念**

学校名称	人才培养理念
牛津大学	为培养全人而实施全面发展，这种教育的目的不仅着眼于未来的职业，而且着眼于整个生活
剑桥大学	促进学生在学术成绩、品格、爱好、专长和思维能力上的发展，希望全面了解学生并促进他们全面发展
哈佛大学	培养全面发展、有广泛同情心和判断能力的人，而非瘸腿的专家
普林斯顿大学	让学生能够接触多元思想，了解不同的认知方式，为培育领袖才能做好准备

① 马化祥．践行立德树人的根本使命[N]．光明日报，2014-06-04.

② 韩丽颖．立德树人：生成逻辑·精神实质·实践进路[J]．东北师大学报(哲学社会科学版)，2016(6).

③ 吴潜涛．社会主义核心价值观教育 立德树人的必由之路[N]．北京日报，2014-01-13.

④ 金德水．用社会主义核心价值观筑牢立德树人之基[N]．中国教育报，2014-05-27.

续表

学校名称	人才培养理念
斯坦福大学	培养学生的创新精神和实践能力，让学生受到人道和文明的熏陶，明晓法律约束下自由的可贵，懂得热爱和尊重人生，从而推进公众福祉
巴黎高等师范学校	提倡和建立基于个人自由选择基础上的、多学科培养的教育模式
东京大学	要培养有广阔视野，掌握高级专门知识，富有洞察力、实践力、想象力，并具有国际性和开拓者精神的领军人才

（二）在中华人民共和国成立后党的教育理念的演化中把握立德树人的精神内核

一方面，“立德树人”是马克思主义人本观在教育指导思想中的突出体现。马克思在《共产党宣言》中提出了“实现人自由而全面的发展”，这在中华人民共和国成立后教育理念的演变中越来越清晰具体，从1949年《中国人民政治协商会议共同纲领》中的“民族的、科学的、大众的文化教育”，到1957年毛泽东提出的社会主义教育“应该使教育者在德育、智育、体育几个方面都得到发展”①，到2002年党的十六大、2007年党的十七大提出的“德智体全面发展”，再到2012年党的十八大、2017年党的十九大、2018年全国教育大会分别提到的“立德树人”“德智体美全面发展”“德智体美劳全面发展”，教育理念涉及的内容越来越有机统一。另一方面，“立德树人”也是社会主义核心价值观在教育领域的集中体现。社会主义核心价值观是我们党对新时期国家、社会、公民应当遵循的价值原则和道德规范的全面概括，为当前高校立德树人工作确立了根本依据②。社会主义核心价值观融国家层面的价值目标、社会层面的价值取向和个人层面的价值准则为一体，确立了立德树人的价值根据和价值标准，明确了新的历史时期“德”的科学内涵③。须“用社会主义核心价值观筑牢立德树人之基”④。

（三）在思想政治工作规律、教书育人规律和学生成长规律的关系中把握立德树人的根本要求

一方面，须在三个规律的统一性上把握立德树人的总体方向。思想政治工作规律侧重党和国家层面，注重方向引导和价值引领，以政治性为主要标准；教书育人规律侧重教育和学校层面，强调规范性和专业性，以实效性为主要标准；学生成长规律侧重学生层面，聚焦工作方式方法，以针对性为主要标准，三个规律统一于立德树人，“在教育理念上突出了德育的首要性、先导性、统领性，同时又强调了思想政治教育与人才培养的融合性、协调性”⑤。另一方面，须在三个规律的差异性上把握立德树人的具体形态。三个规律呈现出不同的实践形态：第一课堂中，教书育人规律体现得充分些；日常思想政治教育中，思想政治工作规律体现得充分些；第二课堂中，学生成长规律体现得充分些。可以说，立德树人在教育的不同领域、不同环节有着不一样的形态和要求。所以，教育部出台了《高校思想政治工作质量提升工程实施纲要》，就是要从课程、科研、实践、文化、网络、心理、管理、服务、资助、组织等十个方面协同发力，以实现三个规律的有机结合、深度融合和高度整合。

---

① 唐国战．试析我国教育方针的发展与演变[J]．人民论坛，2010(26)．

② 朱善璐．以社会主义核心价值观引领立德树人工作[N]．人民日报，2014-06-17．

③ 吴潜涛．社会主义核心价值观教育 立德树人的必由之路[N]．北京日报，2014-01-13．

④ 金德水．用社会主义核心价值观筑牢立德树人之基[N]．中国教育报，2014-05-27．

⑤ 李明．简析高校立德树人的基本要求及实现路径[J]．学校党建与思想教育，2015(2)．

二、如何把握立德树人的系统维度

立德树人具有鲜明的价值取向、育人导向和问题指向。这既需要将立德树人有机纳入学校的办学理念层，也需要将立德树人深度嵌入学校的发展规划层，还需要将立德树人灵活融入治理政策层，更需要将立德树人自觉导入文化层，努力形成层层递进的工作格局。

（一）在“为谁立德树人”“立什么德树什么人”“如何立德树人”的逻辑统一中把握立德树人的主旋律

目前，围绕“为谁立德树人”“立什么德树什么人”这两个主题，学术界理论界有相对充分的认识，教育界尤其是高等教育界也有比较充分的共识。而对于“如何立德树人”这一实践层面的主题，在最近几年的教育政策、教育制度中已有相应的体现①，在高等学校中则有着不同的做法、办法和章法，如北京大学打造了“大国复兴”“大才精成”“教授茶座”等思想政治工作品牌②；清华大学创办了“清华思客”“微党建”“党建慕课”等新平台，精心打造新媒体矩阵③；武汉大学坚持学科优势和教学优势的“双强化”和相互转化，坚持教学内容创新和教学方法改革的“双推进”和持续探索，坚持线下教学与线上教学的“双创新”和优势互补④。但是，高等学校在立德树人的实践方面是不平衡不充分的，尚未充分实现全员、全方位、全过程的立德树人。因此，在立德树人过程中，高等学校必须加强顶层设计，充分发挥主体作用，将立德树人融入教育活动的全过程，充分挖掘能够服务于立德树人工作的各类文化资源，并尝试在全社会形成立德树人的舆论氛围，全方位、多角度地为落实这一根本任务铺好实践进路⑤。

（二）在宏观、中观、微观层面的多维统一中把握立德树人的任务树

立德树人之所以是根本任务、中心环节，在于其关联并统领不同的层面。“宏观”层面上，是党和国家的视角，着重贯彻落实党的教育方针，“我们的高校是党领导下的高校，是中国特色社会主义高校”；“高校思想政治工作关系高校培养什么样的人、如何培养人以及为谁培养人这个根本问题”；“要坚持把立德树人作为中心环节，把思想政治工作贯穿教育教学全过程，实现全程育人、全方位育人”⑥。“中观”层面上，是学校乃至院系的视角，注重人才培养，“加强师德师风建设，坚持教书和育人相统一，坚持言传和身教相统一，坚持潜心问道和关注社会相统一，坚持学术自由和学术规范相统一，引导广大教师以德立身、以德立学、以德施教”⑦。“微观”层面上，是学生的视角，侧重学生的全面发展，“必须围绕学生、关照学生、服务学生，不断提高学生思想水平、政治觉悟、道德品质、文化素养”，“满足学生成长发展需求和期待”⑧。三种视角也蕴含着不同的预期和模式，彼此之间有交集，有相同相通之处，也有不尽一致的地方。因此，在立德树人过程中，高等学校要统筹兼顾好国家的期待和要求、学校的目标和特色、学生的需求和特点，实现三种视角、预期、模式的有机统一，既要探索最能凝聚共识、最能激励人心的工作理念，又要寻找最符合教育规律、最接地气的工作模式，探寻最深入人心、最受学生欢迎的工作方法。

---

① 如2017年12月教育部出台的《高校思想政治工作质量提升工程实施纲要》。
② 马化祥．践行立德树人的根本使命[N]．光明日报，2014-06-04.
③ 不忘初心·砥砺前行——2016年清华大学党的建设工作回顾，清华大学校园网。
④ 中共武汉大学委员会．建设思政示范课堂 落实协同育人机制[N]．中国教育报，2018-01-18.
⑤ 韩丽颖．立德树人：生成逻辑·精神实质·实践进路[J]．东北师大学报(哲学社会科学版)，2016(6).
⑥ 习近平．高校立身之本在于立德树人[N]．新华每日电讯，2016-12-09.
⑦ 习近平．高校立身之本在于立德树人[N]．新华每日电讯，2016-12-09.
⑧ 习近平．高校立身之本在于立德树人[N]．新华每日电讯，2016-12-09.

（三）在学术事务、学生事务和相关事务的有机统一中把握立德树人的工作模式

立德树人之所以是根本任务、中心环节，还在于其关联并统领不同的领域。一方面，立德树人既体现在专业设置、培养方案、课程设置、教材选编、导师评价等学术事务之中，“将研究生导师立德树人评价考核结果，作为人才引进、职称评定、职务晋升、绩效分配、评优评先的重要依据……教育行政部门和研究生培养单位要把研究生导师立德树人职责落实情况纳入教学督导范畴”①，“实现从‘德育课程’到‘课程德育’、从‘思政课程’到‘课程思政’的‘大德育’‘大思政’范式转换，使立德树人渗透在各学科、各课程、各堂课中”。② 另一方面，立德树人也体现在党团活动、社会实践、校园文化、就业导航、心理咨询等学生事务之中，如华中科技大学把立德树人融入思政课堂、学生社区、班团集体、校园文化、媒体宣传之中。③ 再一方面，立德树人还体现在学校的制度建设、氛围营造、文化培育、校风校纪等相关事务之中，“要从立德树人的根本任务出发，进一步明确政治权力对大学的领导地位……正确把握人才培养的方向问题”④，如东南大学把立德树人融入后勤服务之中⑤。三种事务有不同的要求和运行模式，彼此间的共识、合力并不总是自动出现；彼此间的关系、机制并不总是相辅相成。因此，高等学校要实现学术事务、学生事务和相关事务的良性互动、相得益彰，有效破解立德树人各项工作中的不平衡、不充分、不协调。

三、如何把握立德树人的实践维度

立德树人具有较强的导向性、实践性与规律性。这既需要在实践中不断提高立德树人的政治方向性，也需要不断增强立德树人的育人导向性，还需要不断强化立德树人的实际操作性，更需要提高立德树人的针对性有效性，不断形成环环相扣的工作体系。

（一）把好方向导向，凝聚强大的育人共识合力

一方面，统筹把握好“立德树人”“人才培养”“学生全面发展”“以学生为本”“以学生为中心”等5个范畴之间的关系。如果说立德树人是高等学校的根本任务，那么人才培养就是高等学校的中心任务⑥，学生全面发展就是党的教育方针的具体化，以学生为本则是人类思想史上人文主义、人道主义思想传统的批判继承⑦，以学生为中心是以人民为中心的发展思想在高等学校的具体化。这5个范畴角度不同、指向有别、范围也不一样，但是聚焦“学生”这一主体则是其中的共同点，注重“参与”这一方式则是其中的相通点，助推“发展”这一取向则是其间的交集处。此外，这5个范畴作为理念是很有导向意义的，但作为具体工作思路的指向不够清晰和有力。另一方面，宜在“坚持学生第一、注重学生参与、助推学生发展”上达成共识形成合力。基于本人十余年的学生工作经历，以及在美国部分高校和我国香港、台湾地区高校的培训见习和考察经历，并借鉴国内外高校的经验，本人不揣浅陋，提出“坚持学生第一、注重学生参与、助推学生发展”的立德树人工作思路，“坚持学生第一”，就是要关爱每一个学生，把满足学生发展需求摆在优先位置，把促进学生顺利成长作为首要任务，把学生满意作为评价工作的第一标准；“注重学生参

---

① 教育部关于全面落实研究生导师立德树人职责的意见（教研〔2018〕1号）.
② 崔欣伟．构建高校立德树人根本任务的协同落实机制［N］．光明日报，2017-12-28.
③ 华中科技大学“五个融入”加强大学生思想政治教育，教育部网站，2015-04-01.
④ 缪劲翔．大学内部治理问题与中国特色现代大学治理体系建设［J］．北京教育，2017(3).
⑤ 东南大学把立德树人融入后勤服务工作，教育部网站，2017-07-03.
⑥ 《中华人民共和国高等教育法》第四章第三十一条。
⑦ 邵晓枫，等．“以学生为本”教育理念内涵的解读［J］．中国教育学刊，2006(3).

与”，意味着要尊重学生的主体地位，尊重学生发展的权利，尊重学生的特点、兴趣和需求，注重调动并发挥学生的主动性、积极性和创造性；“助推学生发展”，就是要为学生创造出、匹配好更为丰富、优质的发展空间、资源和机会，强化对学生的价值引领、文化熏陶、成长导航和发展支持，破解学生的思想之惑、文化之渴和生活之困，解决学生的学业之重、心理之压和就业之难。通过这一思路努力实现上述5个范畴的统筹兼顾、融会贯通、鲜活可感，争取让其内涵更加鲜明、内容更加丰富、指向更加聚焦。

(二)健全体制机制，不断优化育人供给侧改革

在立德树人中，学生不是被动单向的参与者、接受者、体验者。要让立德树人见之于久远、行之于深远，就必须符合学生的成长规律和认知习惯，既需要从需求侧着眼，又需要从供给侧着手。一方面，要因势而新，加强顶层设计。紧紧围绕学生发展需求，构建“校内校外、网上网下、课内课外协同育人的立交桥”①，充分实现立德树人的信息集成、资源整合、功能优化和协同创新，将事务办理、教育引导、日常管理等工作有机整合在类似“易班”的信息化平台上，让工作更加系统。另一方面，要因事而化，注重服务导向。将学生思想政治教育、社会实践、课外文化素质教育、课外学术科技创新、学生就业创业能力培养模块化、信息化和智能化，为学生提供统一集成、形态多样、高效灵活的信息服务，让学生触手可及、随时可用，为学生的全面发展提供更多更好的资源、机会和渠道。再一方面，要因时而进，注重专业化发展。不断健全学生需求分析机制和效果评估机制，对涉及学生发展和切身利益的重大决策、重点工作以及重点活动进行需求分析、意见征集和效果评估，精心遴选试行一批实用性足、适用性强的研究成果，促进研究成果向决策、政策、管理转化，规划设计好立德树人的资源库、研究成果库和工作案例库；同时，要着力提高工作队伍的文化修养、学习能力、教育能力、管理能力和服务能力，提高工作队伍的专业化水平、专家化程度。

(三)创新方式方法，充分发挥学生的主体作用

一方面，要遵循育人规律。要切实尊重大学生的主体性和差异性，要精心设计理想信念教育、爱国主义教育、社会公德教育、心理健康教育，因人而异，采用不同的叙事方式、话语形式，做到既以理服人、以情感人又以德树人，让思想政治教育工作春风化雨。另一方面，要树立互联网思维。要全员、全过程、全方位地提高立德树人的信息化水平，不断提高信息系统的智能化水平，破解立德树人过程中的信息不对称、沟通不充分、标准不统一、服务不到位等问题。再一方面，要强化制度育人。要从体制机制上畅通学生参与学校治理的途径，让学生在参与学校的决策、管理、监督和评价过程的中受教育、长才干；要以立德树人为参照标准，对学校现有的发展规划、规章制度、机构设置、政策措施、评价指标、工作队伍进行调整优化，让立德树人充分地体现在各个方面、各个层面。

---

① 马化祥．践行立德树人的根本使命[N]．光明日报，2014-06-04.

· 高端论坛 ·

立德树人：高等学校的根本价值遵循

胡甲刚

（武汉大学 研究生院，湖北 武汉 430072）

摘 要： 立德树人理念源远流长，既是我国传统教育智慧的精髓，是马克思主义教育思想中国化的重要成果，也深刻反映和揭示了教育的本质和规律。习近平总书记丰富和发展了立德树人理念，立德树人成为高等学校根本的价值遵循，高等学校要建立健全以立德树人为根本的价值导向机制。

关键词： 立德树人；价值遵循；价值导向；机制

Fostering Morality and Cultivating Talents: The Fundamental Value to Follow of Higher Schools

Hu Jiagang

(Graduate School, Wuhan University, Wuhan, Hubei, 430072)

Abstract: The idea of fostering morality and cultivating talents has a long history. It is not only the quintessence of our traditional education wisdom and the important achievement of localization of Marxism educational thought in China, but also reflects and reveals the educational essence and law. The general secretary of Xi Jinping enrichs and develops the thought of fostering morality and cultivating talents, which becomes the fundamental value to follow of higher schools. The higher Schools should establish and perfect the mechanism of guiding value that rooted on the fostering morality and cultivating talents.

Key words: Fostering morality and cultivating talents; Value to follow; Guiding value; Mechanism

党的十八大以来，习近平总书记发表了一系列关于教育的重要讲话和论述，对立德树人理念尤为重视，多次强调，深刻阐发，不断丰富和发展着立德树人的深刻内涵和精神实质，为各级各类学校包括高等学校正本清源、固本强基指明了方向。

一、立德树人理念的内涵

立德树人理念不是凭空产生的，它有着深厚的理论根基和广阔的时代背景，不仅传承了我国传统教育

收稿日期： 2019-03-21

基金项目： 本文为全国教育科学“十三五”规划2018年度教育部重点课题“我国大学教师学术权利的法制保障”（课题批准号：DIA180372）的阶段性成果。

作者简介： 胡甲刚（1975— ），男，湖北丹江口人，研究方向为高等教育学、教育法学，武汉大学研究生院培养处副处长，武汉大学发展研究院兼职研究员。

智慧的精华，与马克思主义教育思想一脉相承，而且深化了对教育本质和规律的认识，响应了中国教育改革和发展的迫切需要，成为我国新时代教育工作的指导思想。

1. 立德树人理念是我国传统教育智慧的精髓

立德树人理念源远流长，是中华文明结出的教育之花，也是我国传统教育智慧的结晶。立德树人理念可追溯到先秦时期。在《左传·襄公二十四年》提出的“三不朽”思想中，“立德”放在第一位，“太上有立德，其次有立功，其次有立言”。这里所倡导的“立德”，强调要树立和养成高尚的道德品格，成为时代的道德标准和人人敬仰、效法的道德楷模。“树人”则最早见于《管子·权修·第三》：“一年之计，莫如树谷；十年之计，莫如树木；终身之计，莫如树人。一树一获者，谷也；一树十获者，木也；一树百获者，人也。”管仲在这里强调了“树人”即培养人才对国家长期发展的极端重要性。在人才培养中注重道德教化，把品德养成放在首位，是我国传统教育和人才观一贯秉持的根本立场。无论是孔子提倡的“志于道，据于德，依于仁，游于艺”，孟子主张的“明人伦”，还是朱熹倡导的做“圣贤”，王守仁提出的“学校之中，惟以成德为事”，以儒家教育思想为代表的中国传统教育的核心内容都是道德教育，“修身”是第一要务，其次是“齐家”，再次是“治国”，最后才是“平天下”。与之相契合的人才观，也是“德才兼备，以德为先”的人才观，正如北宋政治家司马光在《资治通鉴·周纪一》中所言：“才者，德之资也；德者，才之帅也”。

2. 立德树人理念是马克思主义教育思想中国化的重要成果

马克思主义经典作家主张教育的终极目的是实现“人的自由而全面的发展”，根据自身的个性特点和社会发展的需要，“社会的每一个成员都能完全自由地发展和发挥他的全部才能和力量”。[1]马克思关于人的全面发展学说在与中国教育传统和实际相结合的过程中，产生了中国化的马克思主义教育思想。1957年，毛泽东在《关于正确处理人民内部矛盾的问题》中明确提出了我国的教育方针：“应该使受教育者在德育、智育、体育几方面都得到发展，成为有社会主义觉悟的有文化的劳动者。”[2]这一教育方针在继承全面发展教育理论的基础上，对人才培养的素质结构和政治方向给予了明确界定。邓小平对培育“有理想、有道德、有文化、有纪律”的“四有”新人高度肯定，并强调，“毫无疑问，学校应该永远把坚定正确的政治方向放在第一位”。[3]江泽民在《庆祝中华人民共和国成立四十周年大会上的讲话》中指出：“各级各类学校不仅要建立完备的文化知识传授体系，而且要把德育放在首位。”[4]2006年，胡锦涛在中央政治局第三十四次集体学习时首次提出：“要坚持育人为本、德育为先，把立德树人作为教育的根本任务，努力培养德智体美全面发展的社会主义建设者和接班人。”[5]习近平总书记与时俱进地提出了一系列关于立德树人的新观点新论断新要求，进一步明确了立德树人的目的，强化了立德树人的地位，丰富了立德树人的内涵，创新了立德树人的方式方法等，成为马克思主义教育思想中国化的最新成果，实现了立德树人理念的体系化。

3. 立德树人理念是对教育本质的深刻揭示和对教育规律认识的深化

从本质上讲，教育是一种培养人的活动，通过教育使人的知识、能力、素质等方面得到发展，使人适应社会生产和社会生活的需要，并满足个体精神生活的需要。在任何时代，教育都不是价值中立的，都会涉及教育目的即培养什么样的人、为谁培养人，教育内容即用什么培养人，教育方式方法即怎样培养人等一系列重大问题。立德树人理念在恪守教育培养人的本质规定性的同时，进一步揭示了教育是“立德”和“树人”的内在融合与高度统一。一方面既要“立德”，也要“树人”，使人德才兼备、德业双馨、德智体美劳全面发展；另一方面要把“立德树人”当作一个有机整体，融“立德”于“树人”之中，树人为本，立德为先，以文化人，以德育人。正如习近平总书记所指出的：“人才培养一定是育人和育才相统一的过程，而育人是本。人无德不立，育人的根本在于立德。这是人才培养的辩证法。”①立德树人理念还深化了对教育规律的认识，强调了教育要培养社会发展所需要的人，突出了教育的政治属性和服务属性，旗帜鲜明地主张教育要坚持正确的政治方向。正如习近平总书记所指出的：“古今中外，关于教育和办学，思想流派繁多，理论观点各异，但在教育必须培养社会发展所需要的人这一点上是有共识的。培养社会发展所需要的人，说具体了，就是培养社会发展、知识积累、文化传承、国家存续、制度运行所要求的人。所以，古今中外，每个国家都是按照自己的政治要求来培养人的，世界一流大学都是在服务自己国家发展中成长起来的。我国社会主义教育就是要培养社会主义建设者和接班人。”②在我国教育改革和发展中，必须坚持党对教育事业的全面领导，坚持马克思主义指导地位，坚持社会主义办学方向，自觉践行社会主义核心价值观，在坚定理想信念、厚植爱国主义情怀、加强品德修养、增长知识见识、培养奋斗精神、增强综合素质上下工夫，更好地为人民服务、为中国共产党治国理政服务、为巩固和发展中国特色社会主义制度服务、为改革开放和社会主义现代化建设服务。

二、立德树人是高等学校的根本价值遵循

习近平总书记指出：“高等教育是一个国家发展水平和发展潜力的重要标志。今天，党和国家事业发展对高等教育的需要，对科学知识和优秀人才的需要，比以往任何时候都更为迫切。”③作为高等教育的专门实施机构，高等学校必须以立德树人为价值准则，切实履行培养人才的天职和使命，在建设社会主义现代化强国和实现中华民族伟大复兴中发挥更大作用。

1. 立德树人是高等学校的根本任务

在全国高校思想政治工作会议上，习近平总书记指出，高校立身之本在于立德树人。在北京大学师生座谈会上，习近平总书记进一步强调，大学是立德树人、培养人才的地方，是青年人学习知识、增长才干、放飞梦想的地方。在全国教育大会上，习近平总书记重申，坚持把立德树人作为根本任务。培养德才兼备的高层次人才是高等学校的历史使命和根本职能，也是高等学校区别于其他社会组织的本质特征，是高等学校安身立命之本、生存发展之基。尽管随着历史的发展，高等学校承载的社会职能越来越多，但立德树人、培养人才是高等学校永恒的首要职能和根本任务。如果高等学校舍本逐末，弱化甚至丢掉了立德树人这个根本任务，那么高等学校就失去了存在的价值和意义。因此，高等学校必须保持强大的战略定力，不忘初心，始终坚守立德树人这个根本，始终服务人才培养这个中心，始终把立德树人、培养人才放在一切工作的首位，作为一切工作的出发点，作为各项工作的重中之重。

2. 立德树人成效是检验高等学校一切工作的根本标准

习近平总书记指出，要把立德树人的成效作为检验学校一切工作的根本标准。④衡量高等学校办学成效的根本标准不是科研产出，不是社会服务，而是培养了什么样的人，培养的人怎么样，培养的人在社会主义现代化建设中发挥了什么作用。以立德树人为根本标准的高等学校工作评价体系包括微观和宏观两个层面。从微观层面来看，就是高等学校人才培养的具体质量规格，不仅要有知识能力、素质素养方面的要求，而且要有理想信念、爱国情怀、道德品质等方面的要求，应着力培养德才兼备、又红又专，德智体美劳全面发展的社会主义建设者和接班人。从宏观层面来看，高等学校培养的人才不仅有数量规模的要求，有类别层次的要求，而且有结构效益的要求，即要充分满足社会主义现代化建设的各项需要，并在全面建

---

①②③④　习近平．在北京大学师生座谈会上的讲话[N]．人民日报，2018-05-03.

成小康社会、建设社会主义现代化强国、实现中华民族伟大复兴中贡献才智，建功立业。

3. 师德师风是评价教师队伍素质的第一标准

习近平总书记对教师队伍特别重视，继提出教师要“有理想信念、有道德情操、有扎实学识、有仁爱之心”四条标准后，进一步指出：要加强师德师风建设，坚持教书和育人相统一，坚持言传和身教相统一，坚持潜心问道和关注社会相统一，坚持学术自由和学术规范相统一；引导广大教师以德立身、以德立学、以德施教；① 评价教师队伍素质的第一标准应该是师德师风。② 人才培养，关键在教师。教师队伍是高等学校办学水平和能力的决定性因素。“学高为师，身正为范”，高等学校的教师不仅要学识渊博，业务精湛，要为学生“传道授业解惑”，而且要为人师表，以身作则，成为学生心目中的榜样和楷模，用自己的一言一行、一举一动，潜移默化地影响和引导学生树立正确的世界观、价值观和人生观。教师是太阳底下最光辉的职业，落实立德树人根本任务必须有高素质的教师队伍，必须有良好的师德师风。高等学校对师德师风建设必须常抓不懈，并要对违背师德、师风不正的问题实行“零容忍”政策。

4. 立德树人是教育立法的根本宗旨和集中体现

立德树人作为高等学校的根本任务，不仅是一种应然层面的道德要求，而且已经上升为国家意志，成为实然层面的法律要求。《教育法》第五条规定：教育必须为社会主义现代化建设服务、为人民服务，必须与生产劳动和社会实践相结合，培养德、智、体、美等方面全面发展的社会主义建设者和接班人。第六条进一步规定：教育应当坚持立德树人，对受教育者加强社会主义核心价值观教育，增强受教育者的社会责任感、创新精神和实践能力。《教师法》第三条明确规定：教师是履行教育教学职责的专业人员，承担教书育人，培养社会主义事业建设者和接班人、提高民族素质的使命。《高等教育法》第四条重申了《教育法》第四条的内容，并在第五条强调：高等教育的任务是培养具有社会责任感、创新精神和实践能力的高级专门人才，发展科学技术文化，促进社会主义现代化建设。由此可见，落实立德树人根本任务是高等学校的法定义务，也是高等学校广大教师的法定职责。任何动摇、偏离、违背立德树人根本任务的做法都为法律所不许。

5. 立德树人是高等教育重大改革建设的核心内容

在我国推进实施的一系列高等教育重点建设计划中，以立德树人为根本、以人才培养为中心、提高人才培养质量始终是永恒主题与核心内容。无论是“211 工程”“985 工程”，还是“高等学校教学质量与教学改革工程”（简称“质量工程”）、“基础学科拔尖学生培养试验计划”（简称“珠峰计划”）、“卓越工程师教育培养计划”等，都是围绕深化人才培养模式改革、提高人才培养质量而开展的。国家当前积极推进的“双一流”建设，开宗明义地强调：高等学校要落实立德树人根本任务，突出人才培养的核心地位；坚持育人为本，德育为先，深化“三全育人”综合改革；形成高水平人才培养体系。由此可见，国家高度重视高等学校立德树人工作，自始至终强调高等学校要以人才培养为中心，不断要求高等学校在提高人才培养质量上下工夫。

三、建立健全以立德树人为根本的价值导向机制

高等学校要以学习习近平总书记重要讲话和贯彻全国教育大会精神为契机，进一步建立健全以立德树

---

① 习近平．习近平谈治国理政：第 2 卷［M］．北京：外文出版社，2017：379.

② 习近平．在北京大学师生座谈会上的讲话［N］．人民日报，2018-05-03.

人为根本的价值导向机制，切实将立德树人根本任务落到实处。

1. 牢固树立和坚定恪守以立德树人为根本的核心价值观

清代思想家郑观应在《盛世危言·学校》一文中指出："学校者，造就人才之地，治天下之大本也。"高等学校是高层次人才的养成之所，立德树人的核心地位始终不可动摇。习近平总书记指出："高校立身之本在于立德树人……办好我国高校，办出世界一流大学，必须牢牢抓住全面提高人才培养能力这个核心点，并以此来带动高校其他工作。"①"君子务本，本立而道生。"在纷繁复杂的利益诱惑面前，以及履行多重职能的价值选择中，高等学校必须保持清醒的认识，必须恪守本分，回归本位，坚守立德树人、育人为本的核心价值观，坚持育人与育才的辩证统一，牢固树立以人才培养为中心的理念，把提高人才培养质量作为永恒的主题，着力培养一代又一代拥护中国共产党领导和我国社会主义制度、立志为中国特色社会主义奋斗终身的高层次人才。

2. 建立健全以立德树人为根本的决策机制

高等学校的工作千头万绪，方方面面，从表面上看各项工作似乎各自独立、互不相干，甚至有时会相互抵触。但从源头和实质上看，这些工作都是高等学校在更好地履行人才培养职能中逐步衍生的，都是围绕立德树人根本任务而展开的。因此，高等学校各级领导特别是主要领导要始终拧紧立德树人这个"总开关"，牢牢抓住人才培养这个"牛鼻子"，把各项工作统一到人才培养工作大局上来，把主要精力集中到教育教学关键环节上来，把各项决策统一到有利于"快出人才、多出人才、出好人才"上来，建立健全以立德树人为根本的决策机制。高等学校主要领导作为立德树人根本任务的第一责任人，要坚持人才培养的中心地位不动摇，经常性深入人才培养第一线，到教师中去，到学生中去，到课堂中去，关注和研究人才培养中出现的困难和问题，大力推进人才培养模式改革，制定提高人才培养质量的政策措施，形成高水平、特色化的人才培养体系。

3. 建立健全以立德树人为根本的资源配置机制

要确保高等学校坚持立德树人宗旨，恪守育人为本，还需要建立健全以立德树人为根本的资源配置机制，完善人才培养的资源供给体系，使流向高等学校的主要资源以及高等学校的内部资源优先向人才培养工作配置，重点向人才培养工作倾斜，稳定向人才培养工作富集，为人才培养工作提供强大的物质保障。高等学校要以立德树人为统领，切实加大对课程建设、教学改革的常态化投入，强化实验、实训、实习等环节，优化培养流程。除了将人才培养经费专款专用外，高等学校还要通过科学研究、社会服务等多种方式，加强对外交流与合作，引导科技资源、产业资源、服务资源向教育教学转化，建立健全科教协同、产教协同育人机制，以科学研究和社会服务反哺人才培养工作。

4. 建立健全以立德树人为根本的考核评价机制

考核评价机制与广大教职工的切身利益息息相关，具有强大的导向作用。考核评价机制作用的有效发挥和导向的正确与否，与其自身的科学性密不可分。习近平总书记在全国教育大会上指出："扭转不科学的教育评价导向，坚决克服唯分数、唯升学、唯文凭、唯论文、唯帽子的顽瘴痼疾，从根本上解决教育评价指挥棒问题。"既然立德树人是高等学校的根本任务，那么高等学校就必须建立健全以立德树人为根本的考核评价机制，凸显和强化人才培养的中心地位，建立人才培养工作"一票否决"制。在对院系的考核

---

① 习近平. 习近平谈治国理政：第2卷[M]. 北京：外文出版社，2017：377.

评价中，要重点考察院系是否坚持正确的办学方向，办学定位与社会需求是否契合，人才培养目标是否有效达成，培养方案是否落实到位，质量保障体系是否运行有效等，加大对人才培养工作成效显著的院系的奖励，健全以人才培养为中心的利益导向机制。对教师的考核评价，要把是否履行好教书育人职责作为首要标准，不仅关注教师的教学工作量，而且要考察教师在教育教学上的精力投入，在教育改革上的尝试探索；要收集学生对教师教学的意见和建议，提高教师的教学收益；大力表彰师德高尚、教学工作表现突出的优秀教师，提高教师职称晋升、评奖评先中人才培养质量的权重；激发教师的教学热情，形成广大教师安心教学、乐于教学、精于教学、以教学为荣的良好氛围。

习近平总书记在全国教育大会上指出："要把立德树人融入思想道德教育、文化知识教育、社会实践教育各环节，贯穿基础教育、职业教育、高等教育各领域，学科体系、教学体系、教材体系、管理体系要围绕这个目标来设计，教师要围绕这个目标来教，学生要围绕这个目标来学。凡是不利于实现这个目标的做法都要坚决改过来。"高等学校要以习近平总书记关于立德树人的重要论述为指针，切实将立德树人作为一切工作的根本价值遵循，守正出新，久久为功。

◎ 参考文献

[1] 马克思，恩格斯．马克思恩格斯全集：第 42 卷[M]．北京：人民出版社，1979.
[2] 毛泽东．毛泽东著作选读[M]．北京：人民出版社，1986.
[3] 邓小平．邓小平文选：第 2 卷[M]．北京：人民出版社，1994.
[4] 江泽民．在庆祝中华人民共和国成立四十周年大会上的讲话[M] 北京：人民出版社，1989：21.
[5] 中共中央文献研究室．十六大以来重要文献选编(下)[M]．北京：中央文献出版社，2008.

·高端论坛·

"双一流"建设背景下的大学功能演变与重建

曹　仪

(武汉大学　教育科学研究院，湖北　武汉　430072)

摘　要：随着"双一流"高校建设任务的提出，如何从根本上提高高等教育质量成为当代教育普遍关注的问题。深入分析高等教育的质量，需要明确高等教育的功能与本质，大学功能既是大学的基本理论问题，也是提高高等教育质量实践的出发点。当大学出现时，大学功能的问题便被提了出来。大学功能是一个不断演化与变革的过程，尤其是当今，大学的迷失、大学功能的无限泛化和放大，导致大学本体的日渐丧失和消解，这意味着真正意义上的大学将不复存在，因此，对大学功能的反思与重建已经成为大学发展中无可回避的问题。

关键词：大学功能；演变；重建

The Evolution and Reconstruction of University Functions under the Background of "Double First-Class" Construction

Cao Yi

(Research Institute of Education Science, Wuhan University, Wuhan, Hubei, 430072)

Abstract: With the proposal of the construction of "double first-class" colleges and universities, the question of how to improve the quality of higher education fundamentally has become a common concern of contemporary education. In-depth analysis of the quality of higher education requires a clear understanding of the function and nature of higher education, the function of university is not only the basic theoretical issue of the university, but also the starting point for improving the quality practice of higher education. When the university appeared, the problem of university function was raised. The function of university is a process of continuous evolution and reform, especially at present, the loss of university, the infinite generalization and amplification of university function lead to the gradual loss and dissolution of university itself, which means that the university in the true sense will cease to exist. Therefore, the reflection and reconstruction of university functions has become an inevitable problem in the development of universities.

Key words: University function; Evolution; Reconstruction

目前，在高等教育领域内"双一流"建设的背景下，建设世界一流大学已经成为我国的战略目标，但这一战略目标是否足够明晰，取决于我们能否清晰地描述世界一流大学是怎样的，需要我们从根本上探讨大学的本质与功能。功能是对象满足需要的属性。大学功能是指大学在其理念或精神指引下通过其现实运

收稿日期：2019-02-20

作者简介：曹仪(1995—　)，女，河南漯河人，武汉大学教育科学研究院2016级硕士研究生。

作所能发挥出来的有利于社会的作用[1]。探讨大学功能，也就是对大学的特定能力及其界限形成一个比较客观准确的认识，在此基础上才能使大学的特定能力发挥到最大化，从而使大学的效益和贡献最大化[2]，以便真正实现提高高等教育质量的目标，建设中国的世界一流大学和一流学科。

大学作为历史最悠久的社会组织之一，其社会功能历来受人关注。时至今日，尽管“大学”仍然沿用这个使用了数个世纪的名称，但其社会功能却已发生巨大变化——包括那些静悄悄地发生、不易为人们所察觉的重大变化[3]。诚然，大学仍在为社会培养人才，而且培养的人数和种类都越来越多；同时大学也从未放弃过科学探究与社会服务功能，这就使现代大学在社会发展中发挥了其他社会组织难以比拟的关键性作用。现代大学在获得巨大成功的同时也伴随着危机的产生：大学功能的无限泛化和放大，导致大学本体的日渐丧失和消解，致使大学变成一种单纯满足社会需求的功能齐全的社会合作组织，这意味着“大学”将不再是大学，真正意义上的大学将不复存在。面对大学功能的现实危机和理论研究存在的误区，既需要对其进行理性反思，又需要进行历史的考察。这就要求我们不仅要研究大学功能的演变过程和规律，还要对大学功能进行整体性、合理性的重建。

一、大学功能的历史演变

一般而言，大学功能的发展分为三阶段。第一阶段是大学的“单一”功能——教学功能或人才培养功能阶段，即古典大学阶段；第二阶段是“二功能”阶段，即教学和科研统一为大学的两项功能，这个阶段的大学被称为近代大学，其标志是 1810 年德国柏林大学的成立及其在世界范围的影响；第三阶段是“三功能”阶段，即“教学、科研、服务”成为大学的三项基本功能，这一阶段的大学被称为现代大学，这以威斯康星大学的威斯康星思想形成及其对世界的影响为标志，时间在 1904 年以后，以查理斯 · R. 范海斯任威斯康星大学校长时提出的大学功能的思想为起点。大学的三项功能的发展是随社会文化变迁而逐步发展的，而且随着功能的发展，大学从游离于社会之外到走进社会的边缘，进而走进社会的中心[4]。

（一）古典阶段：人才培养功能

中世纪的教育以培养人才为主要任务，基本不涉及科学研究和为经济社会服务。在西欧古老的大学，能进入大学学习的人员主要是统治阶级和教会神职人员，以为统治阶级培养统治者和管理人员为办学宗旨，同时其他分散的科学研究也是为这一目的服务。这些大学通过把历史上人类所创造的分散知识集中起来，使其系统化、综合化，传授给学生，为社会培养高级人才，成为传播科学知识的教育中心[5]。中世纪的大学只有一项基本的功能——教育教学，为社会统治阶级和教会培养人才。从实际意义上来说，大学实际上就是“象牙塔”，教学完全是在封闭中进行的，与社会实际相脱节。教育教学人员所进行的工作就是教学，基本没有进行任何的科学研究。社会与大学有一条明确的界线，大学是历代所积累的知识的贮放中心，其所培养的学者纯粹是为了传播学问。随着社会的发展，历史进入文艺复兴时期后，欧洲大学的学习内容发生了很大的变化，人文学科在欧洲文艺复兴时期的大学中得到了专门化的发展，逐渐取代了“七艺”在大学中的地位，成为学习的主要内容。虽然在这个时期，培养人才仍然是大学的主要任务，但是科学研究开始逐步迈入大学的门槛[6]。

（二）功能扩展阶段：教学和科研统一为大学的两项功能

随着社会的进步与发展，科学研究对教育教学的重要性日益体现，并且科学研究在大学里逐渐占据一定的地位。大学的科学研究功能诞生于柏林大学，19 世纪初，“学术自由”和“教学与科研相结合”的思想，在 1810 年被采纳为柏林大学的办学原则。柏林大学在办学过程中，要求教师把教学与科研相结合，主张教学要以科研为基础[5]。教学与科研相结合的原则在柏林大学得到普遍的实施，实验教学法的大量采用也为柏林大学的发展带来了活力和生机，特别是为柏林大学在世界众多大学中脱颖而出奠定了基础。于是，柏林大学的成功为世界高等教育界开辟了新纪元。

柏林大学以先进的办学理念开创了大学的新纪元，引领着世界高等教育的新发展。世界各国纷纷派遣留学生到德国留学，同时也大量地派送学者到德国学习先进的高等教育办学模式，特别是美国在学习德国现代大学的创新上尤为成功。在美国大量派遣的留学生和学者中，大多数人学成归来，为美国高等教育的繁荣发展发挥了重要的作用。柏林大学的办学模式在美国得到极大的传播与模仿，特别是“教学与科研相结合”几乎成为所有大学的办学原则，从此科学研究被广泛接纳为现代大学的基本功能。

(三)多元化功能阶段：人才培养、科学研究、服务社会

20 世纪以来，随着科学技术与社会政治、经济、文化的迅猛发展，仅仅以教学和科研为主要功能定位的“象牙塔”式的大学已经不能满足社会发展的需要和时代变化的需求。威斯康星大学最先提出，大学要以服务社会为己任并将其付诸实践，且取得了巨大的成功[6]。社会服务功能在美国大学出现之后，逐渐在世界各国的大学中发展和蔓延。从广义上说，大学的社会服务功能就是使公民能够获取有用的知识并进行学术研究。大学通过外部服务活动，如应用研究、校外课程、为城市和乡村社区提供一系列咨询服务等，将高级知识传播给公众。大学社会服务功能的产生，不仅是社会发展的客观要求，也符合大学自身发展的逻辑。

大学的上述三项功能既相对独立，又是内在地联系在一起的，而且已有功能的变化与发展是新功能产生的基础。随着社会的发展，大学功能的内容和形式也在不断丰富和变化，20 世纪中期以来，大学逐渐成为社会的中心，对社会经济发展、科技进步、文化演进产生了极其重要的影响。由此，关于大学功能的扩展问题的讨论兴起。目前大学具有的上述三项功能获得了广泛的认同。

二、对大学功能的反思与重建

大学产生之初，只有单一的功能：人才培养。因而，大学最初的任务也是单一的教学，并无现在大学所面对的功能冲突、错位与失调的矛盾。自科学研究、服务社会以及文化传承创新作为大学的新功能和克尔提出多元巨型大学理念之后，大学就开始肩负越来越多的功能，大学的性质由此也发生了重大的变化。各功能之间的关系问题也相应出现。社会的发展对大学提出了更多、更高的需求，大学功能也随即增加。目前，关于大学功能由最初的单一功能论演化为多元功能论，大学在社会中发挥越来越大作用的同时也产生了一些问题。正是这些问题的产生，才引发了对于重建大学功能的思考。

(一)大学功能问题分析

1. 人才培养功能与科学研究功能的错位与失衡

20 世纪以来，大学功能人才培养与科学研究之间的地位发生了根本性的变化。人才培养的地位受到科学研究的巨大冲击和威胁，科学研究地位的提升也引发出更多的问题；同时，在诸多外力作用下，比如政府的干预等使两者的冲突更加明显。特别是第二次世界大战之后，大学科学研究的重要性充分显示出来，大学同政府通过科学研究进行合作的观念也被越来越多的人所接受。从 20 世纪六七十年代开始，在相当多的国家里，科学研究占据了大学的主要地位，人才培养和科学研究功能失衡的程度逐渐加深[7]。

我国的大学，由于受评价、激励机制等方面的影响，科学研究成为名利双收的坦途，培养人才作为大学神圣不可侵犯的目标也逐渐受到影响。现今的大学，教学逐渐成为部分大学教师的副业。一些教师的职

称越高，离讲台就越远。为了解决这样的问题，绝大多数大学设定量化指标，比如要求大学教授每年为本科生教学时间应该为多少小时，并作为年终考核指标中极为重要的一条。“师者，所以传道授业解惑也。”教学与传授已实现了由主动向被动的转型，这种变化的原因是在现行体制下，大学教师视科学研究为名之所在、校外活动为利之所在，把主要精力放在科学研究和校外活动中，忽略了教学和对学生本应该的关心。这种变化的直接后果是：钱学森之问——为什么我们的学校总是培养不出杰出人才？

2. 人才培养功能与社会服务功能的错位与失衡

随着科学研究功能在大学中地位的日益凸显，科学研究与社会的联系也就变得越来越频繁。在大学规模扩张的过程中，从事纯科学研究的学者因资金缺乏而深受其苦的现象是普遍存在的；在校大学生人数的逐渐增加，也需要大学对外承包服务项目，大学与社会之间的关系已经被引入更新的、更广泛的关系之中。对部分教师来说，教学已不再像过去那样重要，取而代之的是科学研究和迎合社会变得更加重要了。这种现象导致的结果是，教师的“地位”越高，与学生的关系越远。在我国，特别是近年来，高等教育的大众化发展与市场化社会环境的相互作用，使大学庸俗化、功利化、产业化的不良倾向开始蔓延。大学唯社会需求和市场导向马首是瞻，把社会需求作为其落脚点和出发点，在专业设置、课程内容、人才培养等具体事务中几乎完全据社会需求而定，其存在的价值主要以促进社会生产发展与社会需要的契合为标准。大学本体功能与衍生功能的这种错位与失衡，既是对大学人才培养功能的伤害也是对大学自身形象的损毁，也不利于社会的良序发展。

（二）大学功能的重建

社会在进步，历史在发展，现代大学在其内部条件和外部环境作用下催生了形形色色的利益相关者。全球化的开放，呼唤着以人为本与和谐的大学理念，大学的人才培养、科学研究、社会服务功能都必然面临新的挑战，大学必然要承担促进社会可持续发展与塑造未来社会的重任。然而，今天的大学，其功能的整体性被大学功利化的行为方式强行割裂，大学在适应社会的同时忘掉了自己。只有大学功能的整体性得以重构，大学各功能的价值才能得以实现，大学才能避免迷失自我。

1. 大学功能的定位是重塑大学功能的前提

大学功能研究的逻辑起点是大学内部逻辑与社会需求的统一。随着人们赋予大学越来越多的功能，并且受教育传统的影响，大学的功能定位也变得复杂而充满争议。一方面，大学功能向多元化方向发展，大学形态也呈现多样化，另一方面，人们对大学功能的思维方式上的一元化和普遍化却并没有因此而改变。由此而产生关于大学应承担何种功能的争论，也就不足为奇[8]。大学作为社会的一个机构，必然会对社会的发展承担相应的职责。社会是变化发展而不是一成不变的，大学的功能也随着社会的发展变化而发展变化。社会发展的需要是纷繁复杂的，这些需要社会都寄希望于大学来满足。然而，大学并不是一个万能的机构，它对社会需要也只能有选择地满足，社会之所以创建不同的机构，是因为不同机构各自充分发挥自己的功能时，社会的需要就会得到满足，从而社会就会向前发展。大学的这种独特的内部逻辑决定了大学只能有选择地满足社会的需要，承担相对有限的功能。大学功能的控制，实质上是关于大学发展的控制，是从功能的角度或深层意义上对大学发展控制的表述。不仅仅只是大学机构，社会上的一切机构，都不可能承担超出其能够有效承担的功能。换言之，大学在社会发展中的作用是有限度的，即我们不能否定大学在社会发展过程中所发挥的巨大作用，更不能把大学看作万能的机构。大学功能不能无限增加，它们只是在一定范围内存在。

2. 重塑大学功能必须更新大学观念恢复大学精神

大学精神是大学在长期的发展过程中所形成的约束大学行为的价值和规范体系，用以体现大学这个社会机构的独特气质。大学精神作为一种价值追求，能激发师生的积极性和增强学校的活力，它是大学的文化精髓和大学赖以生存的支柱和动力。如今，当大学从社会发展舞台的边缘进入社会发展的中心，大学精神却走向了失落。与一个世纪之前的大学相比，大学里所独有的那份典雅、宁静以及人们心态的平和与恬淡，委实消淡了许多，甚至完全为另外一种嘈杂的气氛和浮躁的心境所替代。社会的变革需要观念上的变革，大学的变革同样需要大学观念的转变。大学功能整体性的重塑也需要从大学观念的转变入手，树立科学观念，摈弃落后思想，为大学功能整体性的重建提供正确的指导思想。为此，我们需要重振大学精神，为大学功能整体性的重建奠定精神基础，其具体措施如下：其一，重新认识大学的性质，确立正确的大学理念。恢复大学精神，需要重新审视我们的大学理念，因为从操作层面来看，大学理念旨在勾画人们对理想大学模式的系统构想，归纳大学的功能与作用，明确大学的角色与定位，指导大学的办学实践与功能实施[9]。其二，大学应树立远大理想，克服狭隘的功利主义价值取向。大学应肩负社会和时代的使命与责任，培养人才，追求真理，以榜样示范于社会。其三，大学应秉持自由性格，不屈从于任何外来的权威。学术自由是大学的生命，是大学创新思想、创新文化的先决条件。学术自由作为大学功能发挥的重要因素，如果使用不当，就可能成为功能整体性发挥的绊脚石。没有精神统摄，没有灵魂的贯穿，大学就会失去活力和生命。只有更新大学观念，恢复大学精神，才能实现大学追求真理的使命、教授学术为业的天职。大学不应该在与社会、政府的关系中迷失自己，更不能成为政府的附庸，为此重塑大学功能的整体性显得尤为必要和重要。

在建设“双一流”的时代背景下，大学既要坚守其象牙塔精神，把探求真理作为大学的永恒宗旨，又要关注社会现实，为社会发展服务。如何处理好大学精神内在价值与大学外部功能之间的冲突与矛盾，是大学发展不能回避的问题。为了大学的良序运行，我们不仅要正视这些问题，同时还要解决这些问题。大学领域与社会领域之间的这种微妙关系，需要我们重新理解大学功能，分清主次，重构大学功能的整体性，这既是大学发展的内在价值之所需，又是大学作为社会的一个特殊机构的外在价值之所在。当前我们只有通过转变与完善政府职能，逐步扩大大学办学自主权；调整政策导向，健全制度保障机制，并通过结构调整，对影响功能割裂的因素和环节进行全面的调整和变革；重塑功能整体性，变革功能行动，从而实现功能结果的应然状态，才能立足未来，增强大学规范和引导大学各功能主体需求的能力，以此推动大学和社会的健康发展。

◎ 参考文献

[1] 但锋．大学功能的内在逻辑探究[J]．华东师范大学学报(教育科学版)，2015(1)：60-66.

[2] 任燕红，崔延强．大学功能的整体性及其重建[J]．高等教育研究，2016(5)：56.

[3] 徐辉，李薇．大学功能的世纪演变[J]．高等教育研究，2013(3)：5-8.

[4] 谭志松．大学功能研究及其反思[J]．湖北民族学院学报(哲学社会科学版)，2008(5)：78-82.

[5] 杨忠泰．大学功能的扩展与调适[J]．科技管理研究，2003(5)：4-8.

[6] 覃展堂．大学功能的演变[J]．学园，2015(25)：1-2.

[7] 任燕红．大学功能的整体性及其重建[D]．重庆：西南大学，2012.

[8] 李子华．现代大学功能的选择与定位[J]．高等教育研究，2014(11)：7-11.

[9] 刘华钢．大学理念与大学功能再思考[J]．高教论坛，2007(4)：7-10.

·高端论坛·

习近平关于青年成长成才的重要论述融入大学生社会实践的路径探析

付 荣

(武汉大学 教育科学研究院，湖北 武汉 430072)

摘 要：当前，高校如何将习近平关于青年成长成才的重要论述融入大学生社会实践，真正做到实践育人，是有效开展高校青年教育的实践之需，更是丰富其内容的重要举措。本文在分析习近平关于青年成长成才的重要论述融入大学生社会实践的客观必然性和现实可行性的基础上，提出了其融入大学生社会实践的具体路径。

关键词：习近平青年成长成才重要论述；大学生；实践路径

The Analysis of the Path of Xi Jinping's Youth Growth and Talents Integration into College Students' Social Practice

Fu Rong

(Research Institute of Education Science, Wuhan University, Wuhan, Hubei, 430072)

Abstract: The thought of youth grows into talent is the core content of Xi Jinping's youth outlook. The purpose of attaching importance to and caring for the youth is to promote the healthy growth of young people. The foothold of any ideological system is to guide and apply to practice. At present, colleges and universities how to integrate it into college students' life and social practice, and truly practice educate people is need to effectively carry out the practice of college youth education, but also an important measure to enrich its content. This paper analyzes the inevitability and feasibility of Xi Jinping's youth growth into a social practice, and then puts forward the specific path of its integration into the social life practice of college students.

Key words: Xi Jinping; Youth grows into talent; Undergraduates; Practical path

青年是一个国家的未来和民族的希望，是推进历史进步、社会发展的新生力量，是中国特色社会主义事业的建设者和接班人，中华民族伟大复兴需要靠青年这一支庞大而有生机的队伍为之奋斗。因此党和国家始终关注着这一庞大群体，作为新一届国家领导核心的习近平总书记则更加重视和关心广大青年群体。高校大学生是这一群体的重要组成部分，他们健康成长成才，关系到国家与民族的昌盛与繁荣。“青年兴则国家兴，青年强则国家强”，因此将习近平关于青年成长成才的重要论述融入大学生社会实践具有重要的理论价值和实践意义。

收稿日期：2019-02-04

作者简介：付荣(1989—)，女，山西阳泉人，武汉大学教育科学研究院硕士研究生，主要研究方向为高等教育学。

一、习近平关于青年成长成才的重要论述融入大学生社会实践的客观必然性

将习近平关于青年成长成才的重要论述融入大学生社会实践有其客观必然性。首先是传承与弘扬中国传统青年成长成才思想的需要；其次是促进青年大学生全面发展的需要；再次是创新和完善高校思想政治教育实现途径的现实需要；最后是营造大学生良好的成长成才校园文化环境的需要。鉴于此，笔者从四个方面加以研究和探讨，具体内容如下：

(一)传承与弘扬中国传统青年成长成才思想的需要

中国传统教育思想源远流长，是中华民族经过几千年的积累而流传下来的宝贵精神财富，是我们中华民族的基因。如儒家教育思想重视德育，法家以法律作为人民的行为准绳，道家重视“无为而治”，尊重教育对象的身心特点和世间万物的规律等，这些古代先贤的传统教育思想，值得当代大学生继承和弘扬。习近平总书记指出：“对中国人民和中华民族的优秀文化和光荣历史，要加大正面宣传力度，通过学校教育、理论研究、历史研究、影视作品、文学作品等多种方式，加强爱国主义、集体主义、社会主义教育，引导我国人民树立和坚持正确的历史观、民族观、国家观、文化观，增强做中国人的骨气和底气。”[1] 大学生社会实践既是贯彻习近平总书记实践育人教育思想的一个重要路径，也是让学生在实践中了解、认识、认同、崇尚中华民族传统文化与民族精神的一种方式。

(二)正确认识当代大学生责任与使命，促进其全面发展的需要

当今世界的主题依旧未变，国与国之间的较量不再是经济的较量，现已转为人才资源的较量。当代大学生作为知识储量最完备、接受知识能力最强的一代，理应发挥知识青年的特性，立志成才，成为真正的党和国家事业的接班人和建设者。当代大学生教育不仅传授科学文化知识，而且更加重视人才的综合素质，培养复合型应用型人才，用人单位也更加重视人才的品行、人生观、价值观，及其社会实践能力。受环境所限，传统教育重视专业技能和理论知识的培养，很少专门开展社会实践，使得不少青年学生对于国情知之不多，对社会生活了解不够。因此，将习近平关于青年成长成才的重要论述融入大学生社会实践，以学生喜闻乐见的方式予以教育和引导，是促进高校大学生全面发展的重要举措。

(三)创新和完善高校思想政治教育的现实需要

习近平关于青年成长成才的重要论述丰富完善了高校思想政治教育的内容，丰富了其教育形式，起到加强与创新思想政治教育的目的。在高校，对大学生进行思想政治教育已是一种常态，不管是在课堂内还是在课堂外，无不体现着这一教育的意义。正如习近平总书记所指出的：要广泛开展各类社会实践，因为社会实践是连接第一课堂与第二课堂的载体。一方面大学生参加社会实践是对大学生通过思想政治学习所获得的理论知识的一个实际运用，是培养大学生走向社会的活动，另一方面，通过开展大学生社会实践，能够在实践中检验大学生思想政治学习的成果，从而进一步加深加强思想政治教育，这种双向作用使得思想政治教育的空间和渠道更加开阔，真正做到“知行统一”。

(四)营造大学生良好的成长成才校园文化环境的需要

不同时代社会环境下的青年具有不同的特点，他们肩负的责任和使命也会不同，因此开展青年工作需要与时俱进。当代大学生青年处在全球化、大数据时代，其思维方式、生活方式、工作学习方式会受到大环境的巨大影响和冲击。大学生身在校园，涉世不深，缺乏锻炼和经验，其分辨是非的能力和抵抗腐朽思

想侵蚀的能力比较弱，且大学阶段正处在“三观”形成和确立的阶段，他们极易受到拜金主义、享乐主义、奢靡之风等不良价值观念的腐蚀，容易迷失政治信仰、扭曲价值观念、缺失理想信念，成为精神缺“钙”的一代，所以，营造大学生良好的成才成长环境，需要加强对青年大学生进行精神上的引领，这更加离不开习近平关于青年成长成才的重要论述的指导。

因此，将习近平关于青年成长成才的重要论述融入大学生社会实践，指引大学生积极投身社会实践，培养大学生勇于实践，善于实践，乐于实践的精神，在实践中认识历史，在实践中检验真理，以便培养大学生历史思维，使其真正了解历史、认识历史，这关系到培养的后继人才的质量问题。践行习近平关于青年成长成才的重要论述，是全面落实立德树人根本任务的有力保证，是坚持教育优先发展战略方针的现实基础，是实现中华民族伟大复兴中国梦的坚强柱石。

二、习近平关于青年成长成才的重要论述融入大学生社会实践的现实可行性

马克思主义告诉了我们社会存在与社会意识的辩证关系：正确的社会意识对社会的发展进步具有促进作用。习近平关于青年成长成才的重要论述是结合他自身的青年实践经历和国内外形势发展而来的，他自身实践经历、其内容、功能与特点，都充分说明将其融入大学生社会实践具有现实可行性，具体分析如下：

(一)习近平关于青年成长成才的重要论述与大学生社会实践两者具有内在一致性

习近平关于青年成长成才的重要论述是青年健康成长成才的协同力量：青年的健康成长离不开各级党委和政府的关心和关怀，离不开共青团的指导和帮助，离不开团员干部的带头示范，更离不开学校、家庭、社会的支持和帮助，其健康成长成才是多方力量协调作用的结果。习近平关于青年成长成才的重要论述对青年成长成才发挥思想引领的作用：为广大青年提供理想信念的指引、提供社会主义核心价值观的支撑；同时也是青年成长成才的平台和载体，青年成长成才载体和平台具体包括国家政策的扶持、扎根基层，练就本领、洞晓群众所需，夯实群众基础，搭建青年国际交流平台四个方面的内容。而大学生社会实践本身就是进行思想政治教育的有效途径，更有助于大学生的健康成长成才，社会实践增强了大学生服务社会、服务国家、服务地方的能力。因此两者具有高度一致性，能够天然吻合，相互支撑。

(二)习近平关于青年成长成才的重要论述与大学生社会实践在目标功能上具有一致性

两者是理论和实践、内容与方法、目标和手段的关系。习近平关于青年成长成才的重要论述为大学生健康成长成才提供了理论引导，其具体内容，需要通过大学生社会实践进行充实，同时两者在目标上是一致的，都是为了青年能健康成长，青年成长成才是历代国家领导人关注的焦点，同时也是青年发展的落脚点。面对不同的国内外形势，党和国家积极做出了适合青年成长成才的政策调整，以便在新形势下更好地赢得青年。因为赢得青年，也就赢得了未来。“纸上得来终觉浅，绝知此事要躬行。”当代大学生必须融入社会生产中，接受社会实践的打磨锤炼，才能获得真正的成长。大学生参加社会实践的功能之一就是为了推动实践育人，通过社会实践，促进大学生了解社会、了解国情，增长才干、奉献社会，锻炼毅力、培养品格，增强社会责任感，从而促进大学生适应社会、服务社会、奉献社会的能力。

(三)习近平关于青年成才成长的重要论述融入大学生社会实践具有现实可能性

习近平关于青年成长成才的重要论述之所以能融入大学生社会实践，是由其基本特点决定的。习近平关于青年成长成才的重要论述是结合他自身的青年实践经历和国内外形势发展而来的，具有历史继承性、

全面覆盖性、战略指导性、话语通俗性的特点。习近平关于青年成长成才的重要论述是继承前人的思想进而发展出的新的社会意识，其内容涉及青年成长成才的方方面面，不仅集结多方力量为青少年成长助力，同时也要求青少年自身发挥主动性能动性，在政府为青年搭建的国际交流平台下，广大青年应急流勇进，共圆中国梦。习近平关于青年成长成才的重要论述语言朴实无华，幽默、诙谐，通俗易懂，带有深度、广度和温度，用这种语言与青年交流谈心具有超强亲和力，在无形之中拉近了与青年的距离，在青年面前展现了和蔼可亲的形象。因此将其融入大学生实践中具有现实可能性。

三、习近平关于青年成长成才的重要论述融入大学生社会实践的实现路径

任何思想体系的落脚点都是指导实践、用于实践，思想来源于实践，必然要回到实践中去检验，以指导人民群众的工作。这才是任何思想的终结点，也是思想形成的最终目的。习近平关于青年成长成才的重要论述只有应用于实践才能体现其价值所在，践行习近平关于青年成长成才的重要论述，用其指导当下青年和青年工作，开创一片新天地，是其依归之处，也是本文的落脚点。习近平关于青年成长成才的重要论述的实现路径可归纳为“多方联动、合力育人”。在笔者看来，重点可以从以下三方面进行：

（一）政府相关机构应正确认识青年，帮助大学生在社会实践中全面发展

（1）从国家政策上融入：加强各级党委和政府的关心关怀，国家需要制定一系列有关大学生参加社会实践的政策，从法律法规、党和政府制定的纲领性文件、国家领导人的重要讲话和批示、共青团制定的规范性文件方面来具体指导帮助大学生社会实践的落实。国家制定政策的同时更应该重视政策的执行过程，只有这样才能真正惠及青年，促进青年的全面发展。具体来说，政府在财政上每年应给予一定支持，为大学生社会实践建设各种硬件设施和场所，同时给予与高校合作的企业一定补助和优惠政策，促进校企合作，为大学生社会实践提供更多平台。

（2）在指导思想上融入：运用习近平关于青年成长成才的重要论述指导高校思想政治教育，帮助大学生树立正确的社会实践观。首先对大学生进行梦想教育，让大学生在参加社会实践前都有一个自己的梦想，让“中国梦”和“个人梦”同频共振，让其作为精神风尚引领大学生社会实践，促进大学生青年成长成才。习近平总书记曾指出：“理想指引人生方向，信念决定事业成败。没有理想信念，就会导致精神上‘缺钙’。”①其次加强对大学生社会主义核心价值观的引导，让大学生在加入社会实践时能够爱国、爱岗敬业，做到诚信友善，遵守国家法律法规，做懂法守法的好公民，做文明正义的新一代。习近平总书记指出：“核心价值观是文化软实力的灵魂、文化软实力建设的重点。这是决定文化性质和方向的最深层次要素。”②

（3）在实践目标上融入：促进大学生健康成长成才，是中国特色社会主义教育的本质，同时也是社会发展所揭示的规律，将习近平关于青年成长成才的重要论述融入大学生社会实践是时代发展的需要，是教育的必然。在大学生参加各种社会实践之前，学校和企业就应该有目的地对大学生进行培养锻炼，使其在实践过程中生理和心智逐渐成熟起来，注重思维的训练和解决问题能力的提高，培养其创新思维，鼓励创新，充分发挥其积极性主动性能动性，让其在实践岗位上勤学苦练，成为对国家对社会有用的人才。十八大以来，以习近平总书记为核心的新一届国家领导集体更加审时度势，高度重视青年的成长成才，并适时制定出有利于青年群体健康成长成才的政策，号召各级党委和政府、共青团、学校、教师为青年成长成才

---

① 习近平．在同各界优秀青年代表座谈时的讲话[N]．人民日报，2013-05-05(1)．

② 习近平．把培育和弘扬社会主义核心价值观作为凝魂聚气强基固本的基础工程[N]．人民日报，2014-02-26(1)．

同向发力并创造良好环境，为实现青年的成长成才提供了坚实的后盾。

（二）“多方联动、合力育人”共促大学生在社会实践中成长成才

“众人拾柴火焰高”，青年的成长成才不是靠单个人的努力就能实现的，它需要大家的帮助，因为集体的力量是无穷的，只有各方力量综合起来，才能促进其最大化地发展。青年的成长成才需要共青团、团干部、学校、社会、家庭等多方面的力量，共同向青年的健康成长成才发力，使其快速成长成才，为祖国发展出一份力。

（1）共青团指导帮助、团干部带动示范，共促大学生在社会实践中成长成才

“共青团是党联系青年群众的桥梁和纽带，是中华人民共和国的重要社会支柱之一，也是中国共产党的助手和后备军。”这就要求共青团必须与党的步调保持一致，发挥党的优良作风，当好青年的带路人，时刻关心青年的安危冷暖，争做青年信赖的贴心人，努力铸好青年的坚强堤坝，在青年最需要时永不决堤。想青年之所想，真心实意为青年办实事，积极引导青年向上、向善发展。团干部作为青年群体中的先进典型，更能从实践生活中接触青年、影响青年，因此在大学生实践中，应争取只做大学生的朋友，不做大学生的“官”，带领大学生群体到人民最需要的地方去锤炼。

（2）家庭、学校、社会要协同一致，共促大学生在社会实践中成长成才

习近平指出：“家庭是孩子的第一个课堂，父母是孩子的第一个老师。家长要时时处处给孩子做榜样，用正确行动、正确思想、正确方法教育引导孩子。”①可见家庭对青少年的教育是最早、最深、最广的，学校和社会都是无法替代的，是一个人永远的避风港。家风的好坏对青少年的心理成长起着潜移默化的作用。父母要做好榜样，引导青少年在实践中向上向善，实现“望子成龙，望女成凤”的夙愿。

学校是社会的一个缩影，是青少年走出家庭，进而步入社会的连接点。尤其是高校，由于大学生青年正处于从不成熟到成熟的过渡阶段，同时也是处于学习与发展的一个阶段，要注重加强青年学生思想政治工作，坚定青年学生理想信念。首先，学校可以积极开展一些校园文化活动，在文化活动过程中深化社会主义核心价值观的内涵；其次，学校应该充分利用好课堂教学主阵地，传授给学生一些理论知识；最后学校应该注重课外实践活动的开展，鼓励广大青年学生积极参加社会实践活动，为青年学生步入社会大课堂积累经验，提高能力。

社会是实践的大熔炉，是人生真正开启的地方，学校习得的知识，只有在社会实践中才能得到检验，也只有社会才是青年真正成长成才的地方。社会应该以包容的心态接纳青年，让青年真正融入社会，为社会发展进步贡献一份力量。此外，社会还应该积极响应国家政策，鼓励大学生下到基层、走向西部，为国家最需要的地方开创“绿洲”。因此，社会要为大学生参加社会实践营造良好的社会环境，让其在净化的空气中茁壮成长，这是社会义不容辞的责任。

（三）当代青年要努力加强自身建设，实现在社会实践中成长成才的目标

马克思主义哲学让我们知道：事物的发展是内外因共同起作用的结果，内因是事物发展的根本原因，外因是事物发展的条件，外因通过内因起作用。一个人的成才必须在内外因共同作用的结果下方能实现，而且成才更多需要的是自身的努力，因此当代青年需自觉提高自身的综合能力，成为社会有用之才。

（1）大学生要学好理论知识，为在社会实践中成长成才提供科学的理论指导

马克思指出：“在科学上没有平坦的大道，只有不畏劳苦沿着陡峭山路攀登的人，才有希望达到光辉

---

① 习近平．从小积极培育和践行社会主义核心价值观——在北京市海淀区民族小学主持召开座谈会时的讲话［N］．人民日报，2014-05-31(1)．

的顶点。”①大学生的本职工作就是学习，在校期间应努力学好理论知识，不断提高自己的专业素养，学好理论知识为参加实践提供系统的指导，同时要积极参加社会实践，不断提高自己的职业技能与素质，不管是向他人学习还是在实践中学习，都要常怀不耻下问、谦虚学习之心，勤奋学习，刻苦训练才是快速增强自身能力的最好方式。学习是一个长期的过程，因此要耐得住寂寞，经得起诱惑，还需有一颗持之以恒坚忍不拔的心，“吃得苦中苦，方为人上人”，只有勤于学习、敏于求知，勇于实践，才能不断地提高自身，获得成长，真正成为社会的有用之才。

(2)大学生要加强道德修养，为在社会实践中成长成才打造闪亮的“明信片”

大学生在高校不仅要重视科学文化知识的学习，更要重视加强自己的道德修养，要用“成人”引领“成才”。古人云“上善若水，厚德载物”，做人应当具有柔韧、创新、包容、谦虚、进取、清廉、奉献与自律的德性，当代大学生要争做可爱、可信、可贵、可为的“四可”青年。因为有时候决定成功的不是学历，而是一个人的品德，品德是人能力施展的基础，是当今社会稀缺而珍贵的品质标签，是一个人真正的最高学历。大学生青年，要加强自身的道德修养，“勿以善小而不为，勿以恶小而为之”，在参加社会实践中，与人相处要和睦、诚信；对待工作要负责、积极，这样才能真正获得成长，成为国家需要的有用人才。

(3)大学生要培养健康习惯和情趣，为在社会实践中健康成长成才奠定基础

在互联网的迅猛发展下，广大青年的生活环境、生活方式彻底改变了。网络在为人们学习生活提供便利的同时，也潜伏着巨大危险。少数大学生不务正业沉溺于网络游戏、娱乐节目中，这花费了他们很多精力和时间，使得人与人之间的沟通变少，生生关系和师生关系变得冷淡了。少数大学生熬夜看剧，身体素质越来越差。另外，一些知识网上唾手可得，让许多大学生逐渐丧失了独立思考的能力，随之突破自我和不断创新的精神也渐渐消失。因此当代大学生应该培养健康的生活习惯和情趣，合理安排自己的时间。首先大学生在业余时间可加强体育锻炼，有健康的身体才有一切；其次培养多个兴趣爱好，陶冶情操，提高自身修养；最后可以积极参加各种社会实践活动，如学校各种社团活动、企业各种假期实习，以提高自己的沟通能力、合作能力、解决问题能力，在实践中获得成长。因此大学生应该放下手机，参加到各种社会实践活动中，保持身体和心理健康，保持心灵的宁静，从容、淡定、优雅，积极地学习、生活、实践，努力成为学业成功、格调高雅、情趣健康的新一代大学生。

◎ 参考文献

[1] 习近平．建设社会主义文化强国 着力提高国家文化软实力[N]．人民日报，2014-01-01(1).

[2] 顾友仁．当代中国青年成才观——基于习近平总书记关于当代中国青年成才系列重要论述的维度[J]．社会科学家，2015(4)：22-26.

[3] 习近平．在同各界优秀青年代表座谈时的讲话[N]．人民日报，2013-05-05(1).

[4] 习近平．习近平谈治国理政[M]．北京：外文出版社，2014：163.

[5] 强卫，姚望，邱进．中国共产主义青年团工作大辞典[M]．北京：北京燕山出版社，1991：1.

[6] 习近平．从小积极培育和践行社会主义核心价值观——在北京市海淀区民族小学主持召开座谈会时的讲话[N]．人民日报，2014-05-31(1).

[7] 马克思，恩格斯．马克思恩格斯全集：第 23 卷[M]．北京：人民出版社，1973：26.

---

① 马克思，恩格斯．马克思恩格斯全集：第 23 卷[M]．北京：人民出版社，1973：26.

·教育政策与管理·

改进我国专业学位研究生教育质量保障体系探究

赵丽娜　韩春玲

(武汉大学　研究生院，湖北　武汉　430072)

摘　要：为健全专业学位研究生教育质量保障体系，借鉴全过程质量管理理念，以政府、高校、社会三个保障主体在投入质量、过程质量、结果质量各流程中全面参与为思路，以质量标准、质量保障主体、质量保障对象、质量保障职能、质量保障方式为保障模式的构成要素，建立政府保障模式、社会保障模式、高校保障模式三个子模式。在此基础上，将三个子模式综合在一起，改进我国专业学位研究生教育质量保障体系，即不同主体对照质量标准，在教育全过程中共同参与，中央及省级政府发挥宏观调控的保障职能，多个组织构成的社会发挥全面监控的保障职能，多元主体构成的高校发挥自主落实的保障职能。

关键词：专业学位；研究生教育；质量保障体系

A Study on Improving the Quality Assurance System of Professional Degree Graduates Education in China

Zhao Lina, Han Chunling

(Graduate School, Wuhan University, Wuhan, Hubei, 430072)

Abstract: For improving the quality assurance system of professional degree postgraduate education, using quality management concept in the whole process, the study puts forward three quality assurance models, including government pattern, social pattern, and university pattern, which bases on the idea that three assurance subjects, including government, universities, social, fully participate in the whole process of inputs quality, process quality, and outcome quality. Those core elements of assurance patters contain quality standard, quality assurance body, quality assurance object, quality assurance function, and quality assurance method. By combining the three sub-patterns together, the study puts forward how to improve the quality guarantee system of professional degree postgraduate education in our country. That is to say, all subjects fully participate in the whole education process, according to the quality standards. Specifically, central and provincial governments carry out macro-control, multiple social organizations fully supervise the education quality, colleges and universities including pluralistic body autonomously ensure education quality.

Key words: Professional degree; Postgraduate education; Quality guarantee system

专业学位具有鲜明的实践取向和明显的学术品格[1]。专业学位研究生教育以适应经济社会需求为原

收稿日期：2019-03-19

作者简介：赵丽娜(1974—　)，女，武汉大学研究生院办公室副主任，教育与经济管理学博士，研究方向为研究生教育与管理。韩春玲(1980—　)，女，武汉大学研究生院培养处副主任秘书，水利水电工程硕士。

动力，以满足特定社会职业对高层次应用型专门人才的需求为培养目标。经过近三十年发展，专业学位研究生教育已经成为我国研究生教育的重要组成部分。但在新的发展时期，专业学位研究生教育还有很多方面不适应社会发展需求，其质量保障体系需进一步健全[2]。只有这样，才能遵循“服务需求、提升质量”的教育主线，加强内涵发展，稳步推进专业学位研究生教育科学发展。

一、改进我国专业学位研究生教育质量保障体系的基本思路

有研究提出“全过程质量管理”，即研究生的教育质量保障要贯穿于人才的整个过程，强调每个过程的结果都符合预定目标[3]。在专业学位研究生教育过程中，“保障谁”和“如何保障”主要由参与质量保障的相关主体决定。质量保障主体可分为政府、社会、高校三类，各主体要素在人才培养的各环节质量之间，包括投入质量、过程质量、结果质量等，相互联系、相互作用，构成了专业学位研究生教育系统，形成保障教育质量的特定功能。

专业学位研究生教育质量保障体系是根据高层次应用型人才的教育规律和社会需求，遵循一定质量标准，为实现既定人才培养目标，在对构成专业学位研究生教育质量保障的核心要素进行抽象概括的基础上，参与质量保障的主体在投入质量、过程质量、结果质量等基本环节之间形成的组合样式及运行方式。基于内涵界定，结合全过程质量管理理念，本文提出改进我国专业学位研究生教育质量保障体系的基本思路(见图1)。

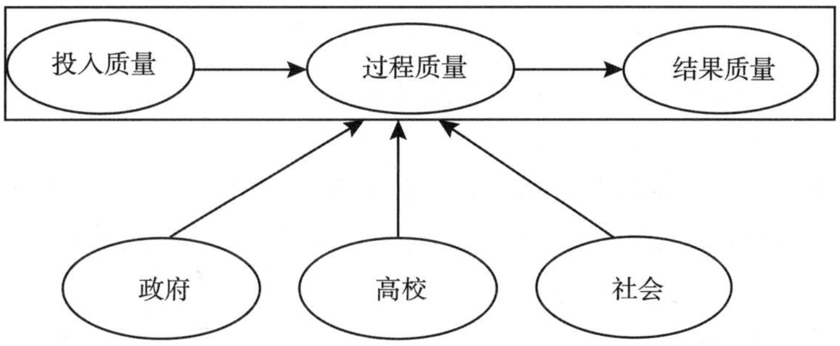

图1　改进我国专业学位研究生教育质量保障体系的基本思路

上述思路体现的要义是：

(1)构成的核心要素包括三个环节，即投入质量、过程质量、结果质量；三个主体，即政府、高校、社会。每一个核心要素都包含丰富的构成内容，具体内容不是一成不变的，需要综合社会发展、人才培养的需求进行适时的新陈代谢，否则影响质量保障的实效性。各核心要素选择的内容必须符合专业学位研究生教育规律。

(2)基于人才培养的纵向过程，形成了从投入质量到过程质量再到结果质量这样一种单向的流程结构。这种流程结构并非否认各环节质量之间互相作用和相互影响的关系。

(3)政府、高校、社会三个保障主体在投入质量、过程质量、结果质量等各流程中是一种全员性、全过程、全方位的参与，体现了全过程质量管理思想。

(4)投入质量包括显性投入和隐形投入，前者指专业学位点、生源、师资、条件保障。后者指教育情感、教育精力；过程质量包括培养目标、课程体系、培养方式、教学方法、教学管理等；结果质量分为有形的毕业研究成果质量和无形的毕业生质量，前者包括研究报告、项目研发、案例分析等，后者包括受教育者的职业胜任能力、职业素质等[4]。

二、专业学位研究生教育质量保障体系构成要素解析

遵循对教育质量保障“应达到标准—由谁保障—保障谁—如何保障”的探寻思路，将质量标准、质量保障主体、质量保障对象、质量保障职能、质量保障方式等五个方面，作为专业学位研究生教育质量保障体系的构成要素。

1. 质量标准

英国学者路易丝·莫利指出：“质量保证在一个多元化的时代产生了对标准化的渴望。”[5]有研究指出：“标准是一种被普遍认可的规范和尺度，它可作为价值判断的依据，可为价值判断提供直接或间接的指导。”[6]在潘懋元先生将教育质量标准分为一般的基本质量要求和具体的人才合格标准两个层次的研究基础上[7]，本文提出专业学位研究生教育质量标准有质量观、基本质量标准和具体质量标准三个层面。

具体而言，质量观决定着质量标准，有什么样的质量观，就应该确定相应的质量标准。“从某种程度上来说，树立正确的质量观就是界定质量标准的问题”[8]；基本质量标准规定着各层次、各类型专业学位研究生人才培养质量的统一性和一致性，也就是对一般质量或整体质量的要求，具体体现在国家和高校对某一教育类型培养目标的规定；具体质量标准是国家和高校对人才培养规格更为详尽且具有一定可操作性的规定。

2. 质量保障主体

不同质量保障主体的利益诉求有差异，政府是政策制定者、推动者和主要教育投资者，参与质量保障是为了培养出适应国家经济社会发展的高层次应用型专门人才；高校是专业学位研究生教育的承载者，参与质量保障是为了更好地传承科学研究、人才培养、服务社会等大学功能；社会是专业学位毕业生的接受者和检验者，参与质量保障是为了培养出的人才具有更好地胜任职业岗位的知识和能力。

3. 质量保障对象

质量保障对象包括投入质量、过程质量、结果质量。从微观视角分析，不同主体对应具体要素所发挥的质量保障作用各有侧重。其中政府侧重直接参与投入质量、结果质量的部分具体环节，影响对应保障要素的质量；社会侧重具体参与三个流程的部分环节，监督并反馈质量信息；高校在三个流程的具体环节都发挥主体作用。由于教育自身的复杂性及其影响因素的多样性，质量保障主体与侧重点的对应关系是相对的，并非一成不变。

4. 质量保障职能

不同主体的质量保障职能也有侧重。政府宏观调控，社会全面指导和监督，两者主要着眼于全局性、战略性的问题，进行决策、协调、规划、指导、评估和监控。与政府不同的是，社会更侧重积极参与，全面监控；高校在微观上自主落实，要着眼具体环节的协调、规划、落实。

5. 质量保障方式

特定的保障方式服务于特定的目的或功效，采取适宜的保障方式有利于发挥质量保障职能，实现预期的教育目的。质量保障方式与质量保障职能的区别在于，前者解决的是“如何保障”的功能定位，侧重宏

观层面；后者是解决“如何保障”的具体方法、举措，侧重微观层面。质量保障方式是对具体保障举措或方法、手段的一种抽象性的概括，包括制定政策法规、配置资源、指挥协调、评估督查等。

三、我国专业学位研究生教育质量保障体系的集成

专业学位研究生教育质量保障体系是在政府保障模式、社会保障模式、高校保障模式等三个子模式基础上形成的一个总体系。从中可透视政府、高校、社会三个主体与质量标准的关系以及三个主体在质量保障体系中的地位、关系与质量保障职能、质量保障方式的关系。

首先说明的是，不同质量保障主体在坚持三个层面的质量标准中有差异性，质量观是所有质量保障主体需遵循的；关于基本质量标准和具体质量标准，高校执行与自我检查、评估，政府制定与监督，社会建议与监督。高校要根据实际，形成特色化基本质量标准和具体质量标准。质量标准内含于质量保障之中，同时也是质量保障的对象。

1. 政府保障模式

“政府保障模式”不等于“政府主导模式”，前者是在合理确定政府在质量保障体系中的地位的基础上，对其在质量保障中所应发挥功能的一种抽象性概括，其构成要素和运行方式如下：

(1)政府保障主体与保障对象

政府参与质量保障是通过中央和省级学位与研究生教育主管部门实现的，其侧重于：①在投入质量中直接进行政策投入、经费投入(如事业费划拨、设立专项建设)等，其中政策投入指政府对专业学位研究生教育领域基本性的政策规定；②对过程质量通过文件政策明确各质量要素所要达到的基本标准要求；③以政策文件为引导，加强对结果质量的监管。

(2)政府保障职能与保障方式

中央教育主管部门侧重：①在保障投入质量中通过直接性和间接性政策投入，以及适时完善以经费为主的教育资源投入机制来实现；②在保障过程质量中，主要以政策投入为引导，针对专业学位教育政策执行过程和结果进行监督和管理；③在保障结果质量中针对毕业研究成果质量和毕业生质量建立多元化监督和评估机制并主动向社会公开信息。

省级教育主管部门侧重：①在保障投入质量中通过直接性和间接性政策投入以及对本地区高校招生录取结果进行检查监督、筹集教育资源、向上级教育主管部门提出建议和意见等来实现；②在保障过程质量中，主要以政策投入为引导，针对政策执行过程和结果开展检查评估等；③在保障结果质量中组织对毕业研究成果质量进行检查评估、跟踪调查等。

(3)政府保障模式

综合对教育质量标准、质量保障主体及其相互关系、质量保障对象、质量保障职能、质量保障方式等的研究，形成政府保障模式(见图2)。

2. 社会保障模式

“社会保障模式”不等于“社会主导模式”，前者是在合理确定社会在质量保障中的定位的基础上，对社会在教育质量保障中所应发挥功能的一种抽象性概括，其构成要素和运行方式如下：

(1)社会保障主体与保障对象

社会保障主体包括专业学位研究生教育指导委员会(以下简称教指委)、社会评估机构、新闻媒体、

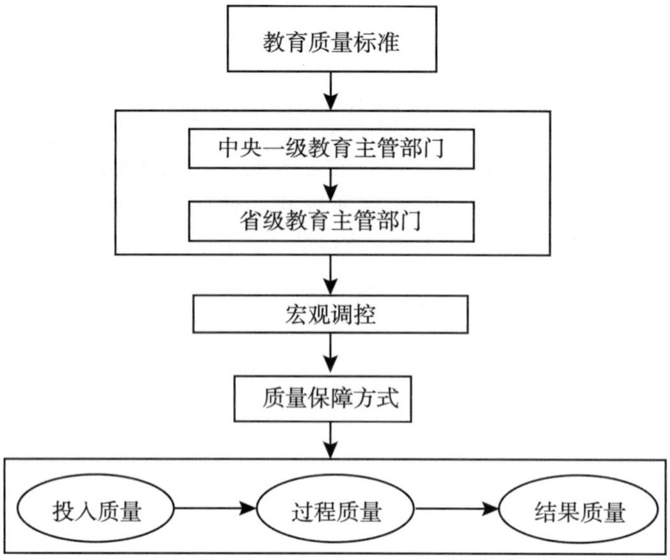

图 2　政府保障模式

公众、行业部门等。不同保障主体针对的保障对象有差异，如教指委侧重过程质量和结果质量宏观层面的全面监控；社会评估机构、公众侧重于三个流程的全面监控；行业部门侧重全方位、辅助性参与高校人才培养具体环节。

(2)社会保障职能与保障方式

社会保障职能侧重：①在保障投入质量中，教指委通过直接性政策投入，依据国家文件制定专业学位具体管理规定和质量标准以及向上级部门提政策建议来实现；行业部门增加教育捐助，向学校输入行业内员工参加培训学习，向学校提供优秀实践导师，与学校建立稳定的实践基地，为实习学生提供必要的物质保障，参与教育质量调查反馈等；社会评估机构提升对专业学位的关注度；新闻媒体对专业学位研究生教育进行宣传报道，为国家和社会提供信息服务；考生和家长增加对专业学位的情感投入，提升对专业学位关注度。

②在保障过程质量中教指委以直接性政策为引导，促进各类专业学位科学发展，监督检查高校专业学位研究生教育实效，具体组织开展国际专业认证、国内外学术交流活动等；行业部门与学校建立联合培养机制，参与人才培养关键环节；社会评估机构开展针对性强、权威度高的质量评价。

③在保障结果质量中教指委参与学位论文的检查评估，组织开展对毕业生质量的调查研究；行业部门参与对学生毕业研究成果质量的检查评估，参与毕业生质量调查研究，实践导师为学生毕业研究成果提供必要指导；新闻媒体增加对就业渠道的宣传，提高对专业学位研究生的就业指导能力；考生和家长通过公众问责，对政府、培养单位结果质量进行监督。

(3)社会保障模式构建

综合对教育质量标准、质量保障主体及相互关系、质量保障对象、质量保障职能、质量保障方式等的研究，形成社会保障模式(见图 3)。

3. 高校保障模式

“高校保障模式”不等于“高校主导模式”，前者是在合理确定高校在质量保障中的定位的基础上，对

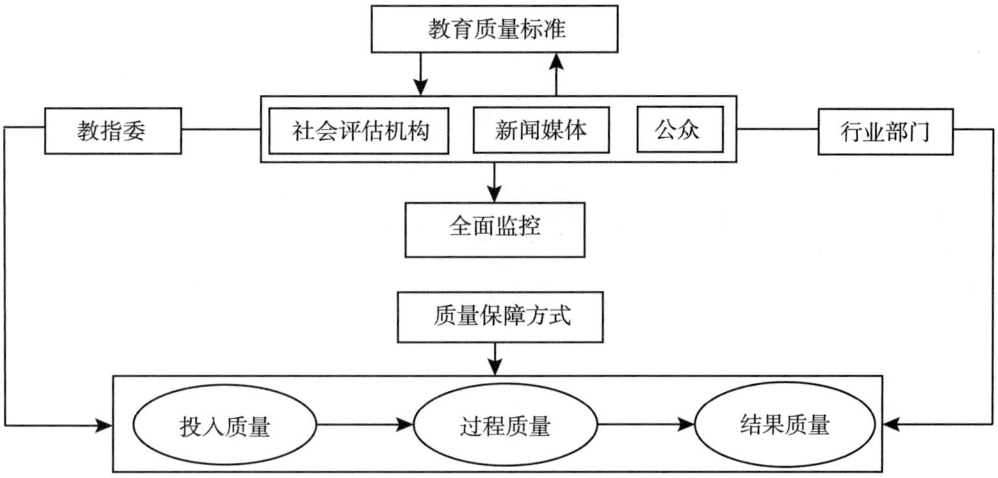

图 3　社会保障模式

高校在教育质量保障中所应发挥功能的一种抽象性概括，其构成要素和保障方式如下：

（1）高校保障主体与保障对象

高校保障主体包括以研究生院（处、部）为主的校级管理部门、院级管理部门、专业学位研究生导师、专业学位研究生等。校院两级管理机构、导师和学生之间构成一种相互制约的关系，三者对质量保障对象的作用体现在投入质量、过程质量、结果质量的全方位、全过程。其中，导师和专业学位研究生在投入质量中教育时间、情感以及精力上的投入度对教育质量有非常重要的影响。

（2）高校保障职能与保障方式

第一，高校侧重：①在保障投入质量中进行直接性政策投入，根据上级主管部门政策规定组织制订学校专业学位研究生教育发展规划。在间接性政策投入中，协调相关部门，为双导师队伍建设、管理机构完善等提供政策支持，合理配置教育资源，向上级部门提出建议和意见；②在保障过程质量中，以政策投入为引导，对政策落实过程和结果、人才培养成效组织开展检查评估等；③在保障结果质量中，以政策投入为引导，支持对毕业研究成果质量、毕业生质量开展监督、评估工作，完善校内信息公开平台，接受社会对结果质量的监督。

第二，校级管理部门侧重：①在保障投入质量中，进行直接性政策投入，为学校专业学位研究生教育发展规划提供具体方案，制定并实施校级管理制度及教育质量标准。通过间接性政策投入，协调基层培养单位、上级主管部门、社会等之间的关系，协助基层培养单位汲取政策支持和社会资源并合理配置，组织开展并监管招生录取、专业学位导师遴选、专业学位点内涵建设等，组织建立并完善校级专业学位研究生教育专业性指导机构；②在保障过程质量中，以政策投入为引导，支持基层培养单位建立产学研联合培养机制，对培养过程开展检查评估；③在保障结果质量中，以政策投入为引导，组织开展对毕业研究成果质量和毕业生质量的监督、评估工作，主动进行信息公开，组织开展就业能力指导等。

第三，院级管理部门侧重：①在保障投入质量中进行直接性政策投入，根据学校政策，完善本单位管理制度和反映特色的培养质量基本标准，汲取政策支持和社会资源，组织实施招生录取，建立院级质量审查和控制机制，具体开展专业实践基地建设、导师遴选与培训、专业学位点内涵建设等，建立并完善院级专业性指导机构，向学校提出建议和意见；②在保障过程质量中，落实各项政策，与行业部门建立联合培养机制，具体开展专业实践、教学质量评价、学术交流等活动，对培养过程开展检查评估的具体工作；③在保障结果质量中，具体开展对毕业研究成果质量和毕业生质量的监督、评估工作，主动公开本单位教育信息，具体指导学生就业，开拓就业渠道。

第四，导师作为第一责任人，侧重：①在保障投入质量中，参与招生宣传，科学拟定招生选拔题目，甄别优质生源，开展实践性较强的科学研究，向所在院系或学校提出建议和意见，在教书育人中投入充足的时间和精力；②在保障过程质量中，制订个性化培养计划，提升学生理论水平，指导专业实践，结合教学进行职业道德教育和学风建设；③在保障结果质量中，指导学生毕业研究成果的选题、撰写及答辩，结合学生就业能力和职业兴趣开拓就业渠道。

第五，研究生作为学习主体，侧重：①在保障投入质量中，形成稳定的专业思想并产生积极的教育情感，向所在院系或学校提出建议和意见，在所有必要培养环节投入足够的时间和精力；②在保障过程质量中，按要求完成培养过程环节中的任务，参加与培养相关的质量保障活动，加强职业道德修养，形成良好学风；③在保障结果质量中，结合实践进行毕业研究成果的撰写，参与职业发展质量方面的保障活动，结合自身能力和需求对就业目标进行合理定位。

(3)高校保障模式构建

综合对教育质量标准、质量保障主体及相互关系、质量保障对象、质量保障职能和质量保障方式等的研究，形成高校保障模式(见图4)。

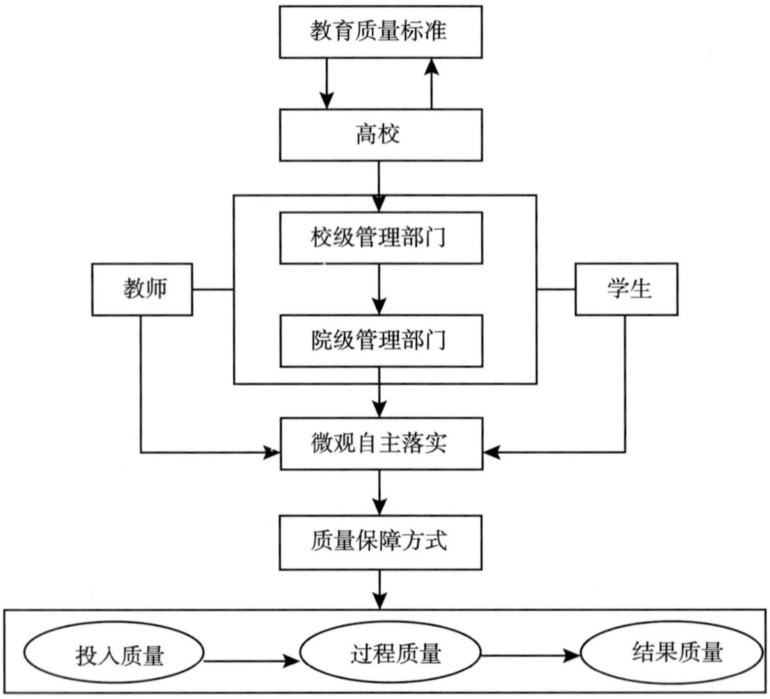

图4　高校保障模式

4. 专业学位研究生教育质量保障体系的集成

综上所述，在政府、高校、社会三个保障子模式的基础上，本文集成了包含质量标准、质量保障主体、质量保障对象、质量保障职能、质量保障方式等各基本组成要素及其相关性在内的专业学位研究生教育质量保障体系。概括而言，不同主体对照质量标准，在教育全过程中共同参与，中央及省级政府发挥宏观调控的保障职能，多个组织构成的社会发挥全面监控的保障职能，多元主体构成的高校发挥自主落实的保障职能(见图 5)。

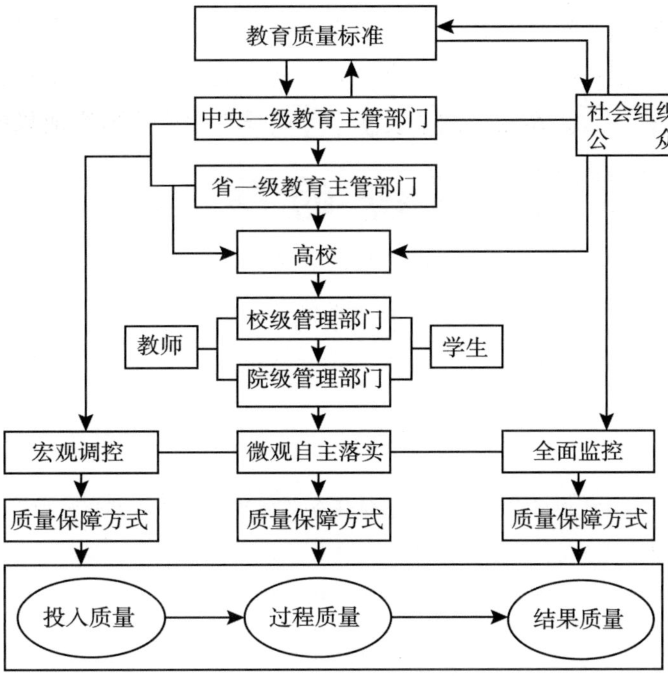

图 5　专业学位研究生教育质量保障体系的集成

◎ 参考文献

[1]　牛国卫，张红．专业学位的特性与专业学位研究生质量的提升[J]．中国研究生教育，2011(8)：82.

[2]　杜占元．探索创新　深化改革　推动专业学位研究生教育再上新水平[J]．学位与研究生教育，2016(1)：3.

[3]　尚红圈．美国专业学位研究生教育质量保障体系[J]．中国高等教育评估，2016(3)：56.

[4]　赵丽娜．完善高校专业学位研究生教育质量保障的思考[J]．大学(研究版)，2017(1)：33-34.

[5]　[英]路易丝·莫利．高等教育的质量与权力[M]．罗慧芳，译．北京：北京师范大学出版社，2008：172.

[6]　曹梅娟．高等护理教育质量标准构建的理念和策略研究[D]．上海：第二军医大学博士学位论文，2007：24.

[7]　潘懋元．新世纪高等教育思想的转变[J]．中国高等教育，2001(3、4)：21-23.

[8]　孙勇．高等教育质量监控中的政府、社会和学校[J]．教育探索，2003(9)：33-34.

· 教育政策与管理 ·

学生人身伤害事故处理所引发纠纷的防治对策

杨晓光

(武汉大学 党政办公室，湖北 武汉 430072)

摘 要：学生人身伤害事故处理所引发的纠纷受到社会高度关注。伤害事故处理引发纠纷的原因主要是现行法律法规对伤害事故本身界定不清楚、纠纷解决机制缺位、公众法治观念不强和舆论环境差。要有效防治学生人身伤害事故处理引发的纠纷，须加快完善相关立法，建立健全有效解决机制，提升公众法治意识，营造适当舆论空间。

关键词：人身伤害；纠纷；对策

Countermeasures of Preventing and Controlling Disputes Caused by the Handling of Students' Personal Injury Accidents

Yang Xiaoguang

(Party and Government Office, Wuhan University, Wuhan, Hubei, 430072)

Abstract: The disputes caused by the handling of students' personal injury accidents are highly concerned by the society. The main causes of disputes arising from the handling of injury accidents are the unclear definition of injury accidents in current laws and regulations, the absence of dispute resolution mechanism, the weak legal concept of the public and the poor public opinion environment. In order to effectively prevent and control the disputes caused by students' personal injury accidents, it is necessary to speed up the improvement of relevant legislation, establish and improve the effective resolution mechanism, enhance the public awareness of law, and create an appropriate space for public opinion.

Key words: Personal injury; Disputes; Countermeasures

处理学生人身伤害事故而引发的纠纷，近些年引起了社会的广泛关注，这些纠纷在数量上也呈上升趋势。纠纷的表现形式是亲属在学校校园内采取各种激烈方式维权，比如，众多亲属聚集在学校的行政办公楼、大门口、主干道路上抗议示威，或者在校园内学生集中的地点用焚烧纸钱、摆放花圈等方式对逝者进行祭奠①，甚至冲击办公场所，摔砸办公物品，殴打工作人员。同时也会伤心欲绝地在网络媒体上对学校

收稿日期：2019-04-26

作者简介：杨晓光(1975—)，男，汉族，内蒙古赤峰人，法学硕士，现任武汉大学党政办公室副主任，主要从事高校行政管理和法治工作。

① http://news.sohu.com/20050715/n226316903.shtml.

口诛笔伐①，有些人会通过发布片面事实、发表情绪化言论煽动公众情绪，借助公众评论向学校施加压力，媒体上的反复渲染使得遭遇伤害者的亲属与高校之间的纷争引起了社会的更广泛关注②。

由处理学生人身伤害事故引发的纠纷客观上影响了学校的校园秩序，影响了正常的教学活动，对教师、学生，特别是中小学生的心理造成了冲击，在一定程度上丑化了教育行业和学校的形象，影响了学校对学生的全面培养教育，扰乱了整体社会秩序。如何妥善处理因学生人身伤害事故处理引发的纠纷已经成为一个社会治理焦点问题。

一、学生人身伤害事故处理引发纠纷的原因

1. 在伤害事故及后续纠纷处理方面缺少明确法律法规依据

当前法律和相关领域的行政规章在处置学生伤害事故上的内容缺失主要体现在以下几个方面，没有明确规定学生人身伤害事故处理所引发纠纷的法律性质，没有对相关人员处理学生人身伤害事故所采取的过激行为在法律上进行限制性规定，也缺少对过激行为法律后果的规定。对学校在学生人身伤害事故中的责任边界也未做出全面明确规定，学校安全责任边界模糊不清。在学生伤害事故赔付标准上没有明确规定，不同地区、不同学校在处理人身伤害事故上标准不一致，甚至差距还比较大。法律规定的缺失造成了学生亲属与学校进行谈判时博弈的空间比较大，一些学生亲属通过“闹访”制造影响，不但没有因为实施了过激行为而承担不利法律后果，还争取到了较高赔付，形成了“标杆效应”，使用蛮力进行“自我救济”就变成解决学生人身伤害事故的主要方式。

2. 学生人身伤害事故解决机制不健全

根据教育部《学生伤害事故处理办法》的规定，目前学校对学生人身伤害事故处理可采取的方式有3种：一是学校与受伤害学生或者学生家长协商解决，二是书面请求主管教育行政部门进行调解，三是依法提起诉讼。实践证明，第一种途径缺少协商解决基础。由于学校是处置学生人身伤害事故的当事人，同时又承担着伤害事故事实调查者的角色，角色的混同影响了事故处理的公正性。双方信息不对称，缺乏必要的信任基础，协商谈判难以进行，而且自行协商赔偿金额缺乏法定标准，没有法律依据，学校主观上均不愿采取此类方式。关于第二种途径，在实际操作中，当事人对学校向主管教育行政部门请求进行调解的方式不容易接受，对调解的公正性存在质疑，往往调解不容易达成一致。第三种途径具有一定的优势，它以国家强制力作为后盾并有严格的程序，有利于实现公平和正义，但诉讼程序复杂、细节繁多、成本高、周期过长。因此，受伤害学生及家长或家属不愿采取诉讼解决途径。当前学生人身伤害事故处理方式操作性不强，缺乏一套有效率的、程序化的且为当事人双方充分认可的处理机制。很多地方和学校在防治纠纷发生的预警环节、纠纷发生后当事人利益表达环节、双方协商沟通环节、救济救助环节上基本上还处于摸索阶段，未形成一套行之有效的完善机制。

3. 相关群体法治观念不强

在处理学生人身伤害事故中，相关人员还缺乏对法律的认同和尊重，在处理学生人身伤害事故时往往以情代法、一味求稳，无原则地息事宁人。涉事相关人员信访不信法，不尊重人身伤害事故调查事实，也

---

① https：//mp. weixin. qq. com/s/9x03rd2pahWW1sKbbnL6_A.

② http：//www. chinanews. com/edu/2015/03-04/7098800. shtml.

不愿意通过司法途径确定事故责任和赔偿依据及数额。或者在要求补偿或赔偿时，罔顾造成伤害事故的原因和责任，谋求不当利益。他们不愿依照法律程序解决问题，往往采取到学校实施过激行为的方式来处理问题。自认为自己是受害方，是弱势人员，闹一闹不犯法不违法，到学校一哭一闹就能解决问题，他们还借助自媒体、网络等传播方式，煽动社会舆论给学校施加压力。这些涉事人员敢于采取各种过激行为，主要原因在于没人因此受到惩戒，甚至还能实现其心理预期效果。这种粗暴、直接的手段对政府管理部门、学校影响很大，但是对相关涉事人员而言却是成本低、见效快、影响小。

4. 社会舆论客观性较弱

社会舆论一般倾向于同情处在受害一方的学生家长，还往往认同“学生是弱势人员值得同情，学校是公家的，花钱赔偿算做公益”等类似观念。一些社会人员在纠纷解决过程中还信奉“不闹不解决、讲人情找关系、赔钱了事”等错误观念。另外，微信、微博、短视频等移动应用的媒体信息发布门槛低、无监管审核、真假难辨、传播快、影响大，遭受人身伤害学生的亲属人员扮演弱势角色，借助各种途径，发布片面、虚假信息，煽动社会情绪，引发社会舆情，向学校施压、迫使学校妥协退让。一些媒体对此现象没有正确立场，猎奇式的舆论报道在一定程度上起了推波助澜的作用，引发了更多的混乱和对学校的逼迫。

二、学生人身伤害事故处理引发纠纷的对策

学校在处理学生人身伤害事故纠纷上，目前基本上是被动应付，被迫花钱买平安，被迫承担无限责任。系列现象背后隐含的是法治意识的缺失，价值标准的扭曲，目前要积极寻求对策，有效防治学生人身伤害事故引发的纠纷。

1. 完善法律法规，推进校园安全立法

现在舆论上已经出现了众多声音，如一些全国政协委员、各类学校教师、校长和各地教育行政部门，呼吁尽快出台专门的校园安全立法，希望能为维护校园安全，依法治理严重危害校园秩序的各种行为提供法律依据。校园安全立法需要关注的主要内容是以法律的形式客观、公正、科学地厘清学校、教师、家长三方在学生教育中的职责界限，保护学校和老师的合法权益。通过立法明确赔付标准，明确各方对损害赔偿的预期。应该设定纠纷处理的预期时限和既定程序，既要制定有利于纠纷当事人表达诉求的途径，也要给事故调查确定合理期限。学生人身安全事故处理各方当事人不能要求未经事实调查，不经适用法律规定，没有依据就予以赔偿补偿。对亲属过激的维权行为明确规定相应的刑事、民事、行政法律责任，也要明确政府各相关管理部门维护社会秩序的职责，对违反既定规则，采取过激行为，干扰正常社会秩序，谋求不当利益的行为必须严格按照法律法规予以惩处。

2. 加强法治和安全教育，积极预防伤害事故的发生

学校应健全完善应对学生人身伤害事故的预案、机制，依据校园设施安全标准，排查教室、教学场地的安全问题，消除安全隐患，加强人防、物防、技防建设，做到有理有节、妥善处置，最大限度地将问题解决在苗头阶段。学校应加强对学生进行心理健康教育和安全教育，建立和完善学校心理健康教育和生命安全教育机制，进一步提升学生的自控能力、承受能力、辨别能力和适应能力，促进学生健康全面发展，要对学生加强日常安全教育，使其形成自我防范能力，避免或减少意外事故的发生。

学校也必须加大法治宣传，增强社会公众的法律意识，加强对相关法规的宣传，拓宽覆盖面，加深其

认知力，让社会公众发自内心地对依法解决纠纷产生认同，相信法律法规能够给予公正的评判，并普遍树立运用法律法规予以解决的意识。要通过适当途径让学生和家长广泛了解在校学生安全事故相关的法律知识及解决途径，培养学生和家长依法解决校园伤害事故的法律意识。在学生人身伤害事故事实的认定上，必须有法可依，在纠纷的处理程序上，必须据法而定。学校和学生及家长应当依据法律规定，明确学校和学生的权利义务关系，建立安全事故责任契约制度。通过对引发校园安全事故纠纷的行为进行归因，明确事故责任的归属。通过学校和学生、家长及其他监护人签订安全事故责任契约，预先明确安全事故纠纷处理原则和责任归属。学校和学生及家长应当通过对责任的预先划分，各自积极做好预防工作。

3. 完善学生伤害事故处理机制

学校应请求相关政府部门有针对性地建立健全解决校园安全事故纠纷的法律机制，从根本上保障校园安全。针对目前学生人身伤害处理引发的纠纷建立公众信任的处理机制，解决只要诉求合理不采取过激行为也可以得到公平赔偿和补偿的问题，同时也要解决诉求不合理采取过激行为也不会谋得不正当利益的问题。可以探索建立第三方调解机制。教育行政部门可组织建立人身伤害事故第三方调解机制，引入由校方代表、对方当事人代表、中立第三方组成的“校园纠纷调解委员会”，调解组织成员可由法律专家、司法机关人员、律师、知名人士、其他学生、有公信力的家长组成。当事方有权选择调解组织成员，并可另外推选己方信任的一名人士共同组成调解委员会，调解委员会在法律依据范围内，针对人身伤害事故事实，结合法律规定划分责任，指导和协调学校与家属做好学生伤害事故的责任认定、处理和善后工作，明确处理部门、处理流程、理赔标准、责任鉴定和追责、善后处理等事项，为解决问题提供通畅的处理机制。

积极构建多元化的学校安全事故风险分担机制。通过以校方责任险为主的风险分担机制、以意外险和人身险为辅的补充机制及学生意外伤害救济救助机制构建多元化的事故风险分担机制。用保险机制减轻学校赔付压力，给学校“松绑”，维护学生合法权益，让家长“安心”，实现校园伤害事故责任险全员参与、全员获益。

4. 坚持正确舆论宣传引导

各类媒体应秉承职业规则，依据客观事实评述学生人身伤害事故处理过程中的各种纷争，对校园意外伤害事故进行客观公正的报道和评论。新闻行业管理部门应该采取恰当方式对自媒体以及个别其他新闻媒体的不实报道、夸大事实、捏造虚假信息、起哄、挑拨公众负面情绪、严重败坏社会风气的行为予以制止和惩处。

◎ 参考文献

[1] 罗清泉．校园伤害案件法律问题研究［J］．山东广播电视大学学报，2018（3）．

[2] 印发《关于对严重危害正常医疗秩序的失信行为责任人实施联合惩戒合作备忘录》的通知（发改财金〔2018〕1399号）．

[3] 关于进一步做好维护医疗秩序工作的通知（国卫医发〔2016〕10号）．

[4] 罗伯特·C. 埃里克森．无需法律的秩序［M］．苏力，译．北京：中国政法大学出版社，2016．

[5] 时先．开门立法　广纳良言——江西省学校学生人身伤害事故预防与处理条例（草案）立法听证会听证陈述纪实［J］．时代主人，2015（11）．

[6] 沈月娣．高校学生人身损害事故的法律责任［J］．高等教育研究，2006，27（8）．

·教育政策与管理·

在本硕博贯通式培养中引进实验室轮转机制的可行性研究

任春秀

（水资源与水电工程科学国家重点实验室（武汉大学），湖北 武汉 430072）

摘 要：实验室轮转机制是使学生“在研究领域里成为一个训练有素的专业研究者”的有效培养模式，本硕博贯通式培养模式的“学制贯通”与“课程开放”等特色使得实验室轮转制成为可能。

关键词：实验室轮转机制；本硕博贯通式；人才培养；可行性

Feasibility Study on the Introduction of Laboratory Rotation Mechanism in the Master-doctor Interconnection Culture

Ren Chunxiu

(State Key Laboratory of Water Resources and Hydropower Engineering Science, Wuhan University, Wuhan, Hubei, 430072)

Abstract: The laboratory rotation mechanism is an effective training mode for students to become a well-trained professional researcher in the research field. The characteristics of "learning through system" and "opening course" of the training mode for the undergraduate, graduate and doctoral students make the laboratory rotation mechanism possible.

Key words: Laboratory rotation mechanism; Type of bachelor-master-doctor degrees; Personnel training; Feasibility

1. 概述

研究生（尤其是博士生）的培养目标是培养能独立开展科学研究、进行技术创新的高级科技人才，是要使学生“在研究领域里，成为一个训练有素的专业研究者”[1]。在全国范围内研究生培养规模几乎接近本科生的背景下，如何提高研究生（特别是理、工、医科研究生）的实践动手能力和科技创新水平，已成为研究生教育工作中急需解决的问题。实验室轮转机制，是指在研究生培养阶段，学生在多个（一般为三个）实验室轮流学习或参与研究后，再由该学科的导师与学生进行双向选择的一种培养机制。这类轮转制度是美国大多数一流高校（包括中国科学院系统）研究生培养的基本模式，为学生和导师提供了相互了解的机会，在此基础上建立起来的指导关系有利于学生的科研和论文写作[2]，可

收稿日期：2019-03-29

作者简介：任春秀（1974— ），女，湖北嘉鱼人，工学博士，水资源与水电工程科学国家重点实验室（武汉大学）副主任，从事实验室运行管理工作。

以有效地保障导师与研究生的选择权利，扩大学生的视野，使研究生真正从事感兴趣的研究，从而提高研究生培养质量。

2. 实验室轮转制与本硕博贯通式培养模式的适应性研究

2.1 本硕博贯通式培养模式的特点

《国家中长期教育改革和发展规划纲要（2010—2020年）》强调要遵循教育规律和人才成长规律，深化教育教学改革，创新教育教学方法，探索多种培养方式，形成各类人才辈出、拔尖创新人才不断涌现的局面。经过多年来各高校不断深化人才培养模式改革的探索，将本科、硕士和博士三个阶段打通，统一安排课程学习、科研实践、考核管理、毕业论文的一种贯通式培养模式成为各高校试点的热点。

本硕博贯通式培养模式的基本特点就是“贯通与开放”，通过设置科学的遴选、分流与淘汰机制，多方面、多方式考核学生的科研素质、科研潜力、创新性思维能力、分析表达能力和应变适应能力等，遴选出有浓厚科研兴趣、坚韧毅力、坚强意志力和明确研究目标的学生进行培养。各高校在试点中，基本都是按照一级学科制定贯通的课程体系、宽泛开放的培养方案，实行以导师为主的科研团队合作式指导方式，从而保证学生以宽广的学术视野投入感兴趣的科学研究。

2.2 实验室轮转机制的特点

传统的人才培养模式中，学生必须逐步完成从本科到硕士再到博士的培养过程，受专业设置以及指导教师个人理念等因素的影响，即便是硕博连读学生，知识和能力结构也比较单一、创新能力不强[3]。例如，水利工程一级学科下设水工结构工程、水利水电工程、水力学及河流动力学、水文与水资源、港口海岸及近海工程等五个二级学科，水利水电工程二级学科下又因为指导教师的研究领域不同而分为水工结构、水电站、工程施工等三个研究方向，同一个研究方向里每一个学生的研究内容就更狭窄了。很多学生本科毕业进入研究生学习阶段，选导师时基本都是迷茫的，因为对指导教师的研究课题没有具体认知，不知道自己到底该选择哪个研究方向，很多时候只看导师的知名度，甚至毫不考虑，只要有老师指导就行。最后发现自己对导师的研究课题毫无兴趣或者没有能力深入也只能硬撑下去。这样既影响研究生的学习效率和研究课题的进展，也影响实验室的学习、科研氛围[4]。此外，多数研究生从入学开始跟着导师做项目直到毕业，可能两三年里接触到的知识就只是导截流风险分析或者岩石开挖中的爆破损伤控制，而对水利水电工程这个学科没有一个系统的认识，更有甚者可能不清楚建设一个水利水电枢纽工程具体需要做哪些工作。这直接导致研究生的知识结构不完整，知识面窄，创新能力差。

实验室轮转机制要求学生在课程学习阶段即完成2~3个实验室的轮转，能让学生尽快熟悉科研环境，从与不同导师的直接接触中甄选研究方向，更重要的是培养学生系统完整的科研思维和熟练的实验技能，奠定学生良好的科研基础，最大限度避免学生在科研道路上浪费时间和走弯路。同时，通过实验操作实践，更有利于培养学生发现问题、解决问题的能力，极大地提高其自主创新能力和科研成果的可信度。

2.3 实验室轮转机制可作为本硕博贯通式培养模式的分流手段

本硕博贯通式培养模式的学制宽松、培养方案开放，在培养过程中必须采用合理的分流淘汰机制，让一部分没有科学研究潜力的学生按照传统培养模式提前取得本科或者硕士文凭。而实验室流转机制正适合作为有效的分流手段，贯通式培养的学生在第三学年下半年或第四学年上半年进入实验室轮转，无法顺利通过轮转考核、实现师生双向选择的学生，在轮转结束后即可进入传统培养模式完成剩余学业。

3. 本硕博贯通式培养中引入实验室轮转机制的可行性分析

3.1 实验室轮转机制的成功范例

美国大多数一流高校的研究生培养采用实验室轮转机制，学生入学第一年即以必修环节完成数个实验室的轮转训练，如匹兹堡大学、霍普金斯大学要求完成 3 个实验室轮转训练，哈佛大学要求至少 2 个；加州大学戴维斯分校微生物专业博士生课程中有一门转换课程要求博士生跟随 4 名不同的教师进行实验研究。[5] 在德国，实验室是进行科学研究和科学训练的重要工具之一。[6]

在国内，除中国科学院外，越来越多的学校也开始尝试实行实验室轮转机制，尤其是在医学院。例如浙江大学基础医学系、南开大学生命科学院、华中科技大学基础医学院，等等。据了解，实验室轮转机制试行即受到师生的普遍欢迎，极大提高了学生的学习兴趣。其中北京大学、清华大学和北京生命科学研究所联合培养博士研究生项目（PTN-BBS），是国内实验室轮转机制实施得比较成功且具有影响力的项目。该项目的实施方案是值得学习和借鉴的。PTN-BBS 项目培养方案中规定，学生被集中录取后，第一年在三个单位中的实验室轮转培训后，学生和老师双向选择决定专业和导师。研究生的具体培养方案和课程参照国际一流大学标准设计制定。基本学习年限 5 年，但 2 到 3 后年也可选择硕士毕业[7]。

3.2 实验室轮转机制在本硕博贯通式培养模式中的实施初探

本硕博贯通式培养试点基本都是按照一级学科大类招生，实验室轮转也适宜在一级学科范围内实施，选择 2 到 3 个实验室，每个实验室轮转 1 到 2 个月，以突出学习专项实验技术、训练科研能力以及培养科研思维为主。进入实验室轮转的学生可直接参与实验室课题研究，也可由实验室技术人员针对某项实验技术指导其进行专项学习。

具体实施时，可采用类似理工科本科毕业设计的形式。当年上招生目录的所有博士生导师根据自己的研究领域确定自己所依托的实验室，发布一个或者几个能在一两个月时间内完成的小课题（每个导师出题数量根据招生指标而定，最多出三到五个题目），保证每个学生一个题目，让学生自主选择。每一个实验室轮转结束，由导师考察题目完成的效果，并给出评定。全部轮转完成后，指导小组或考核小组进行综合评定，以进行双向选择，并确定分流或淘汰的名单。

在制定具体措施时，还需考虑各方面的因素，例如，轮转期间科研与生活补助问题，等等。

4. 结语

实验室轮转机制不仅有助于研究生与导师之间的相互了解，进行双向选择，也有助于让研究生更加全面地了解所学的专业，找到自己感兴趣的领域，提高学习的动力。随着高校培养制度的改革，实验室轮转机制必将在越来越多的学科实行。目前已有很多实验室轮转机制实行成功的典范，这是值得借鉴与学习的。对于本硕博贯通式培养模式这样一个全新的人才培养模式，引入实验室轮转制进行有益的探索切实可行。

◎ 参考文献

[1] 徐希元．当代中国博士生教育研究［M］．北京：知识产权出版社，2006：200.

[2] 肖玮萍. 美国和日本博士生教育的科研训练特色及启示 [J]. 大学 (学术版), 2001 (2): 72, 80-85.
[3] 曾兴雯, 裴庆祺. 加强工科研究生培养的实践环节 [J]. 中国高教研究, 2005, (1): 30-32.
[4] 江辉. 浅论我国工科研究生培养中存在的问题及其对策 [J]. 时代教育, 2010 (10): 117.
[5] 沈璐. 浅析美国大学研究生科学训练的特色 [J]. 世界教育信息, 2006 (10): 47-48, 64.
[6] 何勇涛, 等. 开展实验室轮转训练培养生物医学博士研究生科研能力. 重庆医学, 2013, 42 (4): 1428-1430.
[7] 冯刚, 任献青, 马丙祥, 翟文生, 丁樱. 中医儿科学临床型研究生实验室及科研门诊轮转制度浅析 [J]. 中医药管理杂志, 2013, 21 (9): 947-948.

·教育政策与管理·

就业服务视角下优化高校学生信息管理方略初探
——以武汉大学为例

周　琪

（武汉大学　学生就业指导与服务中心，湖北　武汉　430072）

摘　要：随着大数据时代的来临，高校信息化建设越来越深入，为学生提供的各项服务也越来越精细。高校学生信息管理作为各项服务的基础，值得高校关注与投入。本文从就业服务视角出发，探讨了目前高校学生信息管理的现状并尝试性地提出了优化高校学生信息管理的方略。

关键词：优化；高校学生信息管理；整合；交换

A Preliminary Study on the Optimizing Strategy for College Students' Information Management from the Perspective of Employment Service
—Taking Wuhan University as a Sample

Zhou Qi

(Student Employment Guidance and Service Center, Wuhan University, Wuhan, Hubei, 430072)

Abstract: With the advent of the era of big data, the construction of information technology in Colleges and universities is getting deeper and deeper, and the services provided for students are becoming more and more sophisticated. As the basis of various services, college student information management deserves the attention and investment of colleges and universities. From the perspective of employment service, this paper discusses the current situation of college students' information management and tentatively proposes a strategy to optimize college students' information management.

Key words: Optimize; Information management of college students; Integration; Exchange

学生信息管理是高校为学生提供各种信息服务的基础，随着数字化校园建设的不断推进，各高校纷纷上线与学生相关的信息业务，如迎新学籍、教学、资助、评优、就业、离校系统等。就业管理作为高校学生信息管理的末端环节，它与各项学生信息管理服务紧密联系：如学籍信息确定了毕业生的范围，教学、资助和评优信息反映了求职毕业生的基本情况，就业信息明确了毕业生的毕业去向，是离校系统信息的重要组成部分。本文从就业服务视角出发，探讨了目前高校学生信息管理方面存在的问题和解决方略，用以提高学生对就业服务的满意度，进而提高学校的整体服务水平。

收稿日期：2018-12-10

作者介绍：周琪（1985—　），女，湖北武汉人，硕士，武汉大学学生就业指导与服务中心就业管理办公室副主任，研究方向为就业管理。

一、高校学生信息管理的现状

近几年各大高校纷纷加大对信息化建设的投入力度，一大批与学生相关的信息管理系统被启动，通过电子化的采集、整理，代替了原有的手工输入、现场查询反馈等方式，减轻了管理人员的工作量，提升了工作效率，方便了学生主体。但是，现有的信息管理以各自的管理部门为中心，无法实现集成、兼容，在处理各部门的衔接信息时备感乏力，主要存在以下几个方面的缺陷：

（一）信息管理系统多而杂，部门间各自为政

校内各部门按照各自的工作需求分别开发了各类信息管理系统，如就业部门开发了就业信息管理系统，而与之相关的学籍、学生管理、财务、离校等信息系统则分别由教务、财务、学（研）等部门按各自需求研发。其中学籍信息一次性提供了学生信息中最为基础的部分，如学号、姓名、性别、身份证号、考生号等固定值数据，而联系方式、家庭住址等个性化数据往往在几个系统中都有涉及，学生需要登录各个系统中进行重复登记或修改，当产生学籍异动时，则需要凭借修改材料逐一到各个职能部门进行修改，给学生和管理方都带来了极大的不便。

（二）各部门管理数据标准不统一，信息共享难度大

以就业管理为例，就业部门需要从学籍部门掌握毕业生的生源情况，包含学号、姓名、学院、专业名称、学历层次、招生类型、是否毕业等信息，这些信息普遍以数字代码的形式存在学籍系统内，在与就业管理系统对接时需要明确每个代码的含义，再按照就业系统中含义对应的代码进行转置接收，且不说建立转置代码库工程巨大，后期还存在随时维护更新的情况，就是两个部门衔接稍有疏漏，也会引起较大范围内的数据对接错误。

（三）跨部门信息服务不畅通，效率低下

学生的某些业务涉及多部门间的信息流转，如果各部门的受理节点无法统一，则会导致数据无法实现及时交换与共享，跨部门的信息服务就无法应用。如毕业离校环节中“三证”（毕业证、学位证、就业报到证）的发放与毕业信息紧密相关。特别是就业报到证，因签发单位为毕业生所在属地教育厅（就业指导中心），需学籍部门提前在学信网上报毕业信息，再由就业部门匹配毕业信息上报就业建议方案，才可按流程领取毕业生就业报到证。而学籍部门的毕业数据来源于各专业课程学分统计，专业课结课时间无法统一，造成毕业数据无法一次性完成上报，从而造成就业报到证无法统一下发，后期需学生个体持毕业证及学信网学历注册备案表向上级就业主管部门申请办理报到证，费时费力，影响毕业生及时到用人单位报到。

（四）以方便管理为出发点，功能设计不友好

各信息管理系统的设计者多为各部门业务的管理者，他们主要以提高自身部门管理效率为目标开发系统，往往仅关注如何方便收集和汇总处理数据，而使用者对功能是否能理解、操作是否简便、部门间数据如何交换等问题均不在其重点考虑的范围内。这种设计，难以让使用者有满意的体验。再加上各系统可能由不同的软件公司设计开发，编辑语言和框架结构各不相同，甚至连适用的浏览器都各不相同，给使用者带来很多麻烦。

二、高校学生信息管理优化路径探索

目前高校学生信息服务的种种不足，究其主要原因还是在于数据来源分散，数据缺乏整合处理，共享和交换平台未打通。要想打破高校学生信息管理分散僵化的现行模式，要从以下思路着手。

（一）建立数据整合平台

高校应指定信息主管部门如信息中心搭建学生数据平台，通过整合各部门采集到的学生信息：如学籍信息、教务信息、宿管信息、学生工作管理信息、奖惩贷信息、就业信息及个人、家庭基本信息等，按照统一的编码建立个人的详细信息数据库。例如浙江大学就已成立数据中心为学生相关业务信息系统提供服务，它的优势在于可提供一致的、稳定的共享数据源，可以实现新旧系统同构、异构数据的整合，同时集合多种工具（数据整合工具、查询工具、报表生成工具等），以便于数据的使用和管理[1]。如此一来，可使得来源不一的数据经过标准化整合处理，呈现统一的结构和表述，为数据的顺利交换和共享打下基础。同时，数据的整体呈现也可能会揭示出本不易被觉察的数据关联：如学习成绩、获奖记录与高质量就业是否存在关联、个人成绩专业排名及成绩波动情况等等，通过数据的分级和挖掘，能够更大程度地发挥数据的价值，方便学生了解自身的情况，同时给高校的人才培养、招生计划和毕业生就业指导等工作提供参考依据。

（二）建立数据共享和交换通路

高校作为一个整体，各部门间良好的协同配合能提升其整体的工作效率，有利于提升学生服务工作的质量，而数据的共享和交换则是各部门协同工作的关键基础。信息服务往往具有特定的工作流程，数据内部也存在逻辑联系，通过流程优化整合、设计数据共享和交换通路，利用数据交换技术，能快速地将数据整合平台的数据推送到相关的部门，使其及时处理和反馈数据变量，并提示对应部门做相应处理。如学生毕业数据整合到数据平台后，可共享给宿管、学工、财务、就业部门，相应办理退宿、离校、财务欠费清查和就业报到证等手续；或当学生学籍发生异动时，可及时将相关信息交换给学工、财务、就业等部门，以便各部门及时做出调整，同时方便学生查询业务办理进程，减少跑腿的次数。

（三）加强各部门数据管理人员的服务意识

系统数据再便捷化，终归也是要靠人来完成服务的。提升数据管理人员服务意识，不仅是出于服务各自部门工作的需要，也是出于“以学生为本”的服务理念，学校管理人员应有整体观和大局观的考虑，积极配合其他部门的工作，服务学校整体的发展建设。在数据系统的设计上，不应局限于部门的职能划分，而应以服务作为驱动，以适应高校未来业务发展变化的要求。同时，要对信息服务的满意程度进行反馈，以便提高服务质量。

（四）高校主管部门也应加强数据整合、共享与交换

以就业工作为例，学校向教育部就业监测系统报送就业数据时除就业数据以外往往需要报送学生个人的学籍信息，如专业名称、学制、培养方式、学历层次等，而这部分数据的采集和上报实则不应交由就业部门完成，而应该共享教育部学籍主管部门数据；再比如，现国内部分高校推行数字校园，毕业生签约流程全部网上操作，但需要用人单位在各校就业系统中注册，费时费力。全国高校就业主管部门可整合注册平台，规范审查，用人单位在平台注册后即可选择高校进入其就业系统完成签约等手续，省心省力；又比

如，根据《中共中央组织部 人力资源社会保障部等五部门关于进一步加强流动人员人事档案管理服务工作的通知》："流动人员人事档案是人事档案的重要组成部分。具体包括：非公有制企业和社会组织聘用人员的档案；辞职辞退、取消录（聘）用或被开除的机关事业单位工作人员档案；与企事业单位解除或终止劳动（聘用）关系人员的档案；未就业的高校毕业生及中专毕业生的档案；自费出国留学及其他因私出国（境）人员的档案；外国企业常驻代表机构的中方雇员的档案；自由职业或灵活就业人员的档案；其他实行社会管理人员的档案。"上述人员的档案统归为流动人员档案，应由生源地人事主管部门管理。可各地生源地人事主管部门关于接收档案的要求和信息变更频繁，各高校缺乏统一的平台去维护相关信息，容易造成毕业生档案寄送错误，影响毕业生的长远发展，人力资源和社会保障部应协助搭建信息平台，建立权威的毕业生档案接收单位信息库。

高校学生信息管理不应被简单地理解为是几个相关部门信息的叠加，而是各地高校、教育部门和人社部门等部门以及系统设计、人员服务等一系列工作的有机整合和相关信息的共享与交换，从而真正体现以学生为本的服务理念，充分发挥信息化工作在高校发展中的作用。

◎ 参考文献

[1] 方伟杰，程艳旗．推进高校学生信息化服务建设的几点探索［J］．中山大学学报（自然科学版），2009，48（3）：29-31.

·教师与教学改革·

“拔尖计划”中英语培养模式探究

——以武汉大学弘毅学堂为个案

余泳芳　文　芳

（武汉大学　外国语学院，湖北　武汉　430072）

摘　要：依托“弘毅学堂”培养模式，武汉大学为拔尖人才开设了专门的英语文化课，旨在培养既具有牢固基础专业知识，也具有人文知识的科技人才。课程实施、学生平时表现、成绩考核和教学反思有力地说明了这一培养方案不仅结合了我国的教育特点，而且借鉴了国外先进的教学观念和模式，具有鲜明的超前意识。同时，在“拔尖计划”中引入英语文化课程，带动了教学模式的转换，具有明确的实践性特色，为国内同类院校为拔尖人才开设英语文化课起到了较好的示范作用。

关键词：拔尖计划；弘毅班；培养模式

Research on English Training Model in “Top-notch Program”

—Taking the Hongyi Honor College of Wuhan University as a Case

Yu Yongfang, Wen Fang

(College of Foreign Languages and Literature, Wuhan University, Wuhan, Hubei, 430072)

Abstract: Relying on the “Hongyi School” training model, Wuhan University has set up a special English culture course for top-notch talents, aiming to cultivate scientific and technological talents with both solid basic professional knowledge and humanistic knowledge. Curriculum implementation, students' usual performance, achievement assessment and teaching reflection strongly demonstrate that this training program not only combines the characteristics of China's education, but also reference of foreign advanced teaching concepts and models, with a clear sense of advancement. At the same time, the introduction of English culture courses in the “Top-notch Program” has led to the transformation of the teaching model, with clear practical characteristics, and has played a good role in demonstrating the establishment of English culture classes for top talents in similar colleges and universities in China.

Key words: Top-notch plan; Hongyi class; Training mode

为适应国家科技经济发展需要回应“钱学森之问”，教育部于2010年启动了“基础学科拔尖学生培养试验计划”（以下简称“拔尖计划”），旨在培养出一流科技人才。该计划的目标任务设定为“在高

收稿日期：2019-01-15

基金项目：教育部高等教育司研究课题“‘拔尖人才计划’英语语言与文化教学专题研究”（20160403）；武汉大学外语学院教学研究科研项目。

作者简介：余泳芳（1974—　），女，副教授，哲学博士，主要研究方向：语言教学和中西方文化比较；文芳（1975—　），女，副教授，传播学博士，主要研究方向：教学法和跨文化传播学。

水平研究型大学和科研院所的优势基础学科建设一批国家青年英才培养基地，建立拔尖人才重点培养体制机制，吸引最优秀的学生投身基础科学研究，形成拔尖创新人才培养的良好氛围，努力使受计划支持的学生成长为相关基础学科领域的领军人物，并逐步跻身国际一流科学家队伍”。[1]目前共有包括清华大学、北京大学和武汉大学在内的二十多所大学入选此项计划。各入选高校针对该计划进行了整体部署，在组织管理、师资配备、培养模式和课程设置等方面积极探索，努力为拔尖创新人才的培养提供最好的平台和环境，至今积累了丰富的经验，取得了一些成绩（吴志华，廖志豪，2010；唐家玮，李晗龙，2011；韩鹏举，白晓红，张瑞，2012；宋秋蓉，2013；包水梅，2013；叶俊飞，2014；吴爱华，侯永峰，陈精锋，刘晓宇，2014；宋娟，夏阳，2015；陈虎、曹宇、方新贵，2015，张天舒，李明磊，2015；马文萍，李先，马晓明，2016；郝京诚，2016）。

一、英语文化课程开设的意义

目前，各入选高校都注重开设通识教育课等课程，但通识教育内容并未真正发挥其本身要起到的作用，仍以大学英语等公共基础课程为主。事实上，数学、物理、化学、计算机等理科的大学生应该既具有自然科学基础知识和专业知识，也应加强人文科学的学习，从而奠定牢固的基础。[2]因此，在基础学科拔尖人才培养中开设有一定深度和难度的英语文化课程势在必行，且值得英语教师进行实践和深入探讨。

为此，武汉大学以拔尖人才英语课程体系建设为创新引擎，为弘毅学堂的学生开设了专门的文化课——《西方文化名著导读》。一方面，这种开拓式的尝试可以为非英语专业开设类似课程提供指导。目前，在英语专业中开设文化课程是一种常态，但很少有学校为非英语专业的拔尖学生开设专门的英语文化课。这类课程不仅帮助拔尖学生更加深入地了解、感受和理解英语世界的文化，拓展学生的国际视野，培养文化通感和对目标语与本国文化差异的敏感程度，而且还有助于学生增强跨文化交际能力，提升西方文化素养。另一方面，这门课程以小班化、个性化培养为契机，强调学生自主探究、自主学习和合作研究，激发学生创造力，帮助学生习得并养成一种无形的“思维风格”，并透过他者的眼光来观照中国文化。学生从教师那里不仅获得知识或技能，而且养成不偏不倚的“思维风格”，受益终身。

二、课程实施

本课程主要针对武汉大学基础学科拔尖计划“弘毅学堂”的学生。他们来自数学、物理、化学、计算机、生物、数理经济和国学基础学科，经过严格的层层选拔后组成了培养顶尖科学家摇篮的武汉大学“弘毅学堂”的学生群体。学生们不再满足多年单向输入性学习，渴望通过更为高级的渠道来提高自己的英语水平，掌握和储备相关的人文知识。针对这一特定群体的英语学习需求，武汉大学借鉴国外知名高校的人文教育核心课程设置方式，为“拔尖计划”专门定制了小班化的英语语言与文化专题教学课程——《西方文化名著导读》。

1. 培养目标

通过阅读西方经典文献，让学生深入了解西方文化及历史，以跨文化视角来了解他者眼中的中国，有效拓展学生的国际视野，提高西方文化素养，了解国际研究前沿领域及热点，为他们尽快融入国际一流学术群体奠定了深厚的语言与文化基础，从而培养出学术思想活跃，具有开阔国际视野的拔尖人才。此外，培养学生的英语应用能力，增强学生的跨文化交际意识和交际能力，发展学生的自主学习能力，加强学生课堂参与性培养，以期夯实学生的英语语言基础和主动学习的意识，使他们在未来的生活、学习、科研和国际交流工作中能够有效地使用英语。

2. 教学安排

严格执行教学计划，更新教学理念，遵循“因材施教”的原则，秉承“以学习者为中心”，力求传授知识与传授求知方法并重。按照循序渐进的原则，我们每两周完成一篇名著的讲解和讨论。大胆尝试“翻转课堂”模式，在每个单元讲授前后，给学生布置了相关的补充材料，如观看录像、阅读英文文献、听录音，供学生自主进行预习和巩固。上课时提问讨论，帮助学生加深理解，对内容进行反思。此外，我们给学生提出了拓展性问题，让学生在课后以小组活动的形式合作完成，然后在课堂中有针对性地展开相应讨论。每三个单元进行一次小测，旨在检查学生对每个单元补充材料的阅读和掌握情况。名著阅读可以有效地帮助学生熟悉文字的应用和语言的规律，较好地把握各种手法的应用，提高写作能力。我们给学生布置了两篇篇幅较长的研究心得，以便努力培养学生的批判性思维，从而通过指导学生实践达到其认知目的。

3. 教学方法

实现教学方法层次化，多样化。一方面，以文本细读和讨论的方式展开。在文本细读的基础上，充分调动学生的积极性，开展形式多样、不拘一格的课堂讨论，使学生深入理解作品，激发、碰撞出新意迭出的思想火花。另一方面，尝试“翻转课堂”模式。教师不再占用课堂的时间来讲授某些知识，需要学生在课后通过看视频讲座、听播客、在网络上与别的同学讨论等完成自主学习。课堂上，学生能够更专注于主动的基于项目的学习，共同研究讨论，从而获得更深层次的理解。

三、学生平时表现

平时表现的记载不仅是检测学生知识掌握的主要手段，而且也是帮助我们了解教学情况进行教学反思的依据。平时表现的形式多样，主要包括两次课堂小测，两次学期小论文和课堂展示，旨在多维度地评估学生。

1. 课堂测验

课堂测验以开卷形式进行，检测学生对补充材料的阅读和理解。测验总共两次，每次测验总分为 50 分，时长 25~30 分钟。测验的题型包括填空题、选择题和判断题，测验结果如表 1 所示。

表 1　**测试 1 和测试 2 成绩一览表**

班级	最高分（1）	最高分（2）	最低分（1）	最低分（2）	优秀率（80 分以上占比）（1）	优秀率（80 分以上占比）（2）
国数	50	47	8	12	20%	71%
计算机	40	49	23	25	0. 7%	27%
物化	46	50	26	27	48%	63%
数理经济	49	48	29	25	45%	50%
生化	47	49	20	29	38%	73%

通过对表 1 的分析，我们发现：测验 1 的成绩并不理想，低分数段和不及格的人数占较大比例，测验 2 的成绩有较为显著的提高，高分段人数有大幅度增加。究其原因，主要归结于以下几点：①虽然大多数学生已经具有较强的英语语言能力，渴望提高自己的英语水平，掌握和储备了相关的人文知识，但没有找到适合自己的学习方法，不知道应该如何去阅读、归纳、吸收和消化，导致开卷考试时大部分学生无法在规定的时间内迅速准确地找到答案；②第一次测试时，小部分学生学习态度不够端正，临时抱佛脚，抱着过关的侥幸心理，在后来的测试中，学习态度有所改善；③收到第一次测试反馈后，教师及时与学生沟通和交流，传授学习方法和策略，帮助学生找到自己独有的自主学习方法。

2. 研究心得

我们给学生布置了两篇研究心得，并让他们以纸质版形式提交。对作文的要求，我们提倡王初明教授提出的“写长法”，以写促学。学生可以充分体验外语运用过程，打开学习的情感通道，大胆表达自己的观点，从而获取成就感，增强学习信心，超越自我，挖掘和释放学习潜能。大部分学生思维活跃，对文学、历史、艺术抱有比较浓厚的兴趣，不仅愿意深入探讨和思考，而且具有对他人观点进行分析判断的能力，能进行批判性思维，对事物、现象和文中的观点有自己的看法和见解。尽管某些观点还稍显稚嫩，但看得出学生经过了仔细的思考和斟酌。我们对学生的习作批改，不是采用四、六级考试的总体印象分评分原则，而是从长度、内容、结构和语言四个方面进行评判。我们结合习作讲评，重点介绍了研究心得的写作方法和技巧。短时间内，写作水平的提高程度并不十分显著，但学生学会了批判性地分析问题，掌握了基本写作方法，消除了怵写心理，乐意写作。写作水平的提高是一个长期的螺旋式上升的过程。写作水平的提高需要学生扩大阅读量，增加输入，加强积累，多思考多练笔，坚持不懈，必有所成效。

3. 课堂展示

课堂展示以小组形式完成。每个小组必须在班上进行至少两次 PPT 展示，并提交电子版文档，其余的小组必须进行相应的补充，我们鼓励学生大胆提出自己的见解，并提交纸质版小组讨论报告。起初，学生有点坚守“沉默是金”的原则，在教师的引导和鼓励下，他们逐渐参与讨论，敢于迎接挑战，积极思考问题，解决问题。在知识大爆炸时代，学生能充分利用互联网搜索相关主题，进行筛选和甄别，并结合自己的思索，选取合适的、适合自己用英语表达的内容在课堂上做陈述，且能较清晰准确地表述观点。

四、教学评估

教学评估将过程性评估和结果性评估结合，力求科学化和多样化，采用闭卷考试，课堂讨论，以及学期论文的方式多方位评估学生的学习能力和教学效果。课程总评成绩由各占 50% 的平时成绩（课堂展示、讨论、测验和研究心得）和期末闭卷考试成绩组成。

1. 期末卷面成绩

严格贯彻弘毅学堂教学大纲的精神，结合课程特点，期末考试试卷设计合理、题型灵活。期末考试卷主客观题分布比例适中，客观题占 45%，主观题占 55%。题型涵盖选择题、判断题、翻译题和文本分析题，既比较全面地考察了学生的翻译和书面表达能力，又检测了学生对已学知识的掌握情况。主客观题的得分情况如表 2 所示。

表 2　　主客观题得分情况

题型	客观题（总分 45）					主观题（总分 55）				
分数（换算成百分制）	≥40.5（≥90）	≥36（≥80）	≥31.5（≥70）	≥27（≥60）	<27（<60）	≥49.5（≥90）	≥44（≥80）	≥38.5（≥70）	≥33（≥60）	<33（<60）
国数	3	10	7	10	5	4	21	5	4	1
计算机	1	1	8	3	2	3	6	5	1	0
物化	0	11	6	3	7	1	19	6	1	0
数理经济	0	5	7	3	5	6	13	1	0	0
生化	1	5	6	7	7	6	15	4	1	0
小计	5	32	34	26	26	20	74	21	7	1

从表 2 可以看出，学生卷面成绩呈正态分布；客观题的得分主要集中在 40.5~31.5 分（换算成百分制为 70~89 分），低分段和不及格的人数也居多；而主观题情况相对较好，大部分学生的得分集中在 48.95~44 分（换算成百分制为 80~89 分），只有个别同学处于低分段。主要原因有以下几点。①学生对基础知识的掌握不牢固，只流于肤浅的认识，有些基本常识还需要加深了解和触类旁通。②学生对基础知识的记忆仍以机械记忆居多，即对识记材料没有理解，只是依靠事物的外部联系、先后顺序机械重复地进行识记。德国心理学家艾宾浩斯（H. Ebbinghaus）指出，材料的意义性对于学习和记忆的效果是至关重要的。意义记忆的效果优于机械记忆，它是在理解材料的基础上，根据其内在联系运用有关经验进行的识记。意义记忆和机械记忆相辅相成，互相补充。因此，教师要善于诱导学生把两种记忆结合起来运用。学生切忌对教材"死记硬背"，而要加强对课文的理解，并与意义记忆结合起来。③翻译题得分较高，说明学生对原文的理解掌握到位，知道如何用基本的技巧进行处理和翻译，做到"信"和"达"，但"雅"有待提高。我们在材料分析题的批改上遵循"批判性思维"的指导，要求内容完整，陈述有理有据，且忽略一些小的语法错误，因此大部分学生的得分较高。事实上，在文章分析的深度、语言的准确性和复杂性方面学生仍需加强训练。

2. 期末总评成绩

期末总评成绩的分数值主要集中在 80~89 分数段，5 个班的良好率均在 50%以上。国数班高分人数达到 6 人（班级占比 17.14%），物理化学班、数理经济和生化班同学高分表现基本一致，班级占比均达到 10%。但与此同时，物化班也有 1 人不及格，显示出一定程度的两极分化，说明个别同学学习有些跟不上，或者未曾努力，成绩亟待提高。期末总评成绩汇总见图 1。

五、关于英语培养模式的反思与建议

弘毅学堂的英语课程，无论对学生还是教师，都是一个不断尝试，不断探索，不断创新的过程。我们强调英语教学中的人文关怀和哲学思辨，在摸索中前行，努力做得更好，但仍有一些问题值得深思和探索。

第一，本课程的重点是通过学生阅读经典名著，帮助他们了解和掌握相关的人文知识，培养他们的人文素养，发展他们的批判性思维，使他们将知识触类旁通，拓宽自己的科学研究思路，学会从不同的角度看问题，解决问题，在科学的道路上走得更远。由于难度较大，节选的经典名著大多篇幅较长，且具有时

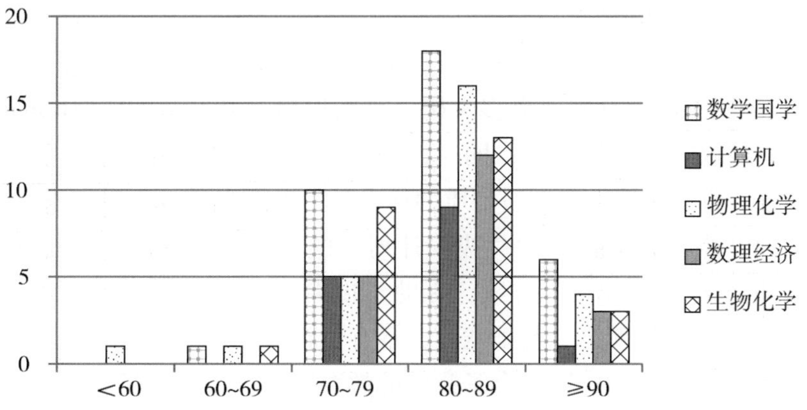

图 1　期末总评成绩汇总

代文化的差异性，学生与经典名著之间有一定的距离感。因此，我们利用慕课、网络和先进的科学技术，采用细读的方法来讲授。这种做法不仅可以激发学生阅读名著的兴趣，燃起他们阅读名著的热情，而且能够帮助他们提高英语阅读和理解能力，使他们汲取知识的营养。

第二，俗话说“授人以鱼，不如授人以渔”。课堂上，教师所要做的并不仅仅是将一大堆人文知识灌输给学生，而更应该指导学生在掌握这些知识的同时，能够触及隐藏其背后的哲学思维方式，譬如问题的提出、分析、解释等等。换言之，教师应指导学生亲身去探求人文科学知识，而非机械地学习与记忆知识。这正如美国著名科学史家杜安・罗勒（Duane W. Roller）教授所说的，科学的本质在于对知识的探索，而非知识本身。[3]

第三，教师要扮演好“协助者”的角色，既督促“聆听”的学生主动发言，又尽可能给学生提供展示的机会，有效搭建多边互动平台。教师对学生进行阅读方法上的引领，教给学生阅读的方法：默读法、跳读法、精读法等，教给学生做读书笔记的方法，如圈点批注法、写提纲、摘要、心得体会等。尽量给学生布置一些与实际相结合的探索性问题供学生进行研究，鼓励学生运用已获得的语言技能解决作品解读中所遇到的实际问题，形成相关的研究报告或心得体悟，培养学生的思维能力和创新能力。只有这样，学生才能逐渐与名著的作者展开对话，领悟吸取名著的精神内涵，从而在经典名著的殿堂中徜徉。

第四，教有定法，而又无定法。单一的教学模式有碍于培养学生批判性和创造性思维，因此可以大胆将“任务教学法”和“翻转课堂”结合起来，为名著教学及外语教学注入新鲜的活力。从目前的教学情况来看，这种教学改革尝试还是比较成功的。学生不仅愿意接受新的教学模式，而且能够汲取大量的信息，利用课堂和老师同学们进行深入讨论，充分展示自己。然而，学生的互动学习和小组合作仍有待进一步加强。学生除了课本和补充材料外，还应该坚持广泛阅读，获得足够的信息，因为只有丰富的输入才能孕育丰富的语言产出。此外，我们还组建了 QQ 群，作为课堂教学的拓展和延伸。在这个平台上，我们和学生尽情交流，或提出问题，或答疑解惑，或分享书籍和新观点。

第五，就培养模式而言，较之普通班，试验班的英语课程体系有较大的变化，比如增加了两门英语文化课程、课程内容难度和深度提高等。这种英语培养模式较好地体现了“拔尖人才”计划的精英教育思想，但是课程的课时量有待增加，文化课程的种类可以多样化，有些英语文化课可以成为选修课，提高选修课比例，从而给学生自主选择的空间，激发学生的学习兴趣和创造潜能。《西方经典名著导读》的节选篇章涵盖甚广，这其实也提供了跨学科交叉学习和研究契机。以点带面，在培养方案中，应该让学生尽可能多地涉猎其他领域的知识，打好学科交叉基础。

六、结语

20世纪六七十年代美国杰出教育家西奥多·姆·赫斯伯格（Theodore M. Hesburgh）神父曾经指出：“大学是所有社会机构中最保守的机构之一；同时，它又是人类有史以来最能促进社会变革的机构。”[4] “拔尖计划”不仅吸引了一批有热情、有创新潜质的优秀学生以崇尚科学、追求学术为人生理想，更激发了高校教师培养创新人才的热情。武汉大学“拔尖计划”的英语培养模式集中优质生源和优质教学科研资源，量身定制中西文化结合的人才培养方案，有助于拔尖学生形成“大不自多，海纳江河”的胸怀，拥有仰望星空的闲暇和兴致，淡泊明志，基础宽厚、富有创新精神和科研创新能力，拓展国际视野。这一培养方案充分体现了思想观念的创新，既结合了我国的教育特点，又借鉴了国外先进的教学观念和模式，具有鲜明的超前意识。同时，在“拔尖计划”中引入英语文化课程，带动了教学模式的转换，具有明确的实践性特色，可以为国内同类院校为拔尖人才开设英语文化课起到较好的示范作用。

◎ 参考文献

[1] 本书编写组．“基础学科拔尖学生培养试验计划”进展报告：2009.01—2011.12［M］．北京：高等教育出版社，2012：4-5.

[2] 包水梅．我国“基础学科拔尖学生培养试验计划”实施状况［J］．现代教育管理，2013，(8)：55-60.

[3] Renner John W, Marek Edmund A. An educational theory base for science teaching［J］. Journal of Research in Science Teaching, 1990 (3).

[4] 伯顿·R. 克拉克．高等教育系统——学术组织的跨国研究［M］．王承绪，等，译．杭州：杭州大学出版社，1994：203.

·教师与教学改革·

电气与自动化专业核心基础课程协同教学体系研究

胡 钋 徐 箭 肖军华 赵璐华 郭丽亚 李梦娇

（武汉大学 电气与自动化学院，湖北 武汉 430072）

摘 要：本文提出通识教育、科学人文、工程人文、科学工程“四位一体”的教学理念，按大类平台课程设置以及通识教育与专业教育相融合的原则构建了由“走进电世界”“电路”“工程电磁场”“模拟电子技术”“数字电子技术”“电机学”“信号与系统”和“自动控制理论”这八门课程组成的电气与自动化专业核心基础课程群及其协同优化教学体系和“三基础、五模块”的核心基础课程架构。充分利用综合性大学文、理、工、经济、管理等学科齐全的强大优势，在核心基础课程教学过程中实行“知识交融体”“教学共同体”等教学方法，实现了学科基础知识的实用性、交叉性、前沿性与综合性。

关键词：“四位一体”的教学理念；电气与自动化核心基础课程“三基础、五模块”架构；协同优化教育体系

Research on the Collaborative Teaching System of the Core Basic Courses in Electrical and Automation Majors

Hu Po, Xu Jian, Xiao Junhua, Zhao Luhua, Guo Liya, Li Mengjiao

(Institute of Electrical Engineering, Wuhan University, Wuhan, Hubei, 430072)

Abstract: This paper puts forward the teaching philosophy of “four in one” of general education, science humanities, engineering humanities and science engineering. According to the principle of large-scale platform curriculum and the integration of general education and professional education, the core curriculum framework of ‘Enter the electric world’, ‘Circuit’, ‘Engineering electromagnetic field’, ‘Analog electronic technology’, ‘Digital electronic technology’, ‘Motor science’, ‘Signal and system’ and ‘Automatic control theory’ were constructed. The core coursegroup of electrical engineering consisting of these eight courses and its collaborative optimization teaching system as well as the core basic course structure of ‘three basics and five modules’. Make full use of the strong advantages of comprehensive university literature, science, engineering, economics, management and other disciplines, and implement teaching methods such as “knowledge blending body” and “teaching community” in the teaching process of core basic course, and the practicality, cross-cutting, cutting-edge and comprehensiveness of the basic knowledge of the discipline have been realized.

Key words: “Four in one” teaching philosophy; Electrical and automation core basic course “three basic, five modules”

收稿日期：2018-10-24

作者简介：胡钋（1966— ），男，博士，教授，主要从事电气工程科研与教学工作。

教改项目：湖北省2016年教改项目“面向‘卓越工程师’培养的电气信息类课程群多维一体化教学体系的筑建。”

architecture; Collaborative optimization education system

0 引言

纵观全国30所著名高等院校的电气与自动化专业，它们均是以电路、模拟电子技术、数字电子技术、信号与系统、工程电磁场和电机学为核心课程设置课程体系，通过设置多门课程的不同比重以满足学科方向建设需求。图1中的数据是根据各高校电气与自动化专业网上公布的最新教学计划所做出的统计结果[1]。各个高校在课程开课时间上基本相同，但是由于专业方向的差异，在开课周期上有一定迥异，有少数院校将主干课程融合到其他课程内。在理论教学和实验教学的比例上也是各有考量，呈现了各自的办学特色，为学生的学习发展筑建了各色平台。

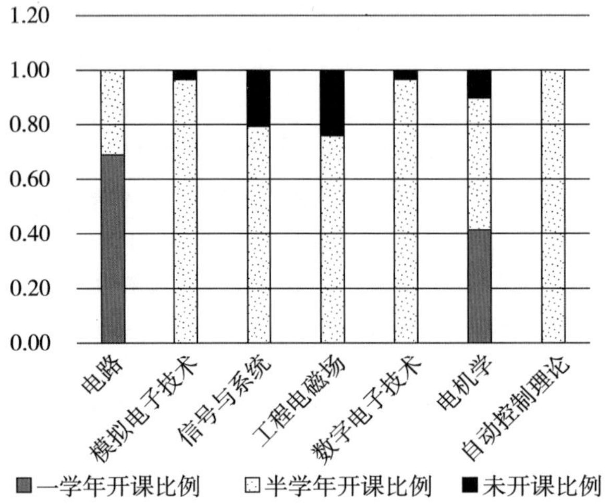

图1　国内著名30所高校7门主干基础课课程开课时长比例

武汉大学电气与自动化学院所涵盖的电力系统及其自动化、高电压与绝缘技术、电力电子技术与自动化等多学科专业，是国家能源与经济技术发展的支撑专业，在国家发展全球能源互联网、智能制造与人工智能的总体框架下，具有就业范围“宽口径”的特点以及广阔的应用与发展前景。电气与自动化专业的教学改革重点在于夯实专业理论基础，建设与时俱进的课程体系，培养符合社会需求的实践型人才。专业通识课程的教学是教学重点也是难点，不仅要保证基础课程内容充分被学生消化吸收，而且要根据现代电气与自动化专业发展变化，不断融入新的元素。基础课程的教学改革是专业教学的奠基石，是重中之重，为能达到高等教育卓越人才培养的既定目标，仍然需要不断拓展新思路、新方法并开展具有电气与自动化专业特色的教育。

1　“四位一体”的教学理念

在现代多元化的社会中，为培养大学生能够独立思考、将自然科学、社会科学和思维科学融为一体从而具备融会贯通多学科认知的工程实践能力，在加强学生专业素养的同时也需要注重提升学生的人文修养，因此，必须通过协同优化学科教学内容建立具有导向性、前瞻性、系统性和规范化的课程体系。

我们充分利用武汉大学人文、理学积淀深厚的有利条件，提出通识教育、科学人文、工程人文、科学工程“四位一体”的教学理念，将人文教化、科学与工程教育、通识教育以及电气与自动化专业有机结合起来实施教学。电气与自动化专业涉及电力系统、高电压技术、保护控制及其自动化、测控调度等多方面的技术基础理论，教学不仅需要贯穿数学和物理基础，还需要与现代工程实践有机融合。

对于数理内容较多的电气与自动化核心基础课程，以武汉大学严谨的理学和丰富的人文以及较为系统的通识教学内容，实现了科学人文教育；利用走进电世界课程中的通识性内容引导培育学生在电气科学发现、技术发明和工程实践过程中的理性怀疑、无畏探索和勇于创新的科学工程人文精神以及科学工程伦理，构筑了人文与科学和工程相互影响、交互作用的思维模式，实现了工程人文教育，也进一步深化了科学人文教育；以核心专业基础课程的系统理论知识为支撑，以电气与自动化实际为背景进行电气与自动化核心专业基础课程协同优化教学实现了科学工程教育。上述三维度教育的相辅共济、彼此助长、有机融合构成了人文、专业与通识相互滋养共生的教育理念与模式，为培养综合型工程创新性人才奠定了比较宽厚的知识储备，也铸造了他们适应科技、经济与社会发展、快速学习并创新应用新知识的能力。

2　核心基础课程协同优化教学模式与方法

随着我国电气与自动化企业发展步伐不断加快，学科内容综合的深度和广度不断延伸，因而对复合化工程型创新人才的需求越来越大，要求也越来越高。为了有效实现传统的电气与自动化专业教育模式转型为注重实践的“工程范式”（见图 2），培养具有深厚数理基础，善于从工程中捕捉科学问题并能运用科学原理和工程技术方法解决工程难题的卓越工程人才，我们基于核心专业基础课程之间的知识关联性和接续关系，确立了“三基础、五模块”（见图 3）的核心基础课程整体架构，以此在理论和实验（践）上建立了“电路”“工程电磁场”“模拟电子技术”“数字电子技术”“电机学”“信号与系统”和“自动控制理论”这七门核心专业基础课程内容之间关联并与后续专业课程内容紧密连接的协同优化实验教学体系与协同优化教学模式（见图 4），这种专业基础知识体系与内容之间以及它们与专业课之间的交叉融合构成了有机的“知识交融体”，形成了电气与自动化专业可持续创新卓越人才培养的鼎力支点，也构成了电气与自动化工程重大创新的丰富源泉。

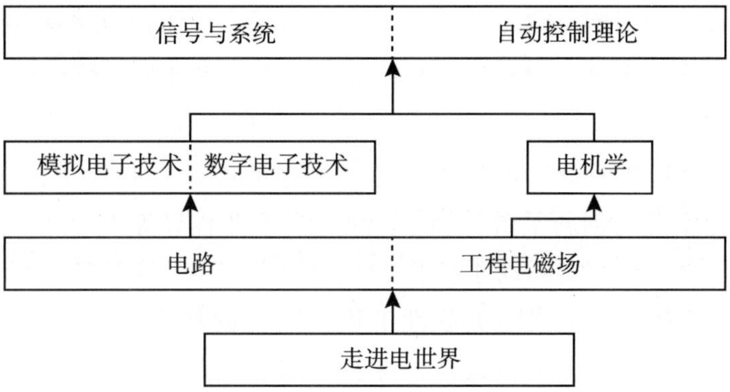

图 2　八门课程组成的电气与自动化专业核心基础课程群

“三基础”所包含的基础课程是引导学生从感官认识到理解面向实际的数理基础的重要基石，由此而进一步启发学生在“五模块”中掌握电气与自动化专业所特有的技术基础。配合核心基础课程体系搭建的工程实践与创新平台，协同教学内容，实现教与学的互动，为从理论走向实际工程实践奠定良好的实验基础。协同教学模式不断优化实验内容，引导专业方向发展。

在核心基础课程的教学中，我们不断积累教学经验，总结教学资源，开设开放式感官体验课程，

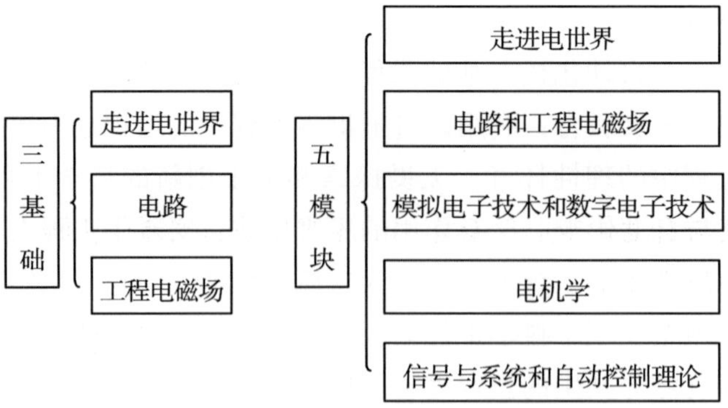

图 3　“三基础、五模块”的核心基础课程整体架构

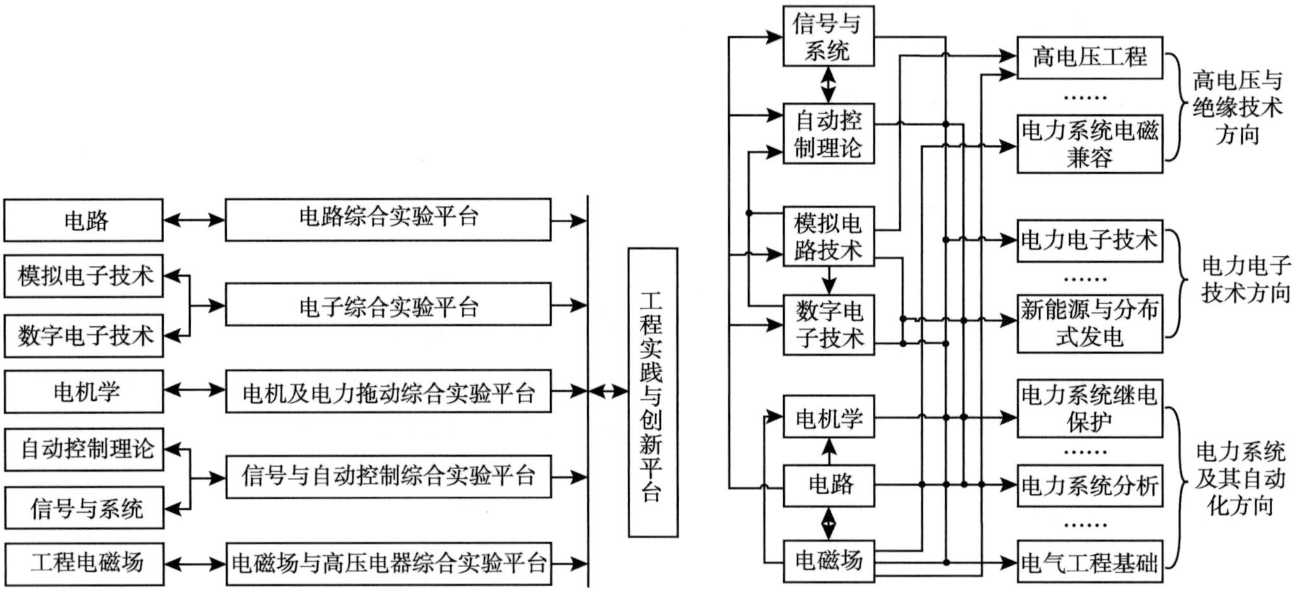

（a）核心基础课程协同优化实验教学体系　　（b）核心基础课程协同优化教学模式

图 4　核心基础课程协同优化实验与协同优化教学模式

以工程实践任务式实验辅助基础理论知识教学。为了更好地进行专业教学，学院通过多年的努力创建了如图4(a)所示的“工程实践与创新平台”，该平台构成了课程体系与实验（践）紧密结合的重要环节。该平台的应用不仅增加了学生实际动手操作的机会，使其找到理论应用于实践的基本方法，而且还可以通过多种课程之间以及专业之间的关联性工程实践与创新实验，使学生在课程学习过程中不仅巩固专业理论知识，还将课堂教学、实验教学、课程研讨、网络教学等有机结合起来，充分利用师生合作开发的多媒体、工程实际视频以及实物或模型等手段提高了基础性工程化教学效率，拓展了学生合作学习意识，激发了学生的创新意识，提升了学生的创新能力，使学生体会到了工程创造的乐趣，也充分发掘了学生在专业学习发展道路上的优势，为学生发展奠定了坚实的基础，使其更好地进行专业学习和职业规划。

通过合理机制鼓励学生自主创新开发，不断开拓有形和无形的教学资源，采用教与学双方通过积极沟通，课上课下多维深度交流，自主学习等“引导+自主+创新”式教学，建设跨课程、跨专业、跨学科教学平台，从而着实在理论和实验（践）上取得了七门核心专业基础课程内容之间关联并与专业课程内容紧密连接的协同优化教学的良好效果，形成了有利于学生自主学习，教学资源广泛开放与优化配置、以知识深度融合为导向的“教学共同体”。

3 教学效果评估

长期以来对于基于电气与自动化专业创新能力培养的核心基础课程协同优化教育体系的不断应用性创新完善，使其取得了较好的教学效果。

通过核心专业基础课程知识体系与内容之间以及它们与专业课之间的交叉融合构成的有机“知识交融体”教学体系，教学效果逐年得到提高，年级平均成绩呈上升趋势。图5所示为2012级至2015级学生七门核心基础课程每门课程每一年成绩的平均值（柱状图）与四个年级单科总体平均成绩（折线图），图6所示2012级至2015级学生五门专业方向课程各年级平均成绩（柱状图）与四个年级单科总体平均成绩（折线图）。

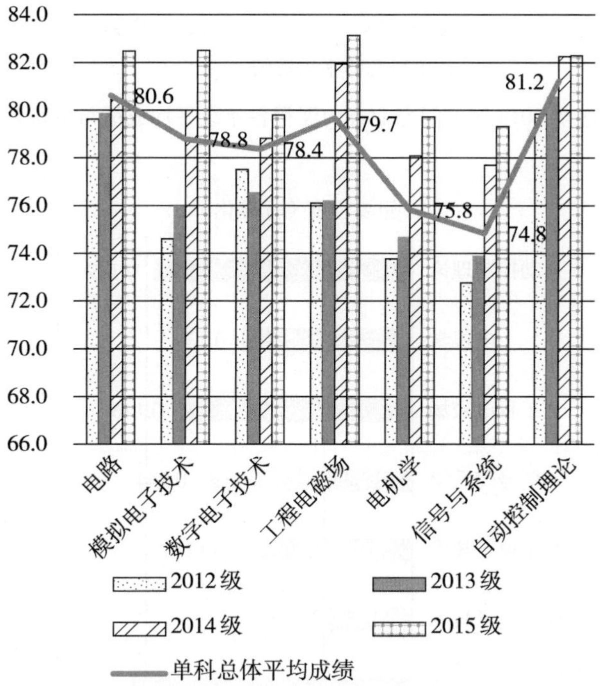

图5 2012级至2015级七门核心基础课程各年级平均成绩与单科总体平均成绩

由于核心基础课程彼此特别是前后的强相关性，因此作为前导基础课程的电路、工程电磁场、模拟电子技术、数字电子技术、信号与系统、电机学和自动控制理论的学习情况会对后续五门专业方向课程即电气工程基础、电力电子技术、高电压工程、电力系统分析和电力系统继电保护的学习效果产生重要影响。我们利用3层BP神经网络模型对电气工程基础、电力电子技术、高电压工程、电力系统分析和电力系统继电保护等五门课程成绩进行了预测，采用共轭梯度算法训练BP网络，有样本数为1270，其中2012级、2013级、2014级所占75%为训练集，2015级所占25%为测试集，激活函数采用双曲正切。通过对后续这五门课程的预测分析，得出七门核心基础课程对后续五门专业方向课程的贡献程度即前七门核心基础课程的重要程度如图7所示，图中为直观表示，数据采用标准化处理。

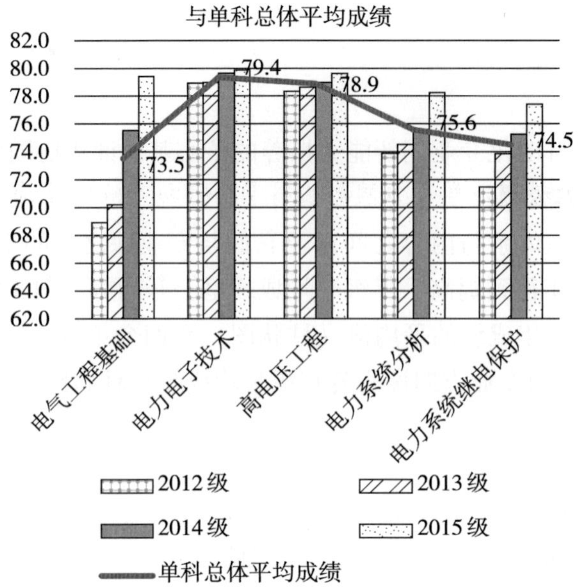

图6　2012级至2015级五门专业方向课程各年级平均成绩与单科总体平均成绩

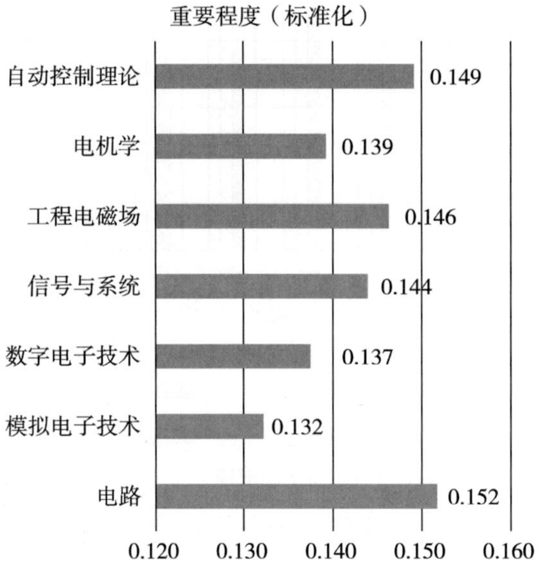

图7　七门核心基础课程的重要程度

4　结论

针对综合性大学工科人才培养，本文提出了科学人文、工程人文、科学工程、通识教育“四位一体”的教学理念，以此发挥综合性大学的特点和优势并实行文理工渗透，通识教育与工程教育并重，丰富了人才培养内涵。以“三基础、五模块”为课程群构架，通过七门核心专业基础课程紧密配合、有机联系，合理注入电气与自动化工程元素、引入典型工程案例，构建了面向学生工程实践与创新能力培养，在基础性上赋予综合性和创新性，并与专业课程教学有序链接的核心基础课程协同优化教学体系，形成了整个电气与自动化人才培养体系中的优质模块。学生在核心基础课程学习阶段，有针对性地参与工程技术开发，培养自主学习和动手实践能力，充分调动了其创新能力，同时协同发展师生互动教学机制，更有效地提升了综合教学效果。

◎ 参考文献

[1] 陈静静. 跟随佐藤学做教育：学习共同体的愿景与行动［M］. 上海：华东师范大学出版社，2015：99-124.

·教师与教学改革·

基于课程教学要求的大学英语教师专业发展重点探析

邓长慧

（武汉大学 外国语言文学学院，湖北 武汉 430072）

摘 要：专业发展是教师提高业务能力的有效途径。本文阐述了教师专业发展的现实性和可行性，揭示了教学实践与专业发展之间的关系。在分析大学英语课程教学目标新要求的基础上，作者从教师自主角度提出了大学英语教师在专业发展方面的重点——加强教育理论知识学习、充实中国文化知识、发掘课程思想教育内涵等。

关键词：课程教学要求；大学英语教师；专业发展；重点

The Analysis of the Professional Development Priorities for College English Teachers Based on the Requirements of Curriculum Teaching

Deng Changhui

（College of Foreign Languages and Literature, Wuhan University, Wuhan, Hubei, 430072）

Abstract: Professional development is an effective way for teachers to improve their professional ability. This paper expounds the reality and feasibility of teacher professional development and reveals the relationship between teaching practice and professional development. Based on the analysis of the new requirements for the teaching objectives of college English courses, from the perspective of teacher autonomy, the author puts forward the key points of college English teachers in professional development--strengthen the study of educational theory knowledge, enrich Chinese cultural knowledge, and explore the connotation of curriculum ideological education.

Key words: Course teaching requirements; College English teacher; Professional development; Emphasis

课程教学是实现教学目标的重要保证，是教师履行职责的主要形式。在经济全球化和跨文化交流日益频繁、中国的国际影响力不断增强的新时代，大学英语课程价值和教学目标已经发生变化。[1]这种变化在推动课程体系、教学评价、教学方法与手段等改革的同时，对教师的教学能力也提出了新要求。专业发展是教师提高教学能力的有效途径，必须高度重视并落实到位。

收稿日期：2018-12-2

作者简介：邓长慧（1967— ），女，湖北枝江人，副教授，研究方向：语言课堂研究及教师教育研究。

一、专业发展是教师提高教学能力的有效途径

专业发展是教师不断成长、不断接受新知识、提高专业能力的持续、动态的活动过程。在此过程中，教师通过学习、实践、反思和探索来增进教育教学知识和技能、拓宽学科专业知识、提升专业素养、提高专业教学能力，从而达到专业成熟的境界。[2]通过专业发展活动，教师完成角色身份转变，提高业务素质和能力，更好履行岗位职责。教育活动是动态的，高等教育国际化、教育信息化等外部要素，学术职业、学生群体、教学和学术观念的变化等内部要素均对大学教师发展提出了新的挑战。[3]可以说，专业发展不仅是教师成长进步的客观需要，也是教师“自我救赎”的必然选择，它应该成为教师贯穿职业生涯的自我意识和自觉行为。

专业发展依赖于教师的自主意识和行为，因为“教师个体在与环境相互作用中所表现出来的个体主观能动性是促进教师个体发展从潜在的可能状态转向现实状态的决定因素”。[4]专业发展虽然表现为高度个体化的过程，却是教师个体与情境交互作用的结果，这种情境既包括空间情境（教师工作于其中的社会、组织和文化环境），也包括时间情境（教师个人生活经历和教学生涯）；来自社会和学校的系统推动力以及受到教师生涯发展阶段和生活经验影响的个体自身推动力均会对教师专业发展产生影响。[5]换言之，专业发展是大学教师的教学发展、个体发展和组织发展的共同需要，不完全是教师个体意愿和自主行为。教师的专业发展状况直接影响到教育的质量与信誉，学校理应承担责任，将教师专业发展作为学校管理的一项重要任务来看待，对教师专业发展在政策和制度层面予以指导、鼓励和支持。[6]

教师专业发展要与教学实践工作相联系，其原因在于“教师的专业发展，如果不同学校改革的实践，特别是课堂改革的实践紧紧挂起钩来，则所谓的专业发展是不靠谱的”。[7]因此，在专业发展问题上，教师要将个体内在需要与组织外在要求相结合，并将外在要求内化为主动意识，唯其如此，专业发展才能提高教师的学习动机和责任，增强教师的效能感，增加所学内容与具体情境和问题相关的可能性，以及改善教学。[8]

二、专业发展要面向大学英语课程教学的新要求

对于大学英语教师来说，与其专业发展直接关联的外在要求主要来自教师职业责任和课程教学目标。《中华人民共和国教师法》规定：“教师是履行教育教学职责的专业人员，承担教书育人、培养社会主义事业建设者和接班人、提高民族素质的使命。教师应当忠诚于人民的教育事业。”教师职业责任决定着教师专业发展的取向。课程教学目标要围绕并服务于我国大学立德树人根本任务的实现，并根据新时代人才培养的素质要求而具体化。因此，课程教学目标必然指导教师专业发展。教师职业责任和课程教学目标两者相互关联，教师职业责任的履行体现在课程教学活动中并通过教学活动实现，两者共同指向教学活动目标的达成，并规范教师专业发展。

大学英语课程教学目标伴随我国经济社会发展和教育改革与时俱进。教育部 2007 年的《大学英语课程教学要求》指出“大学英语的教学目标是培养学生的英语综合应用能力，特别是听说能力，使他们在今后学习、工作和社会交往中能用英语有效地进行交际，同时增强其自主学习能力，提高综合文化素养，以适应我国社会发展和国际交际的需要”。与 2004 年的《大学英语课程教学要求（试行）》相比较，《大学英语课程教学要求》突出了外语教学理论的指导地位，特别是强调大学英语教学重心转向培养学生的“英语综合应用能力”和“自主学习能力”。教育部 2015 年的《大学英语教学指南（征求意见稿）》（以下简称《教学指南》）相较于《大学英语课程教学要求》，对大学英语课程教学目标又提出了新要求：

“大学英语的教学目标是培养学生的英语应用能力，增强跨文化交际意识和交际能力，同时发展自主学习能力，提高综合文化素养，使他们在学习、生活、社会交往和未来工作中能够有效地使用英语，满足国家、社会、学校和个人发展的需要。”《教学指南》赋予大学英语课程人文性内涵，提出“就人文性而言，大学英语课程重要任务之一是进行跨文化教育”。开设跨文化交际课程的宗旨在于“进行跨文化教育，帮助学生了解中外不同的世界观、价值观、思维方式等方面的差异，培养学生的跨文化意识，提高学生的社会语言能力和跨文化交际能力”，并因此提出，“大学英语教学以英语的实际使用为导向，以培养学生的英语应用能力为重点”。

教师是教学的主导者，教师的素质和能力是影响教学质量的关键因素。《教学指南》强调教师专业发展的必然性和必要性，对大学英语教师的业务素质和能力提高给予了指导性意见与要求，提出大学英语教师要做到“三个主动适应”，即“主动适应高等教育发展的新形势，主动适应大学英语课程体系的新要求，主动适应信息化环境下大学英语教学发展的需要”。一方面，教师要提高教学能力，具体包括学科专业理论和知识、课程建设的意识、选择教学内容的能力、调整教学方法和手段的能力、以学生为学习主体的意识、教学改革的意识、现代教育技术运用能力等要素；另一方面，教师要转变观念，增强学术研究能力，积极开展教学研究，把不断学习和主动参与教学研究和改革作为自身发展的主要途径，做到教学相长、教研相长，在学校和同事的支持与激励下实现团队的共同发展和个人的自我价值。[9]

大学英语课程教学对教师的要求不仅表现在《教学指南》提出的教学活动最基本任务（对向学生进行知识传授和能力培养）方面，而且体现在要实现教学的育人功能、通过教学活动对学生进行思想政治教育方面，这是社会主义国家大学教育的本质要求，是教师履行教书育人职责的客观需要。中共中央国务院在《关于进一步加强和改进大学生思想政治教育的意见》中提出，“高等学校各门课程都具有育人功能，所有教师都负有育人责任”，“要深入发掘各类课程的思想政治教育资源，在传授专业知识过程中加强思想政治教育，使学生在学习科学文化知识过程中，自觉加强思想道德修养，提高政治觉悟”。大学英语教师在课程教学中，要坚持教书与育人相结合，深入挖掘大学英语课程所具有的文化传播功能和思想教育功能，将思想政治教育和大学英语知识教学融合，保证大学英语课程教学充分发挥好对学生的思想政治教育功能。

面对新时代大学英语课程教学的显现和隐性要求，大学英语教师要增强责任感和主动意识，坚持目标导向和问题导向，通过专业发展提高教学能力。

三、大学英语教师专业发展应着力解决的问题

随着人们对教师专业发展重要性认识的深化和教师专业发展效能的显现，教师专业发展已经超越了促进教师教学和科研能力提升的范畴，由最初的教师个体目标向学校组织目标演进。特别是近 20 年来，教师专业发展从学校的组织目标又进一步跃升为国家的战略目标，成为一国高等教育质量保障体系的基础，成为教学发展、专业发展、个体发展和组织发展的集合体。[10]现阶段教师专业发展包含的内容广，指向的事项多，但基于教育教学目标的要求，学习学科知识、精通教学内容、根据教学目标解构教学内容并能够运用有效的方法和策略，无疑是其核心内容。[11]鉴于我国大学教师职责、业务能力和大学英语课程教学改革情况，作者从教师个体自主角度提出教师专业发展中应着力解决的三个问题。

1. 加强教育理论知识学习，转变教育教学观念

与我国当前中小学师资培养模式不同，大学教师入职前没有或很少有教师职业的课程意识与训练，主要依托短期高等教育理论和法规的课程学习与考核，并将其作为取得教师任职资格的条件，入职者

缺乏专门的教师教育专业培育。[12]入职后培训也是注重专业知识与技能的培养，相对而言忽视教育专业素养培养，导致教师比较缺乏“一般教育教学理论知识”“教育情境知识”“教育信念的知识”“学生的知识”[13]。那么，大学教师要不要学习教育理论知识呢？我国《教师法》和《教师资格条例》规定，大学教师要担负起工作任务，需具备相应的专业素质，这其中就包括掌握教育教学的理论、知识、技能。教师必须娴熟掌握基本的教育专业知识——教学技能和技巧、教学模式和原则。这是一名教师之所以成为教师的基础条件，这样才能胜任教师职业的挑战，才能走进教室满足社会需要。[14]潘懋元等认为，教师作为一种专门职业，已经日益受到人们的认可，其主要原因就在于教师职业需要掌握相当的教育学、心理学理论，并且必须拥有经过训练的教学技能。这些教育学、心理学知识，会随着社会发展和人们认识水平的提高而发展，教学技能也会不断改进，因此，教师的教育理念和教育知识、技能都需要及时更新。[15]

反思当前我国大学英语教学情况，有学者指出：“虽然大学英语教学改革进行得如火如荼，但在现实中，效果并不尽如人意……这主要是源于教学观念陈旧，缺乏与时俱进的观念。所以，大学英语教学改革首先应该从转变大学英语教学的观念开始。”[16]《教学指南》也明确提出，教师要深化对教学活动规律和特点的理解和把握，在大学英语课堂教学中体现以教师为主导、以学生为主体的教学理念，根据课程教学目标和教学内容特点，充分考虑学生个体差异和学习风格，运用合适、有效的教学方法，创设主动学习环境与条件，“使教学过程实现由关注‘教的目的’向关注‘学的需要’转变，形成以教师引导和启发、学生积极主动参与为主要特征的教学常态”。

因此，在专业发展问题上，教师要将转变教育教学观念置于首位，因为“只有教师内在观念才具有真实的指导教师教学目标制定和定向实践行为的作用”。[17]社会经济发展不断对人才培养的质量提出新的要求，信息化时代的科学技术进步不断产生新的知识，教育理念、教学思想、教学模式等处于不断变革中；教育对象的差异性、教学内容的多样性，决定了教学组织形式和教学方法不能固定不变，等等。因此，教师不仅要不断学习丰富教育教学理论知识，还要及时跟踪了解教育教学新成果新思想。教师要充分认识到：教学不仅是进行知识传播、促进学生知识建构和能力培养的过程，也是教师与学生共同交际、情感互动、价值协商，伴随着价值生长和生命成长的过程。[18]教师是教学活动的主导者而学生是学习的主体，教学过程是师生互动交流和平等共同参与的活动；教学不能只是讲授式和灌输式而必须推进研究式和启发式，培养学生的自主学习能力、创新意识和实践能力。

2. 充实中国文化知识，提高跨文化传播能力

语言是文化的载体，语言教学实际上是一种文化教学。在大学英语教学中，教师承担着深刻领会英语文化内涵和传播英语文化的双重任务。这种观点在《大学英语课程教学要求》和《教学指南》中得到强调，也为大学英语教师普遍认同。一些大学教师重视在课堂上根据教材内容深入讲解并介绍英语国家的历史地理、社会习俗、风土人情、价值观念、伦理道德知识，在促成学生树立世界眼光、培养国际意识、提高人文素养等方面产生了良好效果。

然而，目前大学英语教学在培养和提高学生跨文化交际意识与能力方面存在一个令人忧虑的现象。由于长期强调英语文化学习渗透到英语教学的各个环节，大学英语教学中存在着西方文化与中国文化失衡、中国文化缺失、母语文化“失语”现象，中国英语学习者在跨文化交际中无法用英语表达中国文化。[19]这不符合跨文化交际的思想和原则，与《教学指南》提出“使用英语传播中国思想、学术和文化”的要求相背离。事实上，只有充分掌握本土文化，才能准确理解异域文化，才能以开放、包容的心态对待异域文化，在中西文化的输入与传播双向互动中实现交际。这种现象的产生与《大学英语课程教学要求》指出的加强西方文化知识的教学却弱化对中国文化的渗透、教材内容大多选自英语报刊或英语文学作品而缺

少与中国文化关联的话题等有关，也与教师的中国文化不够厚实、不善于从中西文化差异比较角度讲解西方文化、不重视传播中国文化和教授学生用英语去释义中国文化密切关联。

令人欣慰的是，在国家实施提升中华文化软实力和国际话语权建设工程进程中，造成大学英语教学中中国文化“失语”现象的制度和环境因素正在改变。《教学指南》在课程设置上做了较大的调整，要求建立“跨文化交际课程系列”，指出“跨文化课程体现了大学英语的人文特征。各高校可根据需要开设不同级别的跨文化交际课程，也可在通用英语课程体系内融入跨文化交际的内容”，培养学生的跨文化意识，在注重西方文化学习的同时也要强调培养中华文化意识，学习如何用英文传播中国文化，讲好中国的故事，让中国传统文化真正走向世界。因此，大学英语教师要加强对中国文化知识的学习和领会，重视提升中国文化修养，拓展文化视野，增强中国文化英语传播的意识和能力。例如，在用英语讲解西方宗教文化时，可将儒家思想和基督教精神进行对比分析，使学生了解不同文化的特征；在讲解西方的圣诞节、情人节、感恩节时，可与中国的春节、七夕、端午节等传统节日进行来历及庆祝方式比较；在讨论西方文体健身活动时，谈及中国武术、气功、广场舞等，这样才能在语言教学和文化教学中，实现英语文化的输入和中国文化的传播，提高培养学生跨文化交际意识和能力的实效。

3. 发掘课程思想教育内涵，实现教学育人功能

《大学英语课程教学要求》提出了大学英语在提高学生综合文化素养、培养学生文化意识和情感态度方面的要求，反映了人文主义教育的精髓。《教学指南》指出，大学英语教学过程应该是一个“人际交往与情感交流”的过程，应该“给予学生思想、情感、人格、审美等方面的熏陶和感染”；大学英语课程人文性的核心是以人为本，弘扬人的价值，注重人的综合素质培养和全面发展。大学英语从来就不只是具有纯语言和技能的教学功能，大学英语教师应重视在传授知识的过程中对学生实施思想政治教育。

语言学习在很大程度上是文化教育，学习英语一定会受到英语国家文化的影响。部分大学生表现出对西方文化过分迷恋，对任何事物都以西方价值观念和文化标准进行评判，对自身传统文化却显得妄自菲薄。这种情况值得大学英语教师警觉和反思。作为英语文化的引介者，教师既要防止用本身具有的行为规范和价值体系来解释、评判异域文化，避免持有否定、抵制的态度，但也要认识到自己是多元文化的驾驭者、本土知识的传授者、多元文化教育环境的创建者[20]，有责任在教学中通过中西文化的比较分析，培养学生的跨文化辨别力和鉴赏力，引导学生对西方文化保持辩证的态度和正确的认识，在学习西方文化的同时更好地理解和把握自身文化的特点，成为更加开放且具有更深文化底蕴的人，坚定中国特色社会主义文化自信，而不是成为西方文化的消费者、西方意识形态的鼓吹者。

大学英语教师在教学中开展思想政治教育是英语教学的本质属性。语言是文化存在和得以传播的主要载体，它不仅包含着该民族的历史和文化背景，而且蕴藏着该民族的价值观念、道德规范、心理积淀、传统习俗、生活方式；善加利用，它就可以成为思想政治教育的重要资源。大学英语教师要重视做好以文育人、以文化人工作，认真研究教材内容，深入探寻其中的积极思想因素，挖掘课程丰富的人文内涵，根据大学生思想活跃和求知欲强的特点，合理利用教材中的域外事例对大学生进行说理施教，增强思想政治教育的感染性和说服力。

专业发展是大学教师提升教学能力的有效途径，贯穿教师职业生涯的全程。大学英语教师要积极面对新时代大学英语课程教学改革和发展的新变化新要求，将个人内在意愿与组织外在要求特别是课程教学实践要求结合起来，主动作为，充分利用学校促进教师专业发展的政策和平台，抓住重点，突破难点，不断提高教学能力，更好地履行教书育人职责。

◎ 参考文献

[1][9] 王守仁.《大学英语教学指南》要点解读[J].外语界，2016（3）：2-10.

[2][5] 卢乃佳，钟亚妮.国际视野中的教师专业发展[J].比较教育研究，2006（2）：71-75.

[3] Austin A. E. Theory，practice and implications：Professional and organizational development for Chinese higher education in the global context[C]. Beijing：Beijing Normal University，2009：6-10.

[4] 张忠华，朱梅玲.关于教师专业发展几个问题的思考[J].教育科学研究，2015（5）：70-74.

[6] 林杰.大学教师专业发展的内涵与策略[J].大学教育科学，2006（1）：56-58.

[7] 周满生.基础教育如何国际化[N].光明日报，2014-02-11.

[8] 周坤亮.何为有效的教师专业发展[J].教师教育研究，2014，26（1）：39-45.

[10] 林杰，魏红.大学教师发展的国际趋势[J].高校教育管理，2016，10（1）：86-91.

[11] 周坤亮.何为有效的教师专业发展[J].教师教育研究，2014，26（1）：39-45.

[12] 时伟.大学教师专业发展模式探析[J].教育研究，2008（7）：81-84.

[13] 张忠华，苏静蕾.大学青年教师知识结构与教学能力状况调查研究[J].国家教育行政学院学报，2013（3）：73-78.

[14][18] 张向众.教育理论与教师发展[J].教师教育研究，2005，17（6）：10-14.

[15] 潘懋元，罗丹.高校教师发展简论[J].中国大学教学，2007（1）：5-8.

[16] 杜玉红.对大学英语传统教学观念的批判及创新教学的思考[J].英语教师，2016（6）：46-48.

[17] 叶澜.重建课堂教学价值观[J].教育研究，2002（5）：3.

[19] 吴利琴.母语文化“失语”现象反思[N].光明日报，2006-10-20.

[20] 任冰，朱秀芝.试析多元文化视域下大学英语教师的角色定位[J].黑龙江高教研究，2013（3）：99-101.

·教师与教学改革·

GIS 课程中引导式实践教学设计与教学方法研究

江 平 詹长根

（武汉大学 资源与环境科学学院，湖北 武汉 430072）

摘 要：针对地理信息系统专业的培养要求和“GIS 课程设计”特色，探讨了该引导式实践教学主要解决的教学问题以及创新点，展望了该教学法未来的应用价值及推广，拟设计相对稳定的教学内容和方法，实现该课程内容的系统化、标准化、模板化，以满足本专业人才培养方案需要。

关键词：地理信息系统；引导式实践教学；内容设计；方法研究

Research on the Content Design and Teaching Method of Guiding Practice Teaching in GIS Course

Jiang Ping, Zhan Changgen

(School of Resource and Environmental Sciences, Wuhan University, Wuhan, Hubei, 430072)

Abstract: This paper addresses the training requirements of GIS majors and the characteristics of GIS curriculum design. It also discusses the problems of teaching and innovations that guided practical teaching. This article looks forward to the future application value and promotion of the teaching method, and plans to design relatively stable teaching content and methods to realize the systematic, standardized and templated content of the course, to meet the needs of this professional training program.

Key words: GIS; Guiding practice teaching; Content design; Method study

一、引言

随着空间信息科学技术的飞速发展，地理信息系统（Geographic Information System，GIS）技术，不再仅限于地理信息获取、测绘技术服务等较为底层的应用与服务，而是与互联网、大数据等新型技术快速融合，创造出了更多的应用与服务模式，为企业和社会带了更大的商业价值和社会价值。随着“互联网+”

收稿日期：2019-02-02

基金项目：数字制图与国土信息应用工程国家测绘地理信息局重点实验室开放研究基金资助项目（GCWD201808）；武汉大学教学改革建设项目“本科实践教学质量控制体系建设”。

作者简介：江平（1983— ），男，江西东乡人，工学博士，武汉大学资源与环境科学学院实验师，主要研究方向为土地信息与评价。

时代的来临，社会对GIS专业技术人员与人才的需求增长势头十分旺盛。为了适应传统领域和新领域的共同需求，GIS专业需确立“用数学培养学生的思维，用计算机科学与技术培养学生的实践技能，[1-3]用地理学培养学生的专业理论基础，用地理信息系统培养学生的专业知识及技能”的教学目标，使学生既具备扎实的专业知识、熟练的专业技能，又具有自主学习、独立思考、创新思维和用于探索的科研素质，并能灵活运用所学知识和专业技能解决实际问题[4-5]。为了适应这一人才培养目标，必须在教学内容、教学方法和教材建设方面加强研究，探索引导式教学方法在实践教学方面的应用[6-7]。引导式实践教学对于培养学生的实践能力、创新精神及提高学生的综合素质具有重要的作用[8-9]。

GIS是以计算机技术为基础，以需求为驱动、富有活力的快速发展的理工相结合的学科，客观上要求实践教学内容和教学方法能紧随计算机技术的发展和社会实际需求变化及时更新。[10]目前，在人才培养方案调整的基础上，经过多年的专业建设，一些新的科研成果被引入教学，实践教学内容已基本能跟上计算机技术和GIS技术的发展，但在满足不断扩大的应用领域需求方面还存在明显不足，实践教材建设更是严重滞后[11]。

二、引导式实践教学内容设计

本文研究解决引导式实践教学内容设计问题，拟采用的方法是“调查分析+提炼总结+内容设计+方法研究”。调查分析是对近十年本专业毕业生进行抽样调查，以便较全面了解专业教学的成效、不足和不同领域的新需求，确立研究的具体目标[12]。提炼总结是基于调查分析，找出教学中应解决的本质问题，确立研究的重点内容与核心问题。内容设计是针对传统应用领域进行设计，面向不断拓展的实践应用领域的内容与案例，立足于强化专业知识和技能的灵活应用，通过提出问题、案例分析和研究现状概述等教学内容设计，引导学生独立思考、创新研究、自主学习，实现面向多领域、多层次的专业人才培养。方法研究是研究并总结出适应引导式教学的教学工具和教学手段，并推广研究成果。

首先根据GIS专业人才培养方案中GIS课程设计的要求，按照理工并举的专业人才培养模式和引导式教学的需要，系统分析和研究目前“GIS课程设计”的教学内容特点和不足以及相关实践课的教学内容和方法，并将其作为本文研究的基础。重点探讨基于GIS传统领域的应用，立足于传统领域的社会需求，以培养学生独立学习、研究和解决实际问题的能力为目标，通过教学内容设计和方法研究，正确引导学生从实习任务和考核的实际要求出发，系统地回顾所学专业知识和基本技术并学习相关研究成果，在此基础上独立地解决实际问题。

其次调查和归纳当前社会对GIS专业人才的需求，分析GIS专业人才知识和能力结构，重点探索如何通过“GIS课程设计”教学使学生深入理解专业知识和提高专业技能，在此基础上科学设计教学内容和教学方法，形成相对稳定的教学内容和不断完善的教学方法，以探索实现从知识到实践、从基础到专业、从学习到研究的专业人才培养模式。最后设计相对稳定的GIS理论和基本技术为实践教学内容，通过提出问题、分析案例和介绍相关研究[13]引导学生自主学习、独立思考和创新研究，以适应技术快速发展和社会需求快速变化。

三、引导式实践教学内容设计实施

GIS是一门理工并举，需求驱动发展的专业。由于计算机和GIS技术快速发展，以及社会需求快速变化，教学内容一直在不断更新，但教学内容的更新依然滞后于需求，且严重影响到课程内容的系统化、标准化、模板化建设，影响到实践教材的更新，不利于专业建设[14]。因此在GIS专业课程方案建设中，可同时开设多门理论课程和实践课程，其中大四开设的“GIS 课程设计”（6 周集中实习）是 GIS 专业最重要的一门实践课程，该课程要求学生能深入理解所学专业知识、熟练掌握实践技能、综合运用专业知识和技能解决实际问题。

本文研究的引导式实践教学内容设计实施，一是根据理工并举和需求领域广泛的专业特点，针对 GIS 课程设计的教学目标与要求，对比分析国内外地理信息系统专业实践课程内容和教学方法[15]，确定 GIS 课程设计的教学内容和教学方法，并可用于指导本课程的相关理论知识教学内容的设计与更新，以及专业技能训练内容的设计实施；二是根据引导式教学的需要，设计 GIS 课程设计及相关 GIS 实践课程的教学内容体系，形成一套完整的包含实例、实践教材、实习指导书和教学课件的实践教学内容，并将其作为 GIS 课程设计教学的统一模板，以实现该课程内容的系统化、标准化、模板化和教学方法的不断优化，从而完成实践教材建设；三是采用最新的 GIS 技术、计算机技术、空间数据库技术等，设计开发相关的实践教学实例，构建实践课程内容的具体实现技术方法，形成新技术方法支撑下的实践课程内容体系。其流程如图 1 所示。

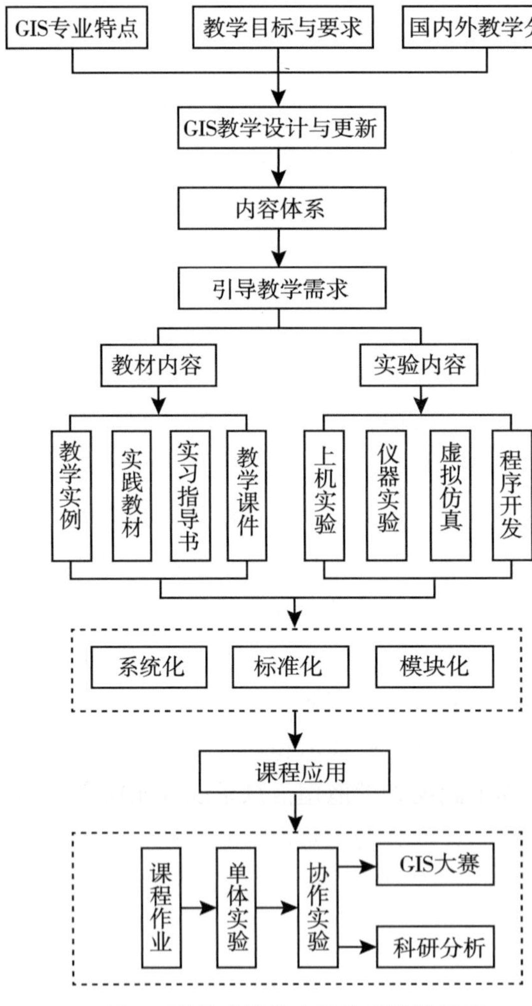

图 1　引导式教学内容体系设计流程

引导式实践教学内容设计实施是根据理工并举和需求领域广泛的专业特点，研究设计适应引导式教学的教学内容和教学方法，基于 GIS 传统领域需求，确定和研究“GIS 课程设计”的教学内容、案例和教学方法；是在 GIS 传统应用领域中设计实践教学案例，引导学生通过自主学习相关知识、研究成果和专业技能，并在独立分析、创新研究的基础上解决实际问题，从而更好地培养学生的独立科研能力和创新思维；是设计适于引导式教学的、相对稳定的“GIS 课程设计”的教学内容和方法，以实现该课程教学内容的系统化、标准化、模板化。

四、引导式实践教学效果

针对“GIS 课程设计”的教学目标与要求，通过本文的研究，选择传统的 GIS 应用领域，设计适合引导式教学的教学内容和教学方法，实现了在教学中根据实习任务和要求，正确引导学生自主探索学习、正确运用相关理论知识和技术方法解决实际问题。这对于培养学生的独立思考能力、自主学习能力、创新科研能力具有重要的意义，更可以提高学生适应不断发展的技术和不断变化的社会需求的能力。同时相对稳定的教学内容和方法，也有利于教学内容的深入挖掘，教学方法的不断完善，教学内容的系统化、标准化、模板化建设，从而为教材建设奠定基础。

通过设计相对稳定的教学内容和教学方法，将以教师为主导的教学活动转变为以学生为主导的学习活动，引导学生从巩固专业知识转变为运用专业知识，从熟悉基本技术转变为掌握专业技能，从学习实际案例转变为灵活运用研究成果。引导式实践教学不是仅仅教给学生技能，更是要注重对学生思维能力的启发，给学生更加广阔的视野和更高的认知高度，培养学生的综合素质，启发学生的创造性思维，实现具有独立学习能力、思考能力和创新研究能力的专业人才培养，以适应社会对本专业人才多方面、多层次的需求。

五、结语

本文的特色在于从本专业技术发展和社会需求不断拓展的实际出发，以引导学生自主学习、独立思考和创新研究为目标，以传统领域应用为实践案例，设计相对稳定的、适于引导式教学的实践教学内容和相应的教学方法，促进本课程教学内容系统化、标准化、模板化，教学方法不断完善以及实践教材建设，以满足本专业人才培养方案需要。

引导式实践教学的研究在于培养具有独立学习能力、思考能力和创新研究能力的专业人才。本文研究内容根据地理信息系统专业的“GIS 课程设计”实践课程内容设计展开，在深入分析专业理工特点的基础上，面对 GIS 技术快速更新和社会需求不断拓展的形势，更新实践教学的内容和创新教学方法，实现从知识到实践、从基础到专业、从学习到研究转变的专业人才培养模式。采用引导式教学理念，设计相应的教学内容、教学案例和教学方法，对完善和优化地理信息系统专业人才培养方案具有重要的指导意义，本文成果可直接用于现有的实践教学。鉴于武汉大学地理信息系统专业在全国同类专业中的优势地位，本文研究成果将具有示范作用，该研究成果可在全国同类专业高校中推广应用。

◎ 参考文献

[1] 刘耀林，刘艳芳．地理信息系统专业人才培养方案的优化设计［J］．地理信息世界，2003（4）：31-34.

[2] 童新华．地理信息系统专业课程教学方法的改进［J］．教书育人（高教论坛），2016（30）：96-97.

[3] 李天文，王林刚，李庚泽，邓鑫．地理信息系统专业课程体系建设研究［J］．中国大学教学，2011（1）：33-35.

[4] 王坤，程雄，张王菲，王乐辉．“GIS 原理课程设计”教学改革探索［J］．高等理科教育，2006（6）：52-55.
[5] 王红，程雄，赵红梅．GIS 软件应用课程体系设计［J］．测绘技术装备，2003（1）：26，43-45.
[6] 何婷．引导式实践教学法在教学中的探索与应用［J］．青年文学家，2013（13）：60-61.
[7] 吴小芳，龚丹丹，赵寒冰．GIS 程序设计实践教学改革研究［J］．教育教学论坛，2013（41）：43-44.
[8] 钱学森．钱学森最后一次系统谈话：大学要有创新精神［J］．教书育人：教师新概念，2010（1）：76-77.
[9] 武高辉，杨韬，赵希文，等．本科生创新精神与实践能力培养体系的构建与实践［J］．高等工程教育研究，2002（3）：21-23.
[10] 柳林，李万武．市场需求导向的 GIS 专业知识结构和课程体系的构建［J］．测绘科学，2011，36（1）：32-234.
[11] 沈婕，汤国安，杨红，等．我国地理信息系统专业教材建设应用与发展［J］．地球信息科学学报，2012，9（4）：94-99.
[12] 国培光．从毕业设计反馈信息看课程改革方向［J］．高等农业教育，1989（4）：21-23.
[13] 夏元平，许亚男，刘波．案例教学法在 GIS 软件应用教学中的探索与实践［J］．东华理工大学学报（社会科学版），2014（3）：278-283.
[14] 董东林，孙文洁，林刚，等．工科院校地质工程专业 GIS 教学改革存在问题与对策［J］．教育教学论坛，2014（37）：135-136.
[15] 齐述华，罗小平，舒晓波．我国不同学科背景下 GIS 专业培养方案的比较研究［J］．测绘与空间地理信息，2009（1）：4-7.

·教师与教学改革·

对分课堂在性与健康课程教学中的应用与思考

朱俊勇[1] 赵全振[2] 宗云霄[3]

（1. 武汉大学 本科生院，武汉 湖北 430072；2. 武汉大学 计算机学院，武汉 湖北 430072；
3. 武汉大学 经济管理学院，武汉 湖北 430072）

摘 要：在性与健康通识课程教学中应用对分课堂教学模式，并在课程结束后对学生进行问卷调查，了解学生对于对分课堂教学模式的态度以及该模式的应用效果。结果显示八成以上（82.27%）的学生认为对分课堂教学效果更好，学习积极性、主动性，自主学习、批判性思维能力，沟通交流、组织协调等综合素质得到明显提升。对分课堂教学模式容易实施，可以激发学生学习兴趣和积极主动性，比较适合选课人数比较多的通识教育大课堂，为当前推进“课堂革命”提供了新的思路与方向。

关键词：对分课堂；通识教育；教学改革

The Application and Thinking of PAD Class in the Teaching of Sex and Health Course

Zhu Junyong[1], Zhao Quanzhen[2], Zong Yunxiao[3]

(1. Undergraduate School, Wuhan University, Wuhan, Hubei, 430072;
2. School of Computer Science, Wuhan University, Wuhan, Hubei, 430072;
3. School of Economics and Management, Wuhan University, Wuhan, Hubei, 430072)

Abstract: The study investigates the students' attitude on the PAD class teaching method and its effect through their application in the course of sex and health and questionnaires carried out among the students after the class. The result shows that more than 80% of the students (82.27%) hold that the PAD teaching method has better teaching effect, with which the learning enthusiasm, initiative, independent learning and critical thinking ability, communication, organization and coordination of the students can be improved. The mode is uncomplicated to implement and can stimulate students' learning interest and initiative efficiently. It is more suitable for general courses with a rather large number of students and can provide a new direction for the current advancement of "class revolution".

Key words: PAD class; General education; Teaching reform

性与健康是一门主要从性医学角度对大学生进行性健康教育的通识课程。课程涉及自然科学、人文社

收稿日期：2019-03-19

作者简介：朱俊勇（1974— ），男，湖北天门人，医学博士，副主任医师，武汉大学本科生院教务处副处长，中华医学会医学教育分会青年委员，武汉大学通识教育课程性与健康主讲教师。主要研究方向：性健康教育、高等教育管理。赵全振（1998— ），男，山东烟台人，武汉大学计算机学院2016级本科生，主要研究方向：大数据心理学。宗云霄（1997— ），男，湖北襄阳人，武汉大学经济管理学院2015级本科生，主要研究方向：性瘾研究。

会科学、医学等多个学科，对各学科知识整合运用分析的要求比较高。简单通过传统的传授式教学单纯灌输性健康相关知识点，导致学生对于知识点的理解、应用及其与相关学科的联系理解不深刻。尤其在学时有限的情况下，加之综合性大学文、史、哲、理、工等专业学生的医学知识又偏弱，学生听起课来普遍觉得抽象、难以理解。为加强对学生思维能力和探索精神的培养，解决传统“填鸭式”教学的弊端，我们从 2017 年下半年开始，在性与健康课堂教学中引入“对分课堂”教学模式。“对分课堂”的核心理念是把每一次教学内容分为两个环节：第一个环节是教师讲授（presentation），第二个环节是学生以讨论（discussion）的形式进行交互式学习。两个环节中间间隔一周，供学生自主安排学习，进行个性化的内化吸收（assimilation）。因此又简称为 PAD 课堂[1]。目前全国各大高校将“对分课堂”教学模式应用于各种课程的课堂教学，取得了比传统教学法更好的教学效果[2-4]。

一、教学组织与实施过程

性与健康通识课程每学期 18 学时，每周上课 1 次，连续 2 学时，每学时 45 分钟。按照“对分课堂”的教学理念，教学过程实施如下：

1. 课堂讲授

教师第 1 周第 1 节课简要介绍课程及讲授绪论，从第 1 周的第 2 节课开始集中快速讲授第 2 周所要讨论的重点和难点内容，尤其是所涉性健康教育的主题、背景、概念、社会热点、前沿进展等。

2. 内化吸收

每次课堂讲授结束时给同学布置相应作业，学生课后结合教师讲授的内容，完成相关文献阅读，撰写读书报告。此阶段最重要的一个要求是能提出问题。

3. 课堂讨论

第 1 次课将选课学生（每次约 150 人）按不同学院和专业背景以 8~10 人为 1 个组分为若干小组，由组员自己分别安排相应角色（组长、记录员、信息检索员、发言人 1、2、3...）。从第 2 周开始，每周的第 1 节课进行课堂讨论。根据上次布置的作业内容，每个小组自行组织组内讨论（20 分钟）。重点回顾重要概念，表述个人理解，互相交流、讨论、启发，深入理解，共同掌握重点，突破难点，追踪前沿，开阔视野。组内形成共同的疑问后，开始组间讨论（约 20 分钟），最后 5 分钟教师点评及解答相关问题。以此类推，直至 9 周课程全部完毕，最后 1 节课教师做所有教学内容总结。

每次课后学生的个人作业由四部分组成：（1）阅读：根据教师讲授课堂内容上网检索并阅读相关文献和书籍。（2）思考：经过独立思考、分析，列出学习过程中自己感受最深、受益最大、最感兴趣的内容等。鼓励天马行空，不拘一格。（3）写作：撰写学习心得体会，要求针对教师讲授内容主要写 3 方面内容。一是通过学习本章节内容和阅读相关文献有什么收获，至少 1 条；二是对本章节内容有哪些疑问，至少 3 个；三是自己觉得掌握得好的内容有哪些，至少 3 个。鼓励递交图示、表格、漫画、视频等个性化报告，但禁止抄袭网络。从第 2 周开始，学习心得必须在每周日晚上 12 点前由各组长按照小组打包提交，除特殊情况，迟交拒收。目的是督促学生自主学习，阅读相关文献，保证理解基本内容，能够进行深入、有意义的交流讨论。（4）提问。学生记录完成作业过程中发现的问题，并将问题带到下次课堂中和全班同学开展讨论。

性与健康课程的最终成绩由以下几部分组成：学习心得体会 8 次，每次满分计 3 分，共计 24 分；小组讨论 8 次，每次满分计 2 分，共计 16 分；期末撰写 1 篇有关性科学的学术论文，60 分。由于加大了平时成绩的比重，强化过程性评价，从而确保了学生的学习积极性和参与度。

二、实施效果问卷调查

为了解学生对“对分课堂”的态度和应用“对分课堂”教学模式的效果，在课程结束时制作问卷调查表，对实施“对分课堂”的学生进行问卷调查，主要调查学生在参与一个学期“对分课堂”之后的主观感受和对自身各方面能力的客观评价。2017 年下半年调查选课学生 200 人，收回有效问卷 190 份；2018 年上半年调查选课学生 150 人，收回有效问卷 137 份，2 次调查共计收回有效问卷 327 份。问卷主体内容包括以下 12 个问题。评价分为 5 档：非常同意，同意，一般，不同意，很不同意。“对分课堂”教学模式的应用效果情况如表 1 所示。

表 1　　**对分课堂应用效果评价表（$n=327$）**

调查项目	评价意见频次（百分比）				
	非常同意	同意	一般	不同意	很不同意
学生对“对分课堂”的满意度	108（33.03%）	161（49.24%）	33（10.09%）	25（7.64%）	0（0）
“对分课堂”更加有利于教学目标的实现	98（29.97%）	176（53.82%）	36（11.01%）	17（5.20%）	0（0）
“对分课堂”学习负担比较合理	75（22.94%）	171（52.29%）	44（19.57%）	33（10.09%）	4（1.22%）
“对分课堂”评价方式更准确、更公平	123（37.61%）	146（44.65%）	45（13.76%）	6（1.83%）	7（2.14%）
通过教师讲授，帮助学生熟悉章节内容，克服重点、难点，为课后学习打下基础	177（54.13%）	119（36.39%）	29（8.87%）	2（0.61%）	0（0）
通过分组讨论，促进学生相互交流、化解疑难，加深对章节内容的深入理解	98（29.97%）	187（57.19%）	38（11.62%）	4（1.22%）	0（0）
通过阅读文献，开阔视野，追踪社会热点、学术前沿	133（40.67%）	145（44.34%）	40（12.23%）	9（2.75%）	0（0）
通过撰写学习心得，减少机械性背诵，把学习效果落实在平时	77（23.55%）	168（51.38%）	69（21.10%）	11（3.36%）	2（0.61%）
有助于学生学习兴趣和积极性的提升	81（27.77%）	188（57.49%）	42（12.84%）	14（4.28%）	2（0.61%）
有助于学生自主学习能力的提升	101（30.89%）	197（60.24%）	26（7.95%）	3（0.92%）	0（0）
有助于培养学生发现、分析、解决问题的能力	69（21.10%）	181（55.35%）	61（18.65%）	15（4.59%）	1（0.31%）
有助于培养学生沟通交流、组织协调等综合素质	109（33.33%）	184（56.27%）	27（8.26%）	7（2.14%）	0（0）

从调查结果来看，327 名学生中有 108 名学生对“对分课堂”教学模式非常认可（非常同意），占总人数的 33.03%；161 名学生对“对分课堂”比较满意（同意），占比为 49.24%；33 名学生（占 10.09%）认为“对分课堂”与传统课堂没什么区别（一般）；只有 7.64%的学生（25 名）认为传统课堂较好（不同意）。也就是说超过 8 成（82.27%）的学生比较认可“对分课堂”教学模式，认为“对分课

堂”比传统教学模式教学效果更好。

调查结果还显示，83.79%的学生认为“对分课堂”更加有利于教学目标的实现；90.52%的学生认为教师讲授可以帮助学生熟悉教学内容，明晰重点、难点，为自己课后自主学习打下基础；87.16%的学生认为通过分组讨论，可以促进相互交流、化解疑难，加深对教学内容的深入理解和记忆；85.01%的学生认为通过课后阅读文献，可以开阔视野、追踪社会热点、学术前沿；74.93%的学生认为通过撰写学习心得体会，可以减少机械性记忆、把学习效果落实在平时的学习过程中；75.23%学生认为“对分课堂”学习负担比较合理；82.26%学生认为“对分课堂”评价方式更准确、更公平。同时绝大多数学生认为对分课堂有助于培养学生发现、分析、解决问题的能力（76.45%）；有助于学习兴趣和积极性的提升（85.26%）；提升了学生的自主学习能力（91.13%）；有助于培养学生沟通交流、组织协调等综合素质（89.6%）。

三、对“对分课堂”的思考

《关于加快建设高水平本科教育 全面提高人才培养能力的意见》中明确提出，要“围绕激发学生学习兴趣和潜能深化教学改革”“推动课堂教学革命”“不断提高课堂教学质量”“积极引导学生自我管理、主动学习，激发求知欲望，提高学习效率，提升自主学习能力”。为了加强对学生思维能力和探究精神的培养，各种形式的讨论式教学成为推进课堂教学改革的方向[5]。

对分课堂是将讨论式教学融入传统教学环节中的一种教学模式，其关键创新在于将教师讲授和学生讨论两个环节分开，并确定讨论范围，让学生既有要讨论的问题，又不指定具体问题，同时给学生充分的自主学习的时间，让讨论环节准备更充分，使讨论更加有效。性与健康通识课程实施对分课堂教学模式后，学生的表现与以前传统课堂学生的表现相比有明显变化：一是学生学习积极性明显增加，主动参与意识增强。学生能积极主动地从教材和网络资源中阅读文献、寻找答案、完成作业，并带着问题到课堂上积极主动地开展小组讨论。在小组间的讨论环节也能针对一些共性问题积极发言，体现出很强的主动学习状态。二是学生敢于质疑，批判性思维提升。学生在课后查找网络资源、阅读性健康、性教育相关文献之后，对经典性心理学理论、同性恋、性传播疾病、性教育理念等教学内容都有质疑性思考，在讨论时能够充分发表质疑见解，激发更多学生参与思考和讨论，批判性思维得到训练和提升。三是学生深度思考增加，创新意识增强。在对分课堂发现问题—查阅文献—讨论—解决问题的过程中，学生不仅可以独立思考，而且通过讨论可以充分交流、集思广益，引发学生对教学内容的深度思考和更深层次的探究，从而使学生的发散性思维和创新意识不断增强，如通过学习和讨论学生提出了如何应对性骚扰、如何应用遥感技术监测艾滋病的传播、如何改进避孕手段与材料等问题并思考对策。当然，对分课堂在实施过程中，我们也发现了一些问题：比如在讨论过程中学生提出的一些问题过大、过空或过难，无法通过讨论得出明确结果。还有部分学生由于性格原因沉默寡言，不管教师如何引导，都不能进行充分交流，讨论效率低下，使讨论达不到预期目的。

综上所述，通过在性与健康课程中实际应用对分课堂教学模式，证实对分课堂教学模式符合学生获取知识的认知心理规律，可以激发学生的学习兴趣和积极主动性，培养学生的批判性思维和探究精神。同时这种教学模式较易被师生接受，易于实施操作，且“不离开课堂搞教改”，比较适合选课人数较多的通识教育大课堂，完全符合当前推进“课堂革命”的教育理念，为当前把课堂作为教育的主战场，提倡素质教育在课堂，构建以学为中心的课堂教学改革注入了新的活力，提供了新的思路与方向。

◎ 参考文献

[1] 张学新．对分课堂：大学课堂教学改革的新探索［J］．复旦教育论坛，2014，34（5）：5-10.

[2] 孔雨佳，丁怡，安洪庆，等．基于互联技术的对分课堂在医学院校高等数学教学的实践研究［J］．中国高等医学教育，2018（8）：76-77.

[3] 李霞，向伟华，方针，等．“对分课堂”教学模式在康复评定学教学中的应用［J］．中国高等医学教育，2018（3）：107-108.

[4] 张亚楠，夏雷，王世军．“对分课堂”教学模式在病理学教学中的探索与应用［J］．解剖科学进展，2016，22（6）：670-671.

[5] Asma El-Magboub，Ian S. Haworth，BrianT. Sutch，Rebecca M. Romero Evaluation of in-class and online discussion meetings in a biopharmaceutics problem-based learning class.［J］．Currents in Pharmacy Teaching and Learning，2016，8（6）：811-820.

·教师与教学改革·

从修复到重塑：高校教学中游戏化思维融入路径探析

王朝阳 曾晓晨

（武汉大学 新闻与传播学院，湖北 武汉 430072）

摘 要：当前高等教育中存在教师教学积极性有待提升，学生学习主动性缺位等问题。在这一背景下，高校开始探索教学与游戏的结合，本文将这种变化分为两个阶段。第一阶段为被动利用游戏或游戏化来进行外部刺激的阶段，定义为高等教育1.0时代。在该阶段主要的融入路径是从现实问题出发，通过教育游戏和游戏化教学等方式对现存问题进行修复；本文借鉴积极心理学的理论框架提出了第二阶段，即高等教育2.0时代，在这一阶段高校教学中内化游戏化思维，激发教学活动中师生的内在奖励系统，使教学活动实现从物化到人化的回归。本文最后认为构建和谐的师生关系和营造舒适的学习空间有助于游戏化思维应用的深化。

关键词：高校教学；教育游戏；游戏化；游戏化思维

From Restoration to Remodeling: Exploration and Analysis on the Path of Gamification Thinking in College Teaching

Wang Chaoyang, Zeng Xiaochen

(School of Journalism and Communication, Wuhan University, Wuhan, Hubei, 430072)

Abstract: At present, there are some problems in higher education, such as teachers' teaching enthusiasm to be improved and students' learning initiative to be absent. Under this background, colleges and universities begin to explore the combination of teaching and games. The paper divides this change into two stages. The first stage is the stage of passive use of games or gamification for external stimulation, which is defined as the era of higher education 1.0. In this stage, the main way of integration is to start from the real problems and fix the existing problems through educational games and gamification teaching. Based on the theoretical framework of positive psychology, the paper puts forward the second stage, namely the era of higher education 2.0. In this stage, the gamification thinking is internalized in the teaching of colleges and universities, the intrinsic reward system of teachers and students is stimulated, and the return of teaching activities from materialization to humanization is realized. Finally, the paper argues that building harmonious

收稿日期：2019-03-30

基金项目：本文是武汉大学教学改革建设项目“基于游戏化思维的媒介技术类课程混合式教学设计研究”的研究成果（项目号2018JG002）。

作者简介：王朝阳（1975— ），男，浙江江山人，武汉大学新闻与传播学院网络传播系副教授，博士，硕士生导师，武汉大学媒体发展研究中心研究员，湖北省网络文化协会会员，湖南省岳阳市岳阳日报传媒集团首席专家（挂职）；主要研究方向：网络传播理论与实务、数字媒介技术、交互设计。曾晓晨（1999— ），女，湖北宜昌人，武汉大学新闻与传播学院网络传播系硕士研究生；研究方向：网络传播。

teacher-student relationship and creating comfortable learning space is conducive to deepen the application of gamification thinking.
Key words: College teaching; Education game; Gamification; Gamification thinking

一、研究背景

（一）高等教育现状浅析

目前国内高等教育的现状可以从课堂直接参与的两个主体，即教师和学生来进行分析。

1. “重科研，轻教学”——高校教师的教学积极性有待提升

目前我国高校教师的最高专业奖励不是与教学业绩挂钩，而是以教师的学术成就和出版成果作为衡量的标准[1]。教育与教师评价制度日益重视科研产出，教学作为教师职业之本的重要性反而受到了削弱。史静寰等人对我国44所高校教师的教学态度、教学准备等进行了全方位的调查[2]，调查结果显示，不论是“985”院校、“211”院校，还是地方本科院校和高职高专院校，教师的职称越高，他们投入教学的时间越少，将更多时间放在了科研上。另外，相比于层次更高的“985”院校、“211”院校，高职高专院校与地方本科院校对教学的重视程度要更高，教学给这些教师带来的成就感反而更大。

事实上，自洪堡改革①以后特别是威斯康星模式②形成以来，大学在市场推动、社会需求、教育评估等多方刺激下，其科研及社会服务功能持续受到追捧，而教学功能逐渐受到排挤，甚至面临边缘化的危险。众所周知，教师的教学投入是影响教学效果的重要因素，在更注重科研的大背景下，如何提高高校教师的教学积极性正成为一个值得思考的问题。

2. “消极参与”和“隐形逃课”③ ——高校学生的学习主动性缺位

在整个高等教育教学活动的参与主体中，学生虽然一直被强调为“主体”，但其“主体”地位和身份并没有受到很大关注。因此，常见的描述中就有“教学所传授的对象”，是典型的“客体”。这种被动性特征带来了学生群体的主动性缺位。有研究者针对不同地区、不同专业、不同课堂的大学生进行了学习状况的调查。这些调查结果普遍提到，目前高校部分学生学习动力较为不足，他们上课只听课不愿意发言，不愿意参与课堂教学，显示出“消极参与”的特征，甚至出现学生人在曹营心在汉的“隐形逃课”现象。“点名”成为教师维持课堂出勤率和学生“积极性”的重要方式。这使得我们不禁怀疑，教学是否真实地发生了？

缺乏足够的情感体验，课堂不能吸引学生的学习兴趣，不能引发学生的学习热情，这种高校教学通病一直未能得到很好的解决，如何充分发挥学生在学习过程中的主动性、积极性和创造性，这是一项永远在路上的任务。

---

① 威廉·冯·洪堡于1809年任普鲁士政府内务部教育厅厅长，着手对高等教育进行改革，提出了三条高等学校办学思想原则：独立性、自由与合作三者相统一的原则，教、学与研究三者相统一的原则，科学统一的原则。其中最为突出的是“教学与研究统一”的思想得到了实现，大学从此成了教学与科研的中心。参见李其龙．洪堡改革高等教育的思想与实践初探［J］．华东师范大学学报（自然科学版），1980（4）：33-38.

② 20世纪初，美国威斯康星州立大学在校长万·亥斯的领导下进行了卓有成效的改革，他们从本州的客观实际出发，在教学和科研的基础上，通过专家服务和传播知识两个渠道，大力发挥大学为社会服务的职能、积极促进社会进步与经济发展。这种把教学、科研同服务紧密结合起来的办学模式，在美国高等教育史上被称为“威斯康星思想”。参见康健．“威斯康星思想”与高等教育的社会职能［J］．高等教育研究，1989（1）：39-44.

③ “与人不在课堂的显性逃课相对应，学生虽身在课堂，心却未真正地进入课堂的情境当中。”见周作宇，熊春文．大学教学：传统与变革［J］．现代大学教育，2002（1）：15-21.

（二）教学活动从物化回归人化迫在眉睫

人是动物性和文化性的统一体，也是自然存在和社会存在的统一体[3]。人的动物性是指人的肉体和本能，人的文化性是指人在活动中所表现出来的文化特性。人的动物性表明人是以一个完整的、有生命的和独立的个体参与社会活动的，而人的文化性表明人是社会分工所决定的某一社会成分，人是需要承担一定的社会角色的。教学活动以人类的文化性为取向，致力于规范、驱除和改造人的动物性，培养文明程度更高的人[3]。但是，为了保证人的文化性的发展动力，教学活动在功能上主要是反过来满足人的动物性。教学活动中，人类的本能如果得不到基本满足，文化性就会被疏远。因此，教学活动需要遵循人的本性，即在考虑人的文化性的同时，又不能忽视源于自然存在的动物性，两者需要在教学过程中达到有机平衡。游戏作为一种教学手段参与到教学活动中就是一种动物性和文化性的统一。

教学活动回归人化迫在眉睫，教学活动要尊重人的动物性，将人的动物性作为提升人的文化性的逻辑起点，从人类的自然存在出发寻找和构建教学活动发展的动力。心理学家马斯洛的需要层次理论表明，人类最先、最迫切地需要得到满足的是低层次的需要。低层次的需要基本得到满足后，高层次的需要就成为推动行为的主要原因[4]。这在一定程度上说明，教学活动中动物性的适当满足是推动文化性发展的动力。

二、高等教育 1.0 时代：造化游戏元素的疾病修复模式

（一）国内外高等教育教学现状

1. 从教师教学能力培养的角度对比

目前学者对国内外教师教学能力的研究主要集中在教师为完成教学过程所必需的专业知识技能，以及保证、激励教师自身教学能力得以提升的管理、制度和环境因素[6]。田夏彪在通过对国内外相关文献分析后得出，我国是一种横向的教师教学能力培养模式，强调把教师教学能力“客观化”，突出教师能力结构中的各种“子能力”的增强和拼凑组装，这具体表现为我国高校教师追求学历文凭、科研成果以及多媒体运用的技术化。这种模式会导致“圣诞树”式的能力积累，能力之间不存在交集或很少有交集，教师缺乏整体性思维和对教育技术的融合运用。我国这种强调教师学历、科研成果的模式是一种“客观主义”的培养模式，其背后的哲学取向是具有功利性质的，通常会忽略教学能力培养服务于教学、服务于教学对象——人的发展的宗旨[6]。研究发现，国外教师教学能力的培养是一种“纵向性+体验性”立体模式。其中，“纵向性”是指在时间上的连续性，“体验性”是指教师教学注重实践性，在参与过程中不断反思总结而促进自身发展。这种模式强调循序渐进，注重能力之间的融合，且在实践过程中得以历练。两种模式存在很大差异，国内高校教师几乎没有这种逐步迈向课堂的机会。纵观国内高校的教师选聘标准，一般只关注教育经历和科研能力，并不强调教学能力，关注学位学历、国家高层次人才称号及所发表的论文层次和数量等，对曾经的教学经历并不看重。这种模式导致教师缺乏基本的教学能力和专业训练，从而造成课堂教学组织安排无从下手，教学方法捉襟见肘，进而导致教师无法正确看待师生关系，学生学习也无所适从。

2. 以教师为中心的教学结构抑制创新人才培养

国内研究者也对教学结构进行了相关研究，发现我国教学改革虽然取得了一定的成绩，但是整个教改并没有大的突破，其原因在于“我们的教改只重视了教学内容、手段和方法的改革，而忽略了教学结构的改革”。[7]这种教学结构的特征是依然以教师为中心，学生则处于被动接受老师灌输的地位。这种教学结构的缺陷在于，它忽略了学生的主动性、创造性，学生很少有机会和意愿进行思考和探索。长期处于这

种教学结构下的学生在创新思维和创新能力上将受到抑制，“学生成为知识仓库的保管员”[8]，教室氛围也变得异常沉闷。

国外高校较早也较为深入地认识到这一问题，并开展了很多教学结构方面的改革。他们打破过分倚重教师和课堂常规的教学模式，注重实践创新能力的培养，强调学生的自由探索与实践，将学习延伸到课堂授课之外[9]。美国麻省理工学院、英国剑桥大学、德国应用科技大学等分别推出了创业式实践教学、科研式实践教学、企业式实践教学等模式，鼓励学生通过参与创业项目、科学研究以及接受企业的职业技能培训，以达到创业实践、理论和实践结合等目标，从而提升学生的创造性。国内高校中大学三年级学生的校外实习其实就是这种学生自主型实践活动的代表。但传统课堂教学中学生学习自主性、创造性依然受到很大限制。

（二）以游戏为工具，修复现有教学弊病的尝试

发现问题是为了更好地解决问题。随着教改的深化，研究者和教育者尝试着去找寻解决现存教育问题的答案，其中，在对人类游戏行为的研究中，发现了游戏和教育之间的相关性。教育和游戏彼此借力，教育寄希望于通过游戏的力量来解决当前教学中出现的问题，而游戏也通过与教育结合努力摆脱在大众心中的负面形象，从而达到为自己正名的目的。以游戏为工具的教育改革 1.0 时代拉开帷幕。

1. 游戏的教育价值

教育与游戏，看似一个严肃，一个娱乐，两者其实具有天然的关联性。马歇尔·麦克卢汉指出，任何认为教育和娱乐是完全不相关的东西的人，其实并不了解其中的任何一个[9]。在古希腊语中，游戏（Paidia）与教育（Paideia）仅有一字之差，两者在语义上具有一定的联系。不仅如此，学者们通过研究还发现了游戏的一系列教育价值。

在有关游戏理论的研究中，古典游戏理论从本能和进化的角度探讨了游戏的价值[11]。其中，“精力过剩说”认为游戏是一种消耗剩余能量而适应自身进化的方式；“松弛消遣说”认为游戏是为了从疲倦中获得精力的恢复；“复演论”认为游戏是一种经验回溯；“预演论”认为游戏是生物体为完善本能的训练和准备。“完善”“适应”其中就隐含了教育价值。与早期游戏理论不同，现代游戏理论得益于心理学理论的发展，从动机和认知的视角，探究游戏在人类情感和学习发展中的价值[12]。其中，“行为主义理论”强调人的行为和环境的相互作用，但忽略了大脑认知的过程[12]。而“认知主义”正好对这一缺陷做了弥补，在儿童认知发展理论中，皮亚杰从认知结构和发展阶段论证了游戏对于儿童学习的价值[13]，提出认知发现学习理论的布鲁纳认为游戏对于问题解决能力有促进作用，认知发现学习理论强调学生学习的主动性和内在动机的重要性[14]。现代游戏理论为游戏融入教育活动提供了必要的思想指导。

除了丰富的理论研究，以国外学者为主的研究者还通过一系列实证研究证明了游戏的教育价值。如 Barab[15]、Connolly 等人[16]的研究证明了游戏能激发学习动机，其中挑战、竞争是激发人们学习动机的关键要素；Brom[17]、Cheng[18]通过实验研究证明了游戏对于解决现实问题的帮助，游戏对知识整合和保持具有显著效果，游戏在提升学生创造力等高阶能力上具有价值；Chen 等[19]通过对具体某款游戏的考察，发现了游戏对于学生文化认同的影响，显示了游戏在培养学生形成情感态度价值观上的潜在价值。

2. 从教学游戏到游戏化教学

理论和实证研究都证实，游戏和教育具有相关性，游戏具有教育价值，但依然在现实教育中很难找到教育与游戏的相似性。主要有几个原因。其一，不是学习本身无趣，而是因为教学实践并没有被用心设计。研究认为，以往的传统教学实践非常缺少“惊喜”“投射”“乐趣”等游戏元素，不能让学生产生陶醉、喜悦和共鸣等丰富的情感体验，也就很难达到理想的教学效果[9]。由于复杂的原因，教育与游戏逐渐分离，教育逐渐丧失了富有魅力的游戏精神而转变成令人生厌的、封闭的、具有强制性的，有时甚至是

简单、粗暴的一种活动。其二，在我国传统的文化观念里，游戏被认为仅仅是娱乐，而娱乐是与学习完全相反的活动[5]。这样的观念导致游戏处于一个较为尴尬的位置，被应用到教育中更是不可能。即便如此，将游戏应用于教育的尝试却一直未有中断。

（1）教学游戏

最早有意识地将游戏融入教育中的实践可以追溯到20世纪80年代的美国。Bowman试图将电视游戏整合进教学设计之中，随后更多学者开始关注视频游戏的教育价值，研究游戏如何激发学习者的学习动机[20]。随着计算机技术的发展，应用于教育中的游戏类型和范围不断增多增大。在此期间，研究者也相应提出了“教育游戏”“严肃游戏”和“轻游戏”等概念。目前，教育游戏还没有统一的定义。但一般认为，教育游戏是具有教育性的电子游戏[21]。严肃游戏的概念主要强调其功能性，用严肃性来将其与其他娱乐性质的游戏相区别[9]。轻游戏是指删除游戏中与教学不相关的内容，可用公式来表示：轻游戏=教育软件+主流游戏的内在动机[22]。

关于教学游戏的研究主要包括理论研究和开发设计与实践研究。理论研究包括：（1）教育基本理论研究。这一领域主要探究如何运用教育理论进行游戏设计，以及怎么样通过游戏去影响发掘和创造新的教育理论。通过这些研究探索应被包含在教育游戏中的创意性、教育性的因素，企图形成一套与教育游戏相关的学习理论；（2）基于游戏的学习科学研究。这一类型的研究将游戏作为一种学习媒体或者学习系统进行研究；（3）教育游戏的社会文化影响力研究。如Steinkuehier C. A. 采用文化叙事的方法研究了游戏中游戏者的学习行为、学习方式和认知形态等现象。开发设计与实践研究包括：（1）教育游戏的开发设计研究。研究者提出了大量的开发模型和方法，如Kiili[24]的“体验式游戏模型”和Amory[25]的“游戏对象模型”，这些模型较好地整合了教育理论和游戏设计理论，在探讨教育性和娱乐性的辩证关系中创建教育游戏的开发框架。（2）教育游戏的开发实践研究。这一类研究基于现代信息技术，开发教育游戏产品。如微软和麻省理工学院的媒体实验室合作开发的Game-to-Teach项目。该项目以大学新生为对象，先后开发了十多个游戏来辅助教学[23]。

（2）游戏化教学

人们在实践中发现，关于教育与游戏的结合，教育游戏作为一种教育软件融入教育领域是一种方式，还有一种方式就是以教学模式的形式融入，即游戏化教学。游戏化教学是在课堂中运用游戏化的教学方法开展教学活动，为课堂教学服务，教师分析教材内容和学生特征后，采用合适的游戏化教学策略开展教学活动，是一种新的教学模式[26]。

游戏化教学的存在具有相应的理论基础。其中，建构主义理论主张学习的建构需要一个以学习者为中心的学习环境，在这个环境里可以引发学生的学习动机[27]；游戏化学习理论强调在学习过程中应用游戏化的学习方式，学生通过完成游戏的任务来实现学习的目标，该理论侧重于实施游戏的情境、游戏中设计的任务、游戏具有的趣味性以及存在的竞争性[28]；多元智能理论把人类的智能分为八种类型，认为传统的教学方式对学生认知发展过程中存在的差异性没有过多重视，游戏化教学可以把学生的多种感官同时调动起来，以此来激发学生的多种智能[29]；转变式玩耍理论重视人物、内容和情境三者之间的关系，认为学生不单是在情境中学习自己所要掌握的知识与技能，而是能够运用所学的知识与节能改变情境[30]。这些理论对游戏融入教学的方式进行了多方位探讨，发现游戏化教学对于激发学生学习动机、开发学生智能及营造良好的学习情境都有很多积极作用。

在游戏化教学研究领域，2012年是个分水岭，在此之前相关研究甚少。在2012年至2016年间，该领域相关研究快速增长，整体研究状况是研究力量主要集中在中小学教师，缺乏理论视野、逻辑论证和实验实证，研究成果缺乏应用性，同质性强，缺乏深入的规范性研究。针对这一状况，有研究认为该领域非常需要高等院校等研究力量的加入[31]。但目前针对高校的研究主要是从具体的单一课堂视角切入，研究对象集中在高校的技术类课堂和政治、英语等公共课堂，且大都围绕“反思当前课程教学缺失——游戏化教学应用于该课堂的重要性和可能性——具体的策略指导”这一研究逻辑展开，依然存在很多局限性。

（三）评价：治标不治本

基于以上梳理，本研究将高校教学与游戏领域进行结合的探索阶段称为高等教育 1.0 时代，该阶段的具体实践主要包括教育游戏和游戏化教学，整体上偏向于从外部刺激的角度思考如何利用游戏（或游戏化）来激发学生学习的积极性。

在高等教育 1.0 时代，研究者和实践者首先是发现了游戏中蕴含的巨大教育价值，也做了从教育游戏到游戏化教学的有益尝试。相对于传统的教育而言，其优点是显而易见的。首先，将游戏融入教学活动中的这一尝试给教育领域带来了新的研究视野，开辟出了一种全新的教育模式；其次，在具体的教学活动中能够在一定程度上改善教学效果，如增强学生学习的积极性和主动性等。

但该阶段的问题依然存在，研究和实践发现教育和游戏的融合路径并不完美，呈现出治标不治本的问题。不论是教育游戏还是游戏化教学，都是从现实问题出发，将游戏或游戏元素仅仅当作一种修补工具或者治疗药物。遵循这种思路，经过设计的课堂能产生一定的效果，但离开特定课堂进入其他课堂就可能失效，缺乏普适性特征。这一过程类似于医生看病开药，医生要针对具体个体完成诊断后才能有针对性地开药，才能治好个体的病症。从心理学角度看，这是一种疾病修复模式的理念。在这种疾病修复模式下，教学改革更关注教学中的缺点，强调如何去改正错误，对学生并没有给予足够信任，体现了一种精英主义的立场。心理学的已有实践证明，我们不能依靠对问题的修补来为人类谋取幸福，摆脱痛苦并不意味着就能获得成功[32]。因此，试图通过在教育过程中简单地引进游戏等方式或途径解决问题，其效果并没有想象的那么突出。对于高校教学来说，课程种类繁多，学时相对较少，教学班级规模过大都制约着游戏化教学的设计。那么，寻求一种较为普适的模式从根本上解决教育和游戏之间相互融合的问题就成为关键。

三、高等教育 2.0 时代：内化游戏化思维的健康重塑模式

高校教学改革并不否定教育游戏和游戏化教学的积极作用，虽然它们存在诸多缺陷。同时，积极找寻可能存在的更好的融入路径是当前急需解决的问题。本文借助积极心理学相关理论，提出一种新型高效的教学改革模式，即内化游戏化思维的健康重塑模式，相对应地将该阶段称为高等教育 2.0 时代。

（一）积极心理学与高校教育

目前，我国高校教学把绝大部分的注意力放在应对各种外显或潜在的问题上，以病理学的范式来对待这些问题。教育游戏、游戏化教学都是其具体实践方式。在对积极心理学的研究中发现，该理论的价值取向可以作为教学改革的一种思路。与积极心理学相对应，消极心理学定位于消除人心理和社会的各种问题，期望问题被消除的同时也能给人类和社会带来发展，但现实往往与其实践初衷相违背。积极心理学不是不关注消极心理和问题，而是更强调研究人性中的优点和价值，其内涵是增强被治疗者的力量而不仅仅是修复其缺陷[32]。可见，积极心理学强调客体在解决问题过程中的作用。

将这种价值取向应用到高等教育中就产生了积极教育的理念，即在教育过程中，强调原来处于客体地位的学生的积极性、主动性。美国心理学家雷杨和迪赛所的“自我决定理论”是积极教育最有效的理论基础，该理论关注人类行为在多大程度上是自愿或自我决定的，强调自我在动机过程中的能动作用。除此之外，心理学家马霍尼和博格曼、温纳、西蒙顿等人也分别从积极适应、天才的培养、创造力的发展等视角提出了一系列的积极教育主张[33]。积极教育强调教育并不仅仅只是纠正学生的错误和不足，更主要的

应是寻找和研究学生的各种积极品质，并在实践中对这些积极品质进行扩大和培育。

（二）内化游戏化思维的健康重塑模式

内化游戏化思维的健康重塑模式就是将游戏化思维真正注入整个教学活动的生命中，不仅仅局限于被动利用游戏或游戏元素修复肌体已经表现出的病症，更要强调塑造正确的东西，不断激发更为持久的内在奖励，发掘师生自身具有的潜力，建立强大的防御系统，增强免疫能力。这样才有可能真正实现教学相长，实现教学效果最大化。

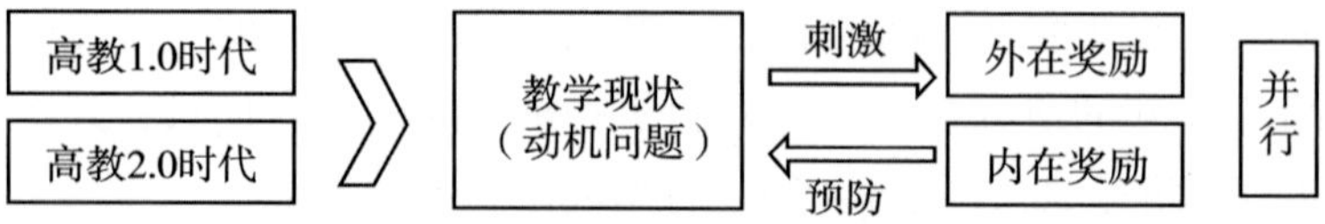

图1　两种模式比较

1. 术与道：游戏化与游戏化思维

2003年，英国游戏开发人员尼克·培林最早使用游戏化（Gamification）概念。2011年，Deterding等人[34]对游戏化的内涵进行了系统的阐释，将其界定为“在非游戏情境下使用游戏设计元素”，这一观点得到了学界和业界许多学者的认同。De-Marcos等人[35]将其进一步定义为“在非游戏情境下使用游戏元素和游戏设计技术，吸引用户和解决问题”。Kapp[36]认为在学习情境下游戏化的目的主要有三个：吸引他人、鼓励行为和解决问题。简·麦格尼格尔（Jane McGonigal）的游戏化理论认为所有的游戏化活动都应具备目标、规则、反馈系统和自愿参与等核心特征，如图2所示。目标即游戏的参与者所设定的要达成的具体结果，是游戏参与者自我实现的方向。规则即参与游戏过程中为达成目标而做出的限制，也是一种激励机制。反馈系统则是游戏系统与游戏参与者的互动，作为游戏参与者判断目标达成和自身能力的一种参照。自愿参与则是说明整个游戏系统中的目标、规则和反馈对于参与者都是明晰的，确保在整个活动过程中游戏参与者是愉悦且安全的。

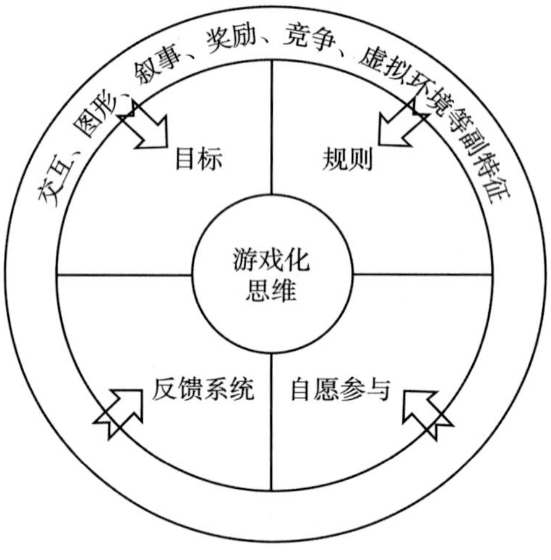

图2　简·麦格尼格尔的游戏化理论

综合以上观点，本文概括游戏化的核心要素包括非游戏情境、游戏要素以及乐趣三项。非游戏情境强调游戏化所应用的场所或背景；游戏要素包括游戏元素和游戏设计技术，其中游戏元素可根据在游戏化系统中的作用分为动力（dynamics）、机制（mechanics）和组件（components）；游戏设计技术决定将哪些游戏元素用在何处以及如何使整个游戏化体验大于对各游戏元素的体验之和；乐趣是游戏化所要追求的目的，游戏化通过创造乐趣来实现更多的现实目标。

游戏化思维衍生于游戏化这一概念，游戏化思维和游戏化是道与术的关系。本文认为，游戏化思维强调不拘泥于游戏的外在形式，并非直接思考用哪些游戏元素去达到目标，而是探究游戏为何如此让人着迷的深层原因。瑞典公园里有特别设计的垃圾桶，将垃圾扔进去能听到奇特的从高空坠落的声音，人们为了感受这种乐趣会四处找垃圾丢进去体验[37]。这一充满乐趣的设计激发了人们“好奇”的动机而不是休闲娱乐这种动机。

游戏化是术，是一些非常具体化的实践。目前，大多数游戏化教学只是对游戏系统的复刻，借助应用等级、积分、徽章、排行榜、虚拟货币等游戏元素制造外在奖励机制。Gamification① 就针对 PBL（Points（分数）、Badges（奖章）和 Leaderboards（排行榜））提出了批评，游戏元素并不是游戏本身，不是所有奖励都有乐趣，也不是所有乐趣都值得奖励。这种机械化套用行为并不符合游戏化思维的内涵，只运用了游戏的元素但是却没有更改原来的机制，游戏化的核心还是需要找到乐趣和内在动机。

2. 内化游戏化思维：实现对“有没有用”的超越

（1）主动挑战障碍，不惧失败

游戏就是克服不必要的障碍，游戏玩家在玩游戏时自愿从事不必要的工作，真诚地看待自己努力得来的结果[38]。失败是一种非常特别的让人们产生兴奋情绪的方式，有趣的失败是维持乐趣、延长游戏体验、扩展学习过程的好办法。Marva Collins 的一个教学实践充分体现了这一点。当孩子们在学习过程中遇到挫败时（比如不守规矩），孩子们需要写出 100 个为什么他们厉害到可以那样做的理由，比如我很可爱、我很勇敢、我很热情……如果孩子们再犯，他们必须要用不同的词汇。这种教育方式不会让学生因为自己的失败太过难堪，同时也能起到正面的激励作用。

虽然高等教育中，以上案例不大适用，但其理念值得借鉴。如果高校教学真正具有吸引力、反馈足以激励人心，学生则会在相当长的时间里发挥创造力、满怀热情地挑战各种学习中的障碍。这种主动挑战障碍、不惧失败的游戏精神对于消除目前高校教学活动中学生的畏难情绪具有较强的启示。

（2）享受艰苦工作的乐趣

根据心理学家的研究，艰苦工作反而比放松娱乐让我们感觉更好[38]。当我们体验到正面压力或良性压力时，我们就能感受到艰苦工作的乐趣。面对良性压力，玩家会有目的地进入紧张环境，充满信心地投入工作。在教学活动中我们需要思考的是如何将学生的学习压力转变成良性压力，如何将教师的教学压力转变成良性压力。《学习的远征》② 中的“受教代理③”这一设计，将学习压力巧妙地转化为学习的动力：学生莱伊下午 6 点在家跟一个叫贝蒂的虚拟人物互动，莱伊的目标是教会贝蒂做带分数的除法。在“远征”学校，这些“受教代理”取代了传统的随堂测验，缓解了学生由学习压力带来的焦虑情绪。教会别人成为学生展示自己掌握了知识的大好机会，而这会带来强烈的成就感。

（3）保持全情投入

人们在玩游戏的过程中会产生一种持续专注、快乐、享受的状态，也叫做心流体验。在我们的教学活动中是否能让师生完全专注于教学活动，并感到高度的乐趣和满足感？在游戏化教学中不仅要为学生营造

---

① Coursera 上由 Kevin Werbach 讲授的名为 Gamification 的课程。参见 https：//www. coursera. org/learn/gamification。

② “学习的远征”是一款针对纽约市一所公立学校的平行实境游戏，该学校是全世界第一所以游戏为基础的学校。学生从早晨醒来到晚上最终完成家庭作业都在从事着具有游戏意味的活动。

③ 受教代理（teachableagent）是一种评估工具，要学生们教会虚拟人物解决特定的问题。

一个可以沉浸的环境，教师的沉浸也非常重要，教学活动的成效需要师生双方共同作用，师生的心理状态直接影响教学效果的好与坏。《孔子游春》一文记载了孔子与其学生踏青赏玩的情境，孔子巧借河水教导其弟子，与弟子们展开了一段充满智慧与灵性的对话，其乐融融的景象让千百年后的我们读到这段文字的时候依然为之动容。

为什么在教学活动中以上列举的几种状态能够得以实现？这是因为主动接受挑战、享受艰苦工作、保持专注等都是源自我们自愿去做的动机，从而教学变成一种自成目的①的工作，这能够刺激内在幸福系统获得相应的情感回报。与外在奖励相比，内在奖励具有令人难以置信的适应性，金钱、地位、物质等外在奖励具有享乐适应效果，只能维持很短的一段时间[38]。我们真正需要的是能够超越让人短暂幸福的心流和自豪，提供一种更为持久的情感奖励，我们真正需要的是哪怕在离开课堂后仍然能让我们保持学习欲望的内在奖励。

游戏本身对人的吸引力也许正在于对“有没有用”这件事的超越，内化游戏化思维要求我们转变对工具主义的崇拜，给老师和学生“做人”的权利，让他们追求人的自由而全面的发展，这样我们的高校教育才有可能不往培养“精致的利己主义者”的方向发展。

（三）未来发展展望

1. 构建和谐的师生关系

成功的教学依赖于一种真诚的理解和信任的师生关系，依赖于一种和谐安详的课堂气氛，这需要师生双方共同努力。高校对教师的教学能力培养需要将其与教师自身的发展联系起来，而不应将教学能力培养仅仅变成一种技术性的要求，以外在的“客观性”尺度来刺激教师，教师要对教学能力是教学生命的组成部分这一价值观念形成认同，进而增加对教学的情感投入和行为投入；学生需要认识到学习的价值，以此促进外部学习动机的内化与整合。当学生完成一些自身不喜欢的任务时容许他们坦陈自己的感受，让学生理解学习活动的有用性，鼓励学生树立长期的个人发展目标，指导学生将当前的学习活动与个人长远目标相结合，让学生有学习责任感，从而促进学习价值的内化。

2. 营造舒适的学习空间

学习空间不仅指现实的物理空间，还包括心理空间。我们现有的物理学习空间印刻着深刻的工业时代的痕迹，同样大小的讲台、同样挂在前面正中央的黑板、一排又一排正襟危坐的学生，教室就像是工厂的车间，用标准化的流水线来生产标准化的人才。这样的物理空间其实并未尊重人的主体性，又怎么能培养出充满个性具有创造性思维的学生呢？除了营造良好的物理上的学习空间，我们更需要关注营造心理上的学习空间。高校教学应有意识地为学生提供一些自主选择的机会，为学生创造自主的学习氛围，应该给予学生自主性对话权利与探索意识。高质量的教育应该让更多的人获得“解决自己问题的学习动力”。

◎ 参考文献

[1] C.K. 纳普尔，A.J. 克罗普利．高等教育与终身学习［M］. 徐辉，陈晓菲，译 .3 版．上海：华东师范大学出版社，2003：79，187.

[2] 史静寰，许甜，李一飞．我国高校教师教学学术现状研究——基于 44 所高校的调查分析［J］. 高等教育研究，2011，32（12）：52-66.

---

① 自成目的（autotelic）是指实际存在、被完成或者被创造的事实本身具有的目的或意义。

［3］ 王天平．追寻完整的人［D］．重庆：西南大学，2011.
［4］ 郭卜乐．马斯洛的需要层次理论［J］．教师博览，2005（9）：38-39.
［5］ 魏迎梅．严肃游戏在教育中的应用与挑战［J］．电化教育研究，2011（4）：88-90.
［6］ 田夏彪．高校教师教学能力的提升——基于国内外研究的思考［J］．大理学院学报，2013，12（01）：73-76.
［7］ 何克抗．E-learning 与高校教学的深化改革（上）［J］．中国电化教育，2002（2）：8-12.
［8］ 李小平．我国大学教与学活动的片面现象反思［J］．高等教育研究，2005（4）：67-71.
［9］ 陈园园，时伟．国外大学实践教学的模式与借鉴［J］．煤炭高等教育，2012，30（4）：38-41.
［10］ Jesse Schell. 游戏设计艺术［M］．刘嘉俊，等，译．2 版．北京：电子工业出版社，2016：32-36.
［11］ Bammel，G.，Lei Lane Burrus-Bammel. Leisure and human behavior［M］. 2nd ed. Dubuque，Iowa：Wm. C. Brown，1992.
［12］ 尚俊杰，裴蕾丝．重塑学习方式：游戏的核心教育价值及应用前景［J］．中国电化教育，2015（5）：41-49.
［13］ Piaget，J. Play，dreams and imitation in childhood［M］. New York：Norton，1962.
［14］ Bruner，J. Play，thought，and language［J］. Peabody Journal of Education，1983，60（3）：60-69.
［15］ Barab，S.，et al. Game-based curriculum and transformational play：Designing to meaningfully positioning person，content，and context［J］. Computers & Education，2011，58（1）：518.
［16］ Connolly，T. M.，M. Stansfield and T. Hainey. An alternate reality game for language learning：Arguing for multilingual motivation［J］. Computers & Education，2011，57（1）：1389-1415.
［17］ Brom，C.，M. Preuss and D. Klement. Are educational computer micro-games engaging and effective for knowledge acquisition at high-schools? A quasi-experimental study［J］. Computers & Education，2011，57（3）：1971-1988.
［18］ Cheng，G. Using game making pedagogy to facilitate student learning of interactive multimedia［J］. Australasian Journal of Educational Technology，2009，25（2）：204-220.
［19］ Chen，H.，et al.，The influence of an educational computer game on children's cultural identities［J］. Educational Technology & Society，2010，13（1）：94-105.
［20］ Bowman，R. F. A pac-man theory of motivation：Tactical implications for classroom instruction［J］. Educational Technology，1982，22（9）：14-17.
［21］ 吕森林．教育游戏产业研究报告［J］．中国远程教育，2004（22）：44-47.
［22］ 尚俊杰，李芳乐，李浩文．“轻游戏”：教育游戏的希望和未来［J］．电化教育研究，2005（1）：24-26.
［23］ 昂娟．我国教育游戏文献分析［D］．扬州：扬州大学，2013.
［24］ Kiili，K. Digital game-based learning：Towards an experiential gaming model［J］. Internet and Higher Education，2005（8）：13-24.
［25］ Amory，A. Building an educational adventure game：Theory，design and lessons［J］. Journal of Interactive Learning Research，2001，129（2/3）：249-264.
［26］ 王耘．小学生心理学［M］．杭州：浙江教育出版社，1999：6-39.
［27］ 许黎黎，曾祥霖．新课改背景下的教育游戏设计［J］．当代教育论坛，2005（11）：51-52.
［28］ 游安军．数学游戏与数学教学观［J］．湖南教育，2001（9）：40-41.
［29］ 陈得祥．教育游戏-网络游戏与教育的结合［J］．琼州大学学报，2006，13（2）：61-63.

[30] 刘艳丽，谈成访．教育游戏如何在夹缝中求生［J］．教育信息化，2006（2）：22-23.
[31] 申煜．中小学游戏化教学研究综述［J］．上海教育科研，2017（6）：23-28.
[32] 崔丽娟，张高产．积极心理学研究综述——心理学研究的一个新思潮［J］．心理科学，2005（2）：402-405.
[33] 任俊．西方积极教育思想探析［J］．外国教育研究，2006（5）：1-5.
[34] Deterding, S., Dixon, D., Khaled, R., et al. From game design elements to gamefulness: Defining "gamification" [C]. Proceedings of the 15th International Academic Mindtrek Conference: Envisioning Future Media Environments, Tampere, Finland: ACM, 2011: 9-15.
[35] De-Marcos, L., Domínguez, A., Saenz-De-Navarrete, J., et al. An empirical study comparing gamification and social networking on e-learning [J]. Computers & Education, 2014, (75): 82-91.
[36] Kapp, K. M. The gamification of learning and instruction: Game-based methods and strategies for training and education [M]. Beijing: China Machine Press, 2015.
[37] 凯文·韦巴赫，丹·亨特．游戏化思维：改变未来商业的力量［M］．周逵，王晓丹，译．杭州：浙江人民出版社，2014：29-30.
[38] 简·麦戈尼格尔．游戏改变世界［M］．闾佳，译．杭州：浙江人民出版社，2012.

·教师与教学改革·

电气工程专业开设“智能信息处理”相关课程的思考

刘晓莉　陈晓红

（武汉大学　电气与自动化学院，湖北　武汉　430072）

摘　要：智能信息处理技术在智能电网的源-网-荷各部分中正在发挥日益重要的作用，在电气工程专业开设“智能信息处理”相关课程有利于满足智能信息时代电气工程专业对学科间的交叉和知识内涵的跨界融合需求，也是大学本科教育服务于智能时代对跨界“通才”需求的有益实践[1]。本文从教学目标、教学内容、授课形式和教学手段创新等方面阐述了对电气工程专业开设“智能信息处理”相关课程的初步思考，指出应充分考虑电气工程专业需要、课程性质和学生特点，凝练课程内容，丰富授课形式，创新教学手段，使学生能够通过学习“智能信息处理”相关课程在应用智能信息处理技术和相关知识的能力方面打下坚实基础。

关键词：智能信息处理；电气工程专业；跨界融合；教学内容；教学手段

Thoughts on the Course of "Intelligent Information Processing" in Electrical Engineering Major

Liu Xiaoli, Chen Xiaohong

(School of Electrical and Automation, Wuhan University, Wuhan, Hubei, 430072)

Abstract: Intelligent information processing technology is playing an increasingly important role in the sourcing-net-load parts of the smart grid. Offering courses related to "intelligent information processing" in electrical engineering majors is conducive to meeting the requirements of electrical engineering majors for interdisciplinary crossing and cross-border integration of knowledge connotation in the intelligent information age, and it is also a beneficial practice for undergraduates to cultivate and serve the needs of cross-border "generics" in the intelligent age. This paper from the teaching goal, the teaching content, the teaching form and the teaching method innovation and so on elaborated to the electrical engineering specialty to offer "the intelligent information processing" the correlation course the preliminary ponder, explained that should fully consider the electrical engineering specialized needs, the course nature and the student characteristic, condenses the course content, the rich teaching form, the innovation teaching method, enables the student to be able through the study "the intelligent information processing" the correlation course in the application intelligent information processing technology and the related knowledge aspect to lay the solid foundation.

收稿日期：2019-03-24

基金项目：本文得到武汉大学电气工程学院本科教学改革项目和武汉大学电气工程学院研究生教学改革项目的支持。

作者简介：刘晓莉（1969—　），女，山西定襄人，博士，武汉大学电气与自动化学院副教授，主要从事信号与信息处理方面的教学和科研工作。陈晓红（1966—　），女，湖北武汉人，硕士，高级实验师，主要从事电气工程专业的教学工作。

Key words: Intelligent information processing; Electrical engineering; Cross-border integration; Content of courses; Teaching method

0. 引言

智能信息处理（intelligent signal processing，ISP）作为智能时代的核心技术之一，是近年来飞速发展起来的新技术。它是将不完全、不可靠、不精确、不一致和不确定的知识与信息逐步改变为完全、可靠、精确、一致和确定的知识与信息的方法[2]。智能信息处理涉及信息科学的多个领域，是现代信号处理、人工神经网络、模糊理论、人工智能等理论和方法的综合应用。由于智能信息处理技术可以解决传统的信息处理技术难以解决的一些非线性问题，因此具有广泛的应用领域。

目前，一方面，我国智能电网和能源互联网的建设正在深入推进和发展，智能信息处理技术愈来愈多地被应用于电力工业的源-网-荷各部分；另一方面，当前大学本科教育的发展之道是服务于智能时代对跨界“通才”的需求[3]。因此，适时地在电气工程专业开设“智能信息处理”相关课程将有利于满足智能信息时代电气工程专业对学科间的交叉和知识内涵的跨界融合需求，为提升学生应用智能信息处理技术和相关知识的能力打下坚实基础。

以下将从课程教学目标、教学内容、教学方式等方面浅议在电气工程专业开设“智能信息处理”相关课程的一些思考，以期抛砖引玉。

1. 教学目标

面向电气工程专业本科学生的“智能信息处理”相关课程的教学目标是：与大数据、云计算、移动互联网、人工智能技术、智能制造技术和机器人技术相结合，让学生感受和思考智能信息处理的魅力、机遇和挑战，努力培养学生系统性思维、时空观思维和创意性思维，使学生能客观评价信息智能处理给现代社会带来的巨大变化，激发起学习探索智能化信息处理知识的热情和愿望，为学生今后应用“智能信息处理”和相关知识打下基础。如：研究和模拟人的认知和推理能力以及如何进行信息处理以便于人的分析和理解，如何从大量信息中挖掘和发现有价值的知识，如何利用不同信息的互补性和冗余性来提高信息处理和决策的可靠性和精确性等。

2. 教学内容

智能信息处理指从信息的载体到信息处理的各个环节，广泛地模拟人的智能来处理各种信息[4]。课程定位于主要面向电气工程专业本科学生开设的选修课。通过学习本课程，让学生对智能信息处理方法有一个基本和较全面的了解，为今后的继续深造和相关工作打下一定的基础。因此，它应当有一定的前瞻性，具有“广而不深、透而不钻”的特点。考虑到本科生的知识结构，课程的内容设置应以概述性的内容和基本的知识内容为主，系统、全面、生动、不深。

“智能信息处理”涉及信息科学的多个领域，是现代信号处理、人工神经网络、模糊理论、人工智能等理论和方法的综合应用。近年来，神经网络、进化计算及模糊集理论的相互渗透和相互结合，已经大大拓展了智能信息处理的领域[4-6]。下面以 1 学分/16 学时为例，介绍智能信息处理概论课程体系和拟授课内容。

智能信息处理概论课程内容体系在总体上分成三个部分：模糊理论-神经网络-遗传算法，粗糙集信息处理，信息融合，如图 1 所示。

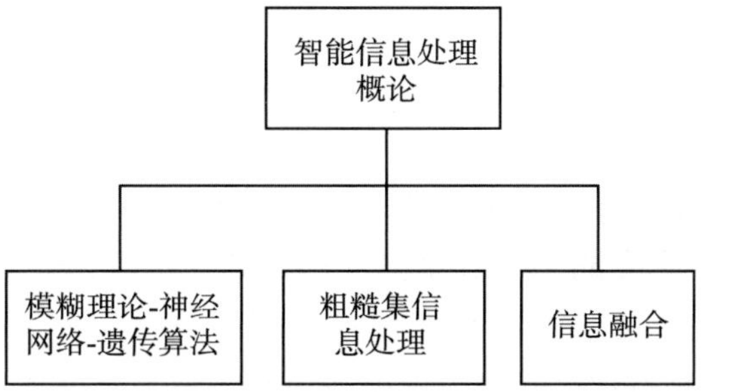

图 1　智能信息处理概论课程体系框架

与图 1 所示课程体系相对应，智能信息处理概论课程拟授课内容主要包括：

（1）绪论。主要讲授智能信息处理技术的发展历史、目前的实际情况、未来的发展前景和实际的应用领域，以及它和传统的信息处理技术之间的关系。授课学时 2~4 学时。

（2）模糊理论-神经网络-遗传算法。包括模糊理论-神经网络-遗传算法的发展历史；模糊理论-神经网络-遗传算法所借鉴的生物学上的信息处理模式；人工神经元的模型；模糊理论-神经网络-遗传算法的结构、特点、学习方式和工作方式。授课学时 4~6 学时。

（3）粗糙集信息处理。包括粗糙集信息处理的发展历史；粗糙集信息处理发展过程中出现的几种典型算法；这些算法之间的区别和联系；粗糙集基本理论，粗糙集信息处理方法及过程；模式识别：包括根据特征模式匹配的识别，基于统计决策理论的识别，对声音的识别；粗糙集的应用：包括医疗诊断系统、机器人控制系统、粗糙集实验系统。授课学时 2~4 学时。

（4）信息融合。介绍信息融合基本概念、分类及其产生和发展的历史；信息融合基本理论：包括信息融合的功能模型、方法、层次结构；信息融合算法：包括物理模型类识别算法，基于特征的推理技术，认知模型识别算法；信息融合的应用和发展趋势：包括军事应用和非军事应用。授课学时 2~4 学时。

（5）各种方法结合应用专题探讨。智能信号处理在电力系统稳定运行与控制中的应用；智能信号处理在电网故障诊断中的应用；智能信号处理在无人驾驶系统中的应用；智能信号处理在物联网中的应用。授课学时 4~8 学时。

3. 授课方式

智能信息处理内容广泛，涉及的内容难度较大，在本科生中开设这种涵盖面非常大的课程时，我们建议教师的授课方式需考虑以下特殊要求。

（1）考虑到本科生的实际情况，授课内容和语言应当尽量浅显，应当力图将所涉及的内容尽量以浅显易懂的方式讲清楚、透彻，而不要钻得太深[7]。

（2）这门课的一个目的，是帮助学生在以后需要相关的智能信息处理知识时，具有进一步学习和应用的基础。让学生在本科阶段通过这门课就精通智能信息处理的所有内容，不但是不现实的，而且也没有这个必要。

（3）考虑到“智能信息处理”课程是适合于电气工程专业学生学习的一门选修课，建议设立分专题小班授课模式，针对不同的学生组确定专题的内容和形式。

（4）课堂上，充分利用多媒体教学，采取多元化多样的教学手段，激发学生的兴趣和好奇心。另外，还可以播放世界机器人大赛等录像片段，增强课堂的教学效果，使得学生好学、乐学，以便更好地实现教学目标，提高教学水平。

（5）智能信息处理是一个飞速发展的领域，知识的老化和更新比较快。因此，一方面需要授课老师具有不断跟踪前沿学科进展的能力；另一方面，对授课内容无法（也不必）做到面面俱到，可根据实际的需要而不断地改进。

4. 教学方式改革与教学手段创新

"智能信息处理"相关课程具有理论性强、知识面涵盖广和内容更新快等特点，需要在教学内容、教学方法和教学模式上进行改革与创新。

（1）考虑到该课程是适合电气工程专业本科学生学习的一门选修课，建议在教学内容上设立分专题讲授模式，并针对不同的学生确定专题的内容和形式。专题教学中不但要注重讲解与讨论模型构建的思想、假定、算法等基本理论，也要注意培养学生的科学思维与人文素养。

（2）充分利用多媒体、信息化教学手段。一方面，打通线上学习与交流通道，让学生立刻就能接触到当前智能信息处理的前沿研究问题，并且领会其中的实质。另一方面，加之以小组讨论形式，合理设计教师与学生，以及各个学生间的互动与交流环节，以增强教学效果。

（3）采取混合式教学与翻转课堂。以启发学生思维、激发学生探索新技术、主动学习的激情为目的设计教学案例，从采用"教师讲课，学生听课做笔记"的单向传输模式转变为"教师出题→学生研究问题、找出解决方案→教师讲解（采用智能信息处理方法和原理如何解决）"的双向互动教学模式。

5. 结论

在信息时代，特别是互联网、物联网阶段，跨界融合、群智开放、共享经济是其主要特点。跨界则生、守成则死，善处则生、孤高则死。我们认为：在电气工程专业的本科生中开设与"智能信息处理"相关的课程，将会非常有助于拓展学生的思路和视野，培养学生的科学素养和创新意识，同时为他们以后从事相关的研究和工作打下基础，因而是十分迫切、必要和有益的。

◎ 参考文献

［1］ 崔瑞锋，郑南宁，齐勇，王兆安．美国著名大学电气专业教育发展特点分析——基于专业使命、教育目标及结果的视角［J］．电气电子教学学报，2008（S1）：1-10．

［2］ 孙红，徐立萍，胡春燕．智能信息处理导论［M］．北京：清华大学出版社，2013.

［3］ 刘经南，高柯夫．智能时代测绘与位置服务领域的挑战与机遇［J］．武汉大学学报（信息科学版），2017，42（11）：1506-1517.

［4］ 何正友，杨健维，臧天磊．智能信息处理在电网故障诊断中的应用［M］．成都：西南交通大学出版社，2013.

［5］ ［日］沟口理一郎，等．人工智能［M］．卢伯英，译．北京：科学出版社，2003.

［6］ 秦昆，孔令桥，许凯．智能空间信息处理课程体系研究［C］．2009 中国地理信息产业论坛论文集，2010：1-6.

［7］ 周健．大学自然科学通识课的教学体会［J］．教育教学论坛，2017（1）：121-122.

·教师与教学改革·

建筑学专业本科教学之思考

王炎松　肖舒予

（武汉大学　城市设计学院，湖北　武汉　430072）

摘　要：改革开放以来，国内建筑行业发展迅猛，建筑学教育也逐渐在全国各地开花结果，为行业输送了大量人才。但在近年来的教育教学过程中，学生的专业学习依然存在着许多遗憾。比如学生的专业素养不牢固，对专业学习有抵触情绪，学业限制了其自身发展等。这些问题有些是社会大环境的变更对学生的影响，也有院校长期固定的教学内容引起的痛疾。本文对这些因素加以分析，并提出了一些合理化的建议。

关键词：建筑学教育；本科教育；学科发展

Reflections on Undergraduate Teaching of Architecture

Wang Yansong　Xiao Shuyu

(School of Urban Design, Wuhan University, Wuhan, Hubei 430072)

Abstract: Since the reform and opening up, the domestic construction industry has developed rapidly, and architecture education has gradually blossomed all over the country, providing a large number of talents for the industry. However, in the education teaching process in recent years, there are still many regrets about students' professional learning. For example, students' professional quality is not solid, they have resistance to professional learning, and their studies limit their own development. Some of these problems are the impact of changes in the social environment on students, as well as the pain caused by long-term fixed teaching content in colleges and universities. These factors are analyzed and some reasonable Suggestions are put forward.

Key words: Architecture education; Undergraduate education; Subject development

引　言

我国的近现代建筑学教育已经有一百年左右的历史。从现有资料看，我国最早到欧美和日本学习建筑的留学生始于1905年，之后从国外留学归国的人才又为国内的建筑学教育体系打下了基础。我国从20世纪90年代初开始实行建筑学专业学位，为了满足专业学位的教学要求，原来四年的专业课程相应地改为

收稿日期：2019-04-22

作者简介：王炎松（1969—　），男，上海人，博士学位，现任武汉大学城市设计学院教授、博士生导师；研究方向为建筑设计及理论、建筑历史与理论。肖舒予（1994—　），男，武汉大学城市设计学院2018级硕士研究生。

五年。经过了长期的积累与实践，我国内地已经有许多学校开设了建筑学专业。其中通过评估审核的学院实力较强。如老牌学校东南大学、清华大学、天津大学、同济大学等（排名不分先后），也有近几年发展形势好的新秀学校如浙江大学、华中科技大学、深圳大学等。

建筑学是一个与实践联系十分紧密的学科，建筑学教学为社会培养了一代又一代的建筑学人才。但时代在变化，社会也在变化，建筑学学生也不知不觉地受到了影响。结合笔者建筑学教育二十多年的教学经验，本文对近几年学生在学习过程中体现出来的问题做出一些总结。这些问题是具有一定的普遍性的，不仅存在于普通院校，而且存在于较为优秀的专业院校。本文将浅析这些问题背后的原因，并提出一些建议。

1　教学中学生学习状况的观察

1.1　设计作业流于表面，基本素养不牢固

当前，互联网信息发达，拉近了不同地域的建筑设计信息。但互联网的使用方式又偏于快餐化、平面化。许多知名的建筑设计网站常常贴出惊人的设计美图以取得震撼效果和点击量，学生们也流连其中，且头晕目眩。但建筑终归是多维度的工程作品，呈现在图面的就不只是效果图这般简单。而图纸不能呈现的还有地域文化、客户需求、施工条件等多方面因素。长期的美图冲击，反而让学生在实际学习中受到限制，“套图”“炫图”等现象也十分常见，甚至老师有时候也会对表现效果好的作业给予颇多赞许，更让学生忽略了更多建筑学学生基本素养的夯实和具有创新型思维的设计才华的培养。

1.2　当代学生对传统教学模式不适应

从古至今，建筑学学习常常是青年人向资深的匠师学习经验和理论。东方如中国的古代工匠团队“样式雷”的代代相传，西方如欧洲人文主义时代的美第奇家族供养的门庭艺术家。现代又如“包豪斯”的新式教育创新。对于像建筑学这样的与实践息息相关的学科，常常会有一名“师傅”的角色带领学生入门入行。当前我们的建筑学教学实行以主修课建筑设计为核心的情况下，多方面课程联合的教学体系也是由此发展而来的。建筑学的学习不是一蹴而就的，需要时常练习，时常反思。多年的积累形成成熟的设计素养。但在这个张扬个性的时代，每个学生的心中都存在着一个更加光鲜更加靓丽的个人作品。在追求新颖独特的同时常常忽略要向“师傅”学习扎实的基本功。再加上课堂上的思想反复碰撞，使得学生常在弯路里徘徊。消磨信心，消磨能量。

1.3　学生学习方向单一，发展不全面

建筑设计的教学过程中，感性成分是撑起这门课的最重要的基础。如何把控形体？如何处理环境？如何组织人流？这些没有办法实时量化来呈现答案的问题是设计中最常遇到的。一千个学生可以交出一千个不同的设计作业。这种重复的感性思维锻炼在每个五年制建筑学专业学习上要重复多次。一方面，繁多的设计课程，很容易让学生陷入一种设计手法的自我固化。这个设计手法可能是从“大师”手法中学来的，也可能是从周边资源上借鉴来的。但如果把一个学生的作品放在一起看，会发现有许多地方会惊人地相似。可能是常用的造型布局，可能是常用的空间组织手法。它们都是学生疲于应付作业产生的自我束缚。长此以往，学生走向社会参加工作，面对各种客户需求就会感到失落与无力。另一方面，一些学生选择继续升学。但我们在硕士研究生教学的过程中发现，建筑学对感性思维的过多推崇导致了学生深造时对其要求的研究技能的缺失。无论是何种类型的研究生，研究型学习相对于以往是一种新型的学习，他们需要严

肃的事实根据和严谨的思维方式。而受过传统建筑学教学的年轻人，缺少了一些研究型素质的锻炼，如资料搜集，数理分析，论文写作等，不得不在“研究”生涯里跛行。

1.4 学生对自身发展产生怀疑

对于中国的学生来说，学习建筑学是新鲜而又难以适应的。建筑学要求学生具备空间感知力、艺术想象力、审美能力、创造力、生活的常识体验观察、缜密周全的思维，门槛不能说不高。在漫长的五年制学习生涯中，能否保持学习热情和专业兴趣这一问题显得十分重要。本意设计为教育学生循序渐进地学会一种技能和本领的专业主课建筑设计课，最后演变成每个学生不得不竭尽思考，挑战己所不能的战场。学生每每想独占鳌头，争当“大师”，恨不得图不惊人誓不休。这种反复的竞争对激发年轻人的上进心是有积极意义的，但它在学习内容中占据的分量太重，很容易让学生感到落差并产生后遗症，许多人会明显力不从心，败下阵来，又理不清缘由，甚至最终各因素综合导致学生在潜意识里觉得自己缺乏天分，或失去兴趣而败北。

2 浅析复杂的原因

2.1 教学环境复杂多变

首先我们要明确的是，当下的教学所处的社会环境已经与二三十年前的环境有了很大的不同，甚至我们也会遇到五年一个大变化的情形。多种计算机建筑建模软件、摄影软件、环境模拟软件都与从前纸上线条的时代大相径庭。快速信息化是这个时代的标志，我们要做的是适应这个时代，更好地与环境共生，而不是沉沦于时代的纷扰之中。片面化的图片信息只能让学生沉迷于精美的图片之中。学生追求炙手可热的网红作品，但却止步于照片信息，丝毫吸收不了作品更深层次的营养。

中国房地产行业的热度也一直影响着学校里的学生。房地产行业当下作为国内高利润行业之一，从中长期的宏观角度看呈现着较大的波动态势。房地产行业资金要求巨大，时常牵涉着多行业的资金链、银行财务、政府政策等。所以房地产行业的繁荣与整体社会的经济繁荣直接挂钩。繁荣时，建筑学及建筑相关专业门庭若市；萧条时，这些专业又门可罗雀一般清冷。学生的学习情况也受着行业热度影响。我们虽然不能要求学生每个人进入学校都怀揣着单纯的求知热情，但学习情绪确实受到了繁荣与萧条的影响。就以毕业去向而论，近几年的建筑学专业的毕业生进入房地产公司的数目巨大，而 2018 年秋招表明，房地产业已经开始明显缩招，预计接下来几年又会出现地产行业冷淡的景象。学生可能要经历入学时行业热炒，而出学校的时候却行业惨淡的情况。

2.2 教学目标过于单一

从我们的毕业生出路来讲，毕业生的就业情况与我们培养优秀的设计师的教学目标也相去甚远。地产、规划、公务员、设计院、继续深造，各方面的相关工作都能看到我们的毕业生的身影。他们的工作并不局限在单体设计上，不局限于单纯的图纸设计。毕业生工作呈现多样性、复合性、创新性。但我们的教育并没有给予毕业生们更好的复合的全面的基础。工作的学生会抱怨说本科无法学以致用，深造的学生又感触思维受限。事实上许多教学团队知道要对教学目标做出改变，而教育大纲上也会明确写着我们的培育人才目标，但是实际的工作并没有开展起来，陈词滥调已无法适应不断变化的社会需求。

2.3 教学课程设置冗杂

当前中国建筑学通过教学评估的建筑学科中，以五年制为主。在五年之中基本上要学习艺术与工程表现科目、技术系列科目、理论系列课程、设计系列课程。这些课程交织形成总体课程。学生从入学时的一张白纸在各种课程的教导下成为一张彩绘，可惜多数的笔墨都是浮光掠影。一个学期内基本要安排两个大设计，其他一些小设计，还有多项作业等等。学生在作业之间来回奔波，感到疲乏无力，最后对设计也是草草了事。我们的初心是希望学生能够拥有健全的知识体系，深厚的专业底蕴，熟练的工作技能。但是最终呈现的是学生在一片混杂中能学多少学多少。学到东西多的学生基本上是抗压能力强的人，而学得不好的学生却饱含着对建筑学学习的失望。

2.4 教学方式不够立体

建筑学设计课程中经常会出现这样的情况：学生问“为什么要有门厅”“为什么不能做异形”“为什么一定要画柱网”？老师每年带一批学生，每年都要解释。但是解释之后，学生也未必理解。从前，建筑学的许多知识是优秀的经验，口口相传。但现在时代的发展下，学生不光从老师的身上获得信息，也从同辈、网络、其他行业之中接收到大量的信息。他们并非听一家之言。想让学生真正明白建筑学的经验，就不只是单纯地传授感性知识。要让他们切实明白设计知识是通过多年的积累得到的最佳方案，而不是老师灌输给他们的感性硬道理。只有学生真正看到了柱网对空间的影响，异形空间的复杂组织，门厅的使用功能，才能真正懂得老师们的良苦用心。

2.5 教学资源单调无趣

教学严重脱离实践，学校老师缺少建筑设计项目资源和建筑研究项目资源，很难吸引学生参加实践。我们的老师要积极走出去，而不是故步自封。大学作为研究与教学相结合的高级知识团体有责任保持自身怀有的知识新鲜度，也有责任持续探索并回馈社会。老师应该更有冲劲，更有探索精神，为我们的学生提供更具有实际意义的项目资源。优秀的建筑学院是欣欣向荣的，而不是沉迷于过往和声名。对专业没有发展意义的事情都只是自身桎梏而已。

3 对教学改革的一些建议

3.1 大刀阔斧，勇于改革

3.1.1 高年级专业分流

要排除知识重复性课程，对课程进行精简。各年级的课程应该有明确的模块化处理，不能任意排课，没有逻辑。优秀的课程设置应该呈现阶梯式模块形态。建议在高年级的课程设置上加入专业分流，这个专业分流不光是建筑学学术领域上的分流，如历史研究、技术研究、艺术研究等等，还可置入建筑行业相关工作领域的知识能力培养，如项目管理与协调、市场分析与经济指标计算等等。这样可以更大程度地把控教学目标精度，提高教学的实践意义，也增强了学生走出校门时的适应能力。

3.1.2 低年级理性引导

要在低年级课程设置上强调基础能力的培养，不光包含建筑学素养的培养，还要提高学生的通识类技能，比如数理知识、科研能力、事务管理能力，不能让学生毕业学成后仅仅拥有专业技能，而无其他所长，甚至丢失基本学习技巧。还要让学生在低年级学习时了解学科、市场动向，方便未来分流时选择他们适合与喜爱的方向。如若学生需要在跨学科领域里有所进展，也不会失去学习自信和被专业捆住手脚，可以更加游刃有余。

3.1.3　放缓设计课程节奏

课程在精不在多。设计课程可以采取一年只做一个设计。不求博大更求精深的做法是培养学生更强大的实践能力。许多人文社科类的学院通过系统的社会调研开题、调研报告等课程培训，培养学生在思维上的深度，使其更具有能力去关注这些社会问题。毕竟我们不是像其他工科只是为了解决物理或技术层面上的问题。这样相比之下，调整八周为一个设计课程周期，添加深入实践环节，若能举一反三，就会比以往做了许多无用功的状况好许多。

传统建筑学的普遍问题是很容易陷入已有的教学模式困境里，循规蹈矩。但新开建筑学的学校反而能更具有创新思维，比如宁波诺丁汉大学，虽然其本科只有四年，但是一个学期只做一次设计，这很像国外的大学设计方法，先让学生花大量的时间去调研，让他们自己研究清楚真正需要什么再让他们着手开始设计。

3.2　强其所强，补其短板

我们的教师队伍需要将自身积极性调动起来，才能期待学生能有更大的创新活力。对于已经做出成绩的领域，我们要将优势发挥得更大，走得更加深远。对于我们拥有的那些相比于其他院校的特长，需要精益求精，打造品牌。作为已经长久伫立的建筑学院，也必然拥有一定的社会资源。教职工应该利用有利资源力争上游，进一步打造出与社会联动更加紧密的平台，提供给学生具有实践意义的机会和更多的项目资源。

在大学里面做教师，要有责任感。教师应将更多实践项目带入课程，为学生提供看得见摸得着的知识是对学生负责，也是对自己负责。对于那些并没有成为强项的方向，我们要尽量将缺失补全，完善整体。

3.3　拓宽思路，大步向前

3.3.1　更多的社会复合性

要随时代变化而变化。既然当下的城市建设涉及国家政策、资本运作、结构技术，民众文化导向等多方面因素，那么我们的教育就不应该是乌托邦式的美好设想。我们要给予学生全方位的学习体验。教学不只是涉及建筑师事务，还要涉及相关工作事务。要让学生从一个单纯的学生，成为一个了解并理解建筑行业全面信息的人才。

3.3.2　更多的思维理性化

不能停留在简单的图纸美观、概念特别、技法惊奇的粗浅阶段。不能宽泛地谈论天赋、感悟、感知，也不能停留在简单的经验传授。要让学生的努力有的放矢。不能用长久的感性方式的教育使他们成为不善思考，缺乏逻辑思维，只重视直观感受的直觉信仰者。理性思维对学生未来百利无一害。无论是进入工作环境中，成为脚踏实地、求真务实的工作人员，还是选择深造，继续进行深入研究的研究生理性思维都能使他们更加适应现实。

3.3.3　更多的跨学科交流

专业发展可以基于学院、学校优势进行更多的跨学科交流，从而发展出自身优势。国内建筑学院的教育模式基本上千篇一律，这个学校和另外一个学校在本科阶段基本上没有区别。在欧美国家中不同学院的学习，会有截然不同的经历，也许更重科技，也许更重工艺。我们完全可以基于近水楼台的资源，得到更多的横向甚至纵向的联合发展。

4 小结

没有什么是一成不变的，建筑学教育也是一样。对于学生在学习过程中的困难，作为教师要敢于发现，并敢于做出改变，来使学生的学习生涯更加顺利畅通。随着时代的改变，学生的学习方法，学习思维都在发生变化。我们要及时顺应时代脉搏，因势利导，做出更多有利于专业发展和学生未来的决策和措施。

◎ 参考文献

[1] 刘旭红，武飞．新时代建筑学研究生教育的全员育人模式探究［J］．教育现代化，2018，5（44）：6-8，11.

[2] 华霞虹．高校设计院与建筑学的教育革命：以1958至1965年间同济大学建筑设计院的组织与实践为例［J］．时代建筑，2018（5）：22-27.

[3] 王量量，韩洁，李苏豫．基于乡村建筑师人才需求的建筑学教学创新改革［J］．职业，2018（16）：17-19.

[4] 张煦康，张艺凡．建筑学教育需与实践结合——访王乃弓、夏兰西［J］．城市环境设计，2017（5）：89-91.

[5] 金光虎．浅谈建筑学专业职业教育［J］．中外建筑，2015（9）：56-57.

[6] 吴越，吴璟，陈帆，陈翔．浙江大学建筑学系本科设计教育的基本架构［J］．城市建筑，2015（16）：90-92.

[7] 赵敬辛，韩博，李勇．同济大学建筑学专业本科教育特色探究［J］．高等建筑教育，2013，22（1）：21-25.

[8] 杨兆奇，董莉莉．“近身教学”——建筑学本科教学中学生创新性思维培养探讨［J］．高等建筑教育，2011，20（1）：59-63.

[9] 顾大庆．中国建筑学学制的问题及其改革［J］．建筑学报，2010（10）：10-13.

[10] 杨贺英．浅议职业教育建筑学专业的教学改革［J］．现代农村科技，2010（7）：50-51.

[11] 王炎松，袁铮．也谈在建筑学教育中强化创造性思维［J］．建筑学报，2000（2）：32-34，65.

·比较教育·

日本中小学劳动和德育体验教育及其对我国的启示

何 丽

（京都大学 教育学院，日本 京都 606-8501）

摘 要：20世纪80年代以来，日本大力提倡并推广“劳动体验学习”活动，希望通过自然体验活动培养学生的综合素质。德育体验教育的内容包括自然体验、生产劳动体验、磨难体验、耐苦生活体验、志愿者生活体验等，日本希望通过德育体验活动培养学生的内在道德品质。日本中小学的劳动和德育体验教育，对我国具有诸多启示。在我们的中小学劳动教育和德育中，要深刻认识劳动教育的时代价值，重视学生的实践体验和吃苦及挫折教育，构建新时代劳动教育落实机制，为我国的中小学教育服务。

关键词：日本中小学；劳动教育；启示

The Enlightenment of Japanese Primary and Secondary School Labor Education on Preschool Education in China

He Li

(Graduate School of Education, Kyoto University, Kyoto, Japan, 606-8501)

Abstract: Since the 1980s, Japan has vigorously advocated and promoted "experiential learning" activities. The contents of labor education include natural experience, labor experience, suffering experience, endurance experience, volunteer life experience and so on, so as to cultivate comprehensive quality in labor. Labor education in Japan's primary and secondary schools has many enlightenments for pre-school education in China. In our preschool education, we must deeply understand the era value of labor education, attach importance to children's practical experience and education of hardship and frustration, and construct the implementation mechanism of labor education in the new era to serve our preschool education.

Key words: Japanese primary and secondary schools; Labor education; Enlightenment

第二次世界大战后，日本确立了智、德、体协调发展的教育方针。1947年制定关于2006年全面修订的《教育基本法》，对与劳动教育相关的内容做了如下规定：为了实现“完善人格”等教育目标，需完成“重视教育与职业和生活的关联，培养尊重劳动的态度”等教育。如今，日本劳动教育体系日臻完善，这对中小学生塑造人格、成就学业等方面的教育，起到了非常重要的作用。20世纪八九十年代，随着经济的高速增长，日本的现代化和城市化发展取得巨大的成绩，但是日本校园暴力、逃学、自杀等现象日益频

收稿日期：2019-01-18

作者简介：何丽（1985— ），女，陕西西安人，京都大学教育学院博士研究生；研究方向：日本教育史。

繁。为改变这种状况，日本文部科学省自20世纪80年代以来，大力提倡并推广“劳动体验学习”活动，希望通过自然体验活动，让青少年体会劳动的价值，达到培养学生独立生活的能力和正确的生活态度，培养刻苦、忍耐、自制、自立等坚强意志和积极的进取心的教育目标。日本提出教育改革，认为学校应该培养学生的“生存力”，即：培养独自学习、独立思考、自主地做出判断并行动，以及更好地解决问题的素质能力（桑廷洲，2017）。

一、日本中小学劳动教育的主要内容

日本中、小学的“劳动体验学习”，虽说目的是一致的，但具体做法各有侧重点。1976年教育课程审议会上关于修订教育课程基准的报告中，明确提出了各年级的具体教学方针：小学阶段重点在于结合第一产业，通过让学生参与直接动手的制作活动以及体验性的活动，让学生获得劳动的喜悦感；初中阶段重视劳动方面的体验性学习，为学生们走入社会做准备，培养学生正确的劳动观；高中阶段则侧重于通过结合第二、三产业，让学生参与劳动的体验性学习，使学生体会到工作愉快和完成任务的喜悦的同时，形成对于劳动的正确态度和职业观念（郭晓宏，2015）。我国著名教育家陶行知曾说：“手脑一块儿干是创造力教育的开始，手脑双全是创造教育的目的。”日本“劳动教育”的核心目的就是要孩子们学会手脑并用，生活自理，培养耐心、细心和爱劳动的良好习惯，从而掌握基本的生活本领，其主要体现在以下几个方面：

第一，生产劳动及种植教育等。有条件的学校腾出一块植物园，建议让学生参加管理水田、旱田、茶园等的劳动。条件不允许的，可用花盆代替。

第二，提高自理能力的劳动。用针线缝制简单工艺品，锻炼孩子手、脑、眼的协调能力。午餐时间安排学生轮流到食堂帮厨，学生独立完成餐桌摆放、饭菜分配、收送餐具等任务。午休时独立铺床、淋浴、擦身、换衣。放学时自行收拾书包，更衣换鞋后离校。

第三，清扫和美化校园环境。清扫校舍内外庭园、绿化校园、保养树木、修花坛等。学校为此提供打扫方法指南，详细说明工具名称、使用方法，学生独立完成校园环境的打扫工作。

第四，培养创造力的活动。日本幼儿园鼓励孩子堆砌、涂鸦、剪贴一些可重复利用的废品，比如硬纸皮、包装箱、报纸等，这些材料都可以被孩子们循环利用于手工制作。日本教育者认为，对于成品玩具孩子很容易玩腻，如果让孩子从小利用原材料完成作品，孩子就能体会到创作的乐趣和成就感。通过自己动手，逐渐培养孩子的创新精神。

第五，志愿服务性劳动。包括到福利院慰问老人及孩子；清扫和美化公开设施；为公共福利事业开展募捐活动等。

二、日本中小学课程中劳动教育的教学目标和内容体系

自20世纪70年代后期实行课程改革时引入“劳动体验学习”以后，日本教育界日益重视劳动教育，让学生在一定的时间内体验真实社会职业，从而达到多样化教育的效果。其背景大体在于如下两方面：其一，过去的学校教育陷入“偏重智育”中，学校“填鸭式”地教授大量学科内容；其二，伴随生活环境的变化，儿童们制作物品、培育生物的场合越来越少。因此，希望学校通过有组织地开展“制作”和“培育”活动，让学生自主学习，体验工作的乐趣和成功的喜悦。此后，日本的学校教育中关于劳动的体验性学习活动不断增加。“现在，作为儿童们直接体验活动的一种，各地都在实施劳动体验学习。”（杨铭，2018）。

笔者以教育与经济、职业、劳动的关系为线索，考察日本现行小学、初中和高中的学习指导要领，发现日本的课程分为学科课程、时间课程和活动课程，三类课程中有关劳动教育的教学目标和内容体系有如下四个方面：

首先，家庭生活劳动教育。劳动作为日本中小学教育的必修课，学校、社会和家庭都不遗余力地为此创造机会。这里所说的“劳动”可不是简单地走走过场，而是切实地实践包括种植、烹饪、整理空间等多项活动。为此日本在小学开设了专门的课程——家政课。这门家政课在不同阶段有不同侧重。家政课覆盖小学以及初中学生群体，学生们每周进行两次的学习和操练，它不仅能让孩子了解家庭，还能让孩子了解社会。小学“家政课”在于让孩子们了解家庭的基本生活是如何维持的，分担自己力所能及的工作。一些日本中小学配置有专用的料理教室和缝纫教室，有专业的老师来教孩子们相关知识和技能，比如制作日餐最基本的“三菜一汤”和制作围裙等。初中阶段，孩子们要在社区周边开展各种职业体验。到了高中，很多孩子就可以在课余时间打工了。

其次，道德教育。小学：体验劳动，感知劳动的美好；愿意劳动，知道劳动的重要性；理解劳动，体会劳动的喜悦。初中：以己推人，具有服务精神，致力于公共福祉和社会的发展。

再次，综合学习时间。小学：各学校都要积极地组织自然与社会体验，参与制作与生产物品等体验活动等；初中：参加自然与职场体验，以及观察与实验实习等；高中：参加社会与就业体验，调查与研究、发言与讨论等综合学习活动。

最后，特别活动。小学：在“班级活动”中，理解值日活动的作用和劳动的意义；在“儿童会活动”中，协力进行学校例行活动，参加劳动生产与服务性例行活动。中学：在“班级活动”中，学习“适应、成长和健康安全”，参加志愿活动并理解该活动的意义；对于“学业与出路”，学生可以进行规划并寻求帮助，以形成正确的劳动观和职业观，自主地选择出路和设计未来。在“学生会活动”中，协力进行学校例行活动，通过志愿活动等参与社会。在“学校例行活动”中，参加劳动生产与服务性例行活动。由此看出，日本劳动教育都是“隐居”在其所在课程之中的，都有自己的教学目标和内容体系，关于劳动的内容仅是其课程内容的一部分。

三、日本中小学德育的体验教育

日本中小学特别重视德育的体验教育，强调通过实践体验活动培养锻炼学生，让学生认识自然，体验社会生活，提高道德水平，逐步成为适应现代社会需要的人才。通过内容丰富、形式多样、便于操作、富有实效的德育体验活动，培养学生的“生存能力”、创造力、劳动观念和集体协作精神，以发展个性、充实学生的内心世界、培养内在道德品质。

1. 自然体验

日本文部科学省大力提倡和推行自然体验活动，以加深青少年对大自然和农村生活的体验，提高其道德实践能力，培养其为社会、为他人奉献的精神。笔者在京都大学的研究生院学习时曾接到当地一所市立小学的请柬，邀请留学生和当地居住的外国人参加该校五年级学生的“插秧挑战”活动。笔者在国内从事中学教育工作，还没有过同学生一起参加插秧之类的农业劳动体验，大家带着莫大的好奇心欣然答应参加此次活动。上午九点半插秧挑战正式开始，孩子们虽然是首次插秧，但一点儿也不笨拙，经过渡边先生边示范边讲解，学生们一下子就学到了单手插秧绝活，纷纷要和我们三位老外以及他们的带队老师进行插秧比赛。同学们很快摆好几个插秧赛场，正值比赛激烈之时校长赶来加入了比赛。中途，笔者边插秧边向校长打听此次活动的初衷。吉泽校长向我介绍说，他们学校每届五年级的学生都要参加插秧——田间管理——收获庄稼这一全程活动。学生们在这里亲手播种、培育和收获，在实践中长知识，在劳动中学本领。上午十一点左右，插秧活动结束，农田主对此次活动做了总结，并宣布了此次挑战活动获胜者的名单。我们返回校园时，还看到二年级的学生正和家长们在校园内植树。

2. 生产劳动体验

日本人向来重视从小对孩子进行基本的劳动教育，包括生活自理能力教育，而且日本人爱农艺和园艺是出名的，不少人家里的花园和菜园都是自己打理。许多日本中小学校有一块田地，专供教师对学生进行基本的种植教育，待到了能收获的时候，孩子们就将所种蔬菜采摘后送到学校食堂，并参加午餐的制作，享用他们自己的劳动成果。日本中小学每年都要定期组织学生参加生产劳动，并将劳动课列入教学计划。许多小学为了帮助学生了解农业，在中高年级开展种植水稻活动。在本地行政、农业等部门的支持下，从耕地、播种、插秧、田间管理直至收割、运粮、脱粒、碾米等，让学生参与每个环节的劳动，最后集体做饭、品尝，在体验劳动成果的欢乐中，增强劳动创造生活，建设美好家乡的意识和情感。同时学生也学到了学校和书本上学不到的东西。有的学校从本地实际出发，指导学生制作和纸、烧炭、种菜，参加渔业劳动，学习养蚕和制陶工艺等。学生的劳动过程，既是劳动知识、技能的培训过程，又是培养劳动态度，体验劳动情感，参与家乡建设的教育过程。

3. 磨难体验

为了培养学生的能力和吃苦耐劳精神，日本学校给中小学生人为地设置磨难课程，如让学生参加用扁担挑水，用洗衣板洗衣服，用炉子生火等传统的体力劳动活动。这样既有助于学生增长知识和见识，增强人际交往能力、组织活动能力、处事能力和应变能力，又有助于学生增强学习的兴趣和动力，进一步认识到知识的重要性。此外，日本中小学几乎每年都要定期举办“田间学校”“孤岛学校”“森林学校”，由社会、学校、家长联合组织学生到艰苦的环境中去体验和经受磨难，培养孩子们与自然共存的能力和精神以及奋发图强的信心。

4. 耐苦生活体验

在日本，父母亲经常给孩子说的一句话是“我慢しなさい”，翻译成中文就是“你要学会忍耐”。在超市和玩具店，很少看到孩子因为父母亲不买玩具而躺在地上要赖哭闹的现象，因为父母亲从小教育孩子：想要的东西，只有通过自己的劳动才能获得。如小孩在家里每天帮妈妈洗碗擦地，一个星期之后，爸爸妈妈就会答应给孩子买想要的玩具。由于深受中国儒教影响，日本人深谙“天将降大任于斯人也，必先苦其心志，劳其筋骨，饿其体肤”的真谛。即使国富民强，日本仍然不忘对青少年进行吃苦教育，让青少年到生活条件艰苦的地区接受劳动教育。日本学生每年都有 7 到 10 天的耐苦生活体验时间。一些中小学还开展了“上山下乡”“土留学”活动，有意识地安排学生到生活条件差的岛屿、农村和边远地区去体验艰苦生活，接受劳动教育，经受锻炼，磨炼意志，品味人生，培养其“生存能力”和吃苦耐劳品格。

5. 志愿者活动体验

开展各类社会志愿者活动。志愿者活动以个人的自觉主动为前提，以集体组织为主要形式，以社会公益和社会服务等为主要内容，在中小学生中广泛开展。例如给老弱病残帮忙；到敬老院提供志愿者服务；回收废旧报纸书刊等社会公益活动。通过志愿者活动，培养学生重视公益、尊重他人和无私奉献观念，树立为国家为大众效力的理想。此外，在 2018 年 6 月，文部科学省已经向国会提议，应从法律角度规定小学和初中学生每年要有两周的社会服务时间，高中生要有一个月的社会服务时间，以增强青少年积极参与社会服务活动的意识。

四、对我国中小学劳动教育和德育的启示

1. 深刻认识劳动教育的时代价值

日本《教育基本法》把“关注职业和生活的关系，培养重视劳动的态度”作为教育重要目标，把培养勤劳观、基本生存能力纳入教育方针，规定中学生每周要在学校农场、果园和家禽畜饲养场参加两小时全校性的生产劳动。近年来，俄罗斯重拾苏联劳动教育的实践经验，于2015年颁布《劳动教育发展纲要》，创新劳动教育活动形式和保障机制。德育与劳动教育有机结合有助于解决德育虚化问题，在德育中引入社会公益性劳动，在生产劳动中渗透德育，有助于学生端正生活态度和价值观，提高社会公德，增强社会责任感。智育与劳动教育相结合有助于从做中学，知行统一，学以致用，提高劳动的技术含量，培养创造性劳动能力。体育与劳动教育相结合有助于磨炼学生意志，培养公平竞争和团队合作精神。美育与劳动教育相结合有助于培养创造美的能力，让学生懂得劳动最美丽、劳动者最可爱、劳动成果最珍贵的道理。

2. 中小学德育要重视学生的实践体验

实践是学生道德认识的基础，也是学生思想品德形成、发展的源泉，实践体验突出了教育的开放性和学生的主体作用，不仅有利于激发学生的参与热情，培养学生的道德情感和道德意志，也有利于内化道德观念、道德意识和道德行为，积淀道德素质，起到知事、明理、导行的作用，从而促进青少年的全面发展。长期以来，我国学校受升学率的影响，重智育轻德育，重理论轻能力，重课堂教学轻社会实践的问题比较严重；忽视道德情感的培养，缺乏通过道德体验活动来培养学生的道德意志和道德行为。因此，我们必须重视德育的实践体验，同时也要充分结合我国优秀的传统文化优势、丰富的历史资源优势和社会上的各种典型德育素材，大力倡导学生开展实践体验，让中小学生走出校园，去参观、接触社会，接触大自然。通过开展丰富多彩的实践体验活动，让学生在体验中丰富情感，陶冶心灵，强化参与意识，增长知识和能力，形成良好的道德行为和高尚品质。

3. 中小学德育要重视吃苦和挫折教育

在物质生活匮乏的年代，由于艰苦生存的磨炼，形成“穷人的孩子早当家”的现象，弥补了学校德育的不足。而我国现在的中小学生普遍衣食无忧，未经过困难生活的磨炼，自主、自理和社会交际能力较差，缺乏独立生活的意识和能力，体会不到劳动人民的辛苦和父母养育的艰辛，一旦遇到挫折往往丧气失望、不知所措。为了培养青少年学生独立生活的能力，使他们更好地适应未来社会发展的需要，在中小学开展吃苦和挫折教育则是非常必要的。我们应当借鉴和学习日本的生产劳动体验、磨难体验和耐苦生活体验的做法，培养学生的吃苦、耐挫精神。学校和家庭应有意识地设计一些吃苦、磨难和挫折教育计划，如平时有意识地让孩子参加一些力所能及的劳动。比如在家洗手帕、袜子，刷碗筷，在学校轮流值日，打扫卫生，布置教室等；有计划地带学生远足、爬山、跨水沟；组织中小学生开展“吃苦夏令营”“军事夏令营”等，让学生经受磨难，培养独立生活能力、吃苦精神和集体意识。

4. 要发挥社区在德育中的作用

学校德育要充分利用社区内一切可以利用的教育资源，使对青少年儿童的品德教育寓于社区的经济、

文化、科技、体育之中，有效促进青少年思想品德素质的提高。日本学校通过与社区合作，扩展青少年儿童的体验活动场所，值得我们借鉴。我国中小学德育要积极依托社区的力量，加强学校与社区之间的联系，使学校德育教育和社区德育相互渗透、相互配合。如建立家长委员会、组建社区少先队组织、建立德育基地等，通过社区教育的组织形式，使学校德育得到社会的支持、理解和帮助，从而提高青少年学生德育的实效性。同时中小学德育要积极开发和利用社区内各种潜在的德育力量，发挥社区环境育人的功能。如聘请社区的老红军、劳模、先进工作者担任校外辅导员；在青少年活动中心、影剧院、农场、爱国主义和革命传统教育基地对学生进行品德教育；带领中小学生关心和帮助弱势群体，参加社区内开展的各种活动，如社区的公益劳动、青少年志愿者活动和节日庆典活动等。

5. 构建新时代劳动教育落实机制

“士不可不弘毅，任重而道远”，立德树人机制也要靠劳动教育的落实。落实劳动教育要坚持目标导向和问题导向相结合，核心是教什么、怎么教、怎么评、谁负责，有针对性地解决实践中存在的“不想干、不愿干、不敢干、不会干”等问题。具体来说，要从以下五方面抓重点：一是以社会公益性劳动为要点，融合生活劳动、生产劳动、服务劳动，结合创新创业创造性活动，构建科学的内容体系，体现劳动教育的时代性。二是以学校劳动教育为支点，发挥家庭的基础作用，扣好日常劳动教育的第一颗纽扣，撬动社会的支撑作用，开拓劳动教育的大课堂，形成家庭、学校、社会合作育人的劳动教育体系，体现劳动教育的协同性。三是以中小学为重点，形成大中小学相互衔接的劳动教育体系，培育不同年龄段学生的劳动素养，促进青少年劳动意识、能力、习惯相统一的终身发展，体现劳动教育的系统性。四是整合通用技术、综合实践活动等相关课程，形成目标、内容、方法、管理、评价等相关联的劳动教育综合课，体现劳动教育的整体性。五是以政府投入为主体，带动社会、家庭投入，辅之以商业保险，健全劳动教育的保障机制。

总之，日本的“劳动体验学习”对我们的教育具有巨大启示，我们的教育要迎接世界科技革命的新挑战，适应生产和社会发展的新形式，并且要实现人的全面发展这一目的。我国传统文化、社会主义核心价值观，对我国劳动教育赋予了深刻内涵，这其中也蕴藏着独特的哲学方法。劳动教育对学生德智体美发展具有重大作用，我们要从外国优秀的劳动教育中得启示，挖掘、提炼我们中华民族独特的富有成效的方法，使劳动教育在授业、育人中发挥卓有成效的作用。

·比较教育·

探究德国工匠精神对国内制造业的借鉴

董 鹏[1] 彭健生[2] 刘 嘉[3] 刘希希[4]

（1. 国通商务咨询有限公司，江苏 无锡 214151；2. 桂林电子科技大学 材料科学与工程学院，广西 桂林 541001；
3. 湖南大学 经济与贸易学院，湖南 长沙 410000；4. 山东青年政治学院 信息工程学院，山东 济南 250100）

摘 要： 德国"工匠精神"是其长期历史进程中文化、制度、经济、社会、教育等要素共同作用的结果，已成为其国家、企业界及技师、工人的内在信念与自律准则，融进了民族的血液。本文结合德国制造业产业成功经验，分析了德国工匠精神产生的历史背景和形成机制，以期对未来我国推动产业的转型升级具有借鉴意义与指导作用。

关键词： 德国文化；德国制造；工匠精神；德国"双元"教育

Exploring the Reference of German Craftsman Spirit for Domestic Manufacturing Industry

Dong Peng[1]，Peng Jiansheng[2]，Liu Jia[3]，Liu Xixi[4]

（1. Guotong Business Consulting Co.，Ltd.，Wuxi，Jiangsu 214151；
2. School of Materials Science and Engineering，Guilin University of Electronic Science and Technology，Guilin，Guangxi 541001；
3. School of Economics and Trade，Hunan University，Changsha，Hunan 410000；
4. School of Information Engineering，College of Shandong Youth Political，Jinan，Shandong Province，250100）

Abstract： German "craftsman spirit" is the result of the interaction of cultural，institutional，economic，social and educational factors in its long historical process. It has become the internal belief and self-discipline criterion of its country，business circles，technicians and workers，and has melted into the blood of the nation. Based on the successful experience of German manufacturing industry，this paper analyses the historical background and formation mechanism of German craftsmanship spirit，which can be used for reference and guidance for China to promote the transformation and upgrading of industry in the future.

Key words： German culture；German manufacturing；Craftsmanship；German "dual" education

"德国制造"，在优异的品质保证前提下，运用信息管理技术，使其产品科技含量越来越高、管理成本不断下降，运营绩效日益显著。德国制造业的全球竞争力全面提升，在重型机械、高端制造等领域已领先美国。德国制造业的厚实品质得益于德意志人的理念和胸怀，他们把勤俭务实、遵纪守法当做神圣信

收稿日期： 2019-01-08

作者简介： 董鹏（1980— ），男，汉族，陕西西安人，企业战略研究员、主管，主要研究方向：产业链与高端制造业。彭健生（1995— ），男，汉族，广西桂林人，管理学硕士研究生，主要研究方向：德国制造业发展模式。刘嘉（1988— ），女，汉族，湖南衡阳人，会计学博士研究生，主要研究方向：价值流管理——供应链战略与优化。刘希希（1988— ），女，汉族，山西太原人，管理学博士，主要研究方向：国际经济合作与产业国际竞争力。

仰，把忠厚老实、信守承诺视做一种社会责任。以“隐形冠军”为代表的德国制造企业的核心竞争力，不在于企业之大，而在于企业之强，强在其拥有的创新能力与工匠精神。德国工匠精神不仅是德意志民族精神的重要文化表征，更是推动德国制造业持续发展的文化动力。

一、德国制造业的历史与现状

在大机器时代，由于技术的不成熟与工匠技艺的落后，德国制造业整体处于世界制造行业的落后梯队。经过数年来对社会制度、教育制度的改革，德国制造业经历了翻天覆地的变革，从此德国不仅是诗人、思想家和作曲家的国度，更盛产科学家、工程师和技师，并以其登峰造极的制造业，尤其是机械和汽车制造业而享誉世界。

1. 靠山寨起家的德国制造业

“德国制造”并非天生高贵，德国开启工业革命时间较英法等国晚了将近70年，直到19世纪30年代才正式启动工业革命序幕。1871年统一后，德国国内百废待兴，世界市场也基本被瓜分完毕。1876年，参加美国费城世界商品博览会的德国展品被贬为粗制滥造品。由于缺乏先天技术与人才积累，德国最初在制造业上乏善可陈，只能采取偷师、模仿英法制造业的方式。然而，德国工业界出现了大面积的严重违背商业道德的现象：通过剽窃、伪造商标等方式，将德国制造的产品贴上“英国制造”的标签。更有甚者，德国企业界派出商业间谍到英国以“学习旅行”的方式，大肆剽窃英国的顶尖技术，然后迅速转向国内，利用廉价劳动力与原料的优势抢占英国的市场份额。德国的这些行径给其制造业造成了极坏的国际影响，德国产品已然成了廉价、劣质、低附加值的代号，随之而来的是遭到他国的抵制。1887年，英国议会甚至针对德国修改商标法，规定所有从德国进口产品均需注明“德国制造”字样，以此区分劣质德国货和优质英国货[1]。彼时，“德国制造”犹如烙在德国人脸上屈辱的“红字”，从此迫使其奋发图强，打响了一场为质量而斗争的百年战役。

2. 制造品牌和百年老店数量世界领先

从1887年开始至今，“德国制造”走过了132年的历程，诞生了2300多个世界名牌，在这期间，德国工匠精神起了决定性作用。根据国际品牌咨询公司Interbrand发布的2017年全球最具价值品牌100强排行榜，德国的梅赛德斯-奔驰、宝马、思爱普等10个品牌位列其中，且品牌数量居第2位。德国专利发明的数量仅次于美国和日本，同时还有500项工业技术在世界上是独一无二的。由于出口产品大多为制作精良的高附加值产品，德国产品很少遭遇反倾销。在全世界3500个中小型隐形冠军企业中，德国拥有1400多个，占全球总数的一半，集中在医疗激光技术、铣齿和磨齿机床、居家日常小商品、户外家具、化工等领域。在机械制造业的31个部门中，德国有17个占据全球领先地位。以营业收入来衡量，德国电力传输工程、材料处理技术、通风技术、机床设备和农用机械等12个部门位居世界第一。世界上超过200年的企业共5586家，德国就拥有837家，占据全球总量的15%，数量位居全球第二[2]。这些优质企业与百年老店秉持着不盲目求快、不浮不怠的宗旨，坚持精益求精、久久为功的信念，穷其一代甚至数代来打造自身品牌，为德国制造业实现由饱受质疑到闻名世界的飞跃作出了重大贡献。

3. 职教文化使工匠精神薪火相传

早在13世纪，德国就形成了“师傅带学徒”的职业教育模式，到了中世纪晚期又确立了“学徒、熟练工、师傅”的匠人分级制度。匠人的民间地位十分超然，在当时的商业重镇纽伦堡，随处可见的街道名称并非政治、文化名人的名字，而是曾深远影响过当地人生活的匠人的名字。中世纪晚期，德国引入“学徒、熟练工、师傅”匠人分级制度，规定匠人须考取专业资格证或申请专利才能获得从业资格，将工匠制度以成文条例确定下来。十七八世纪，德国产生资本主义萌芽，手工业极为繁荣。此时，成为匠人须经历三个阶段：一是跟着师傅当学徒，二是学徒期满后外出游学，三是自行为师带徒弟。如今，大家熟知的舒马赫、施耐德、施密特等德国姓氏，原意即为鞋匠、裁缝和铁匠[3]。此外，德国人也完美沿袭了匠人“自己动手、丰衣足食”的良好品质。几乎每个德国家庭都备有齐全的工具，从各种型号的改锥、电钻，甚至到简单的机床设备不一而足。“千工易遇、一匠难求”，高素质的工匠是德国制造业发展之本，高质量的职教体系成就了德国传承至今的现代化工匠精神。当然，任何文化都是在特定的社会土壤中得以产生和延续的，良好的社会环境和氛围促进了德国工匠精神的形成。一方面，就职业威望来看，德国工匠具有较高的社会地位。德国素来有注重技能、崇尚手工制作与生产、尊重职业平等的文化传统。技术工人在提高经济竞争力、促进国家发展等方面具有重要作用，在社会上能得到与教授、工程师、医生等其他职业相同的甚至更高的声誉与尊重。同样，德国工匠自身也对从事本职业充满了认同感、荣誉感和自豪感，并自觉履行职责。值得一提的是，在德国，产品质量与技工的职业声誉息息相关。如果一个技工因产品质量问题而被解雇，将很难在行业内再次就业。另一方面，就薪资来说，德国工匠一般拥有体面的收入，随着技术水平的提高，一些高级工或熟练工的薪资甚至高于部分高收入职业从业者。

二、工匠精神背后的文化传统

早在中世纪，德国就有了“工匠”这一职业，特指技艺高超的手工业者，被称为“师傅”（Master）。受基督教思想的影响，这些手工业者视自己的职业为上帝授予的天职。他们对自己的产品高度关注，奉献终生，以追求完美。为了适应市场环境的变化，德意志民族文化不断演进，涌现出正式的制度（法律、组织章程等）与非正式的制度（行为规范、道德、习俗等）有机结合的独特规则体系，这对稳定人们的行为预期、达成道德共识发挥了重要作用。

1. 文化要素：“理性、求真”的核心文化

世界制造强国的历史文化传统中，哲学思维、民族性格及宗教信仰等因素都影响着物质生产活动，并促进了工匠精神的形成。提到“德国制造”，人们便会想到：优质精密、结实耐用、安全可靠。成就德国强大制造业的文化核心在于专注精神、精确主义、完美主义、秩序主义和厚实精神等，这些文化要素经过哲学思想的百年浸润，与德意志民族的整体精神文化紧密相连[4]。在哲学思维的影响下，“求真”的意识，“严谨”与“理性”的思维，“天职”的观念，已然成为德意志民族的群体品质，逐渐凝聚为工匠精神，并注入德国的制造业发展之中，成为“德国制造”的根基，为形成精益求精、专注坚守和传承创新的工匠精神提供了文化动力。德国工匠精神不仅体现在员工的工作态度上，在人们的日常生活中也表现得淋漓尽致，逐渐内化为德国人的品性。无论是百年前的教堂大钟、建筑、地下排水系统、酿酒设备与家用产品，还是今天的奔驰、宝马等，都是德国文化在物质层面的外显，而隐含其后的则是“德国制造”独特的精神文化。

2. 法律与信用体系是根基

受罗马成文法的影响，德国力求通过制定法典式和系统化的法律，来确保其被严格遵守与执行。这不仅得益于人们对法律的敬畏，还与德国庞大而可靠的信用体系有关。德国信用保障机构名为 SCHUFA，于 1927 年在柏林成立，截至 2017 年底，其数据库里拥有 6620 万自然人以及 150 万法人的信用记录，也就是

说德国全国 3/4 人口的信用都有据可查[5]。透明公开的信息查询系统为个人和企业提供了双向的信誉保障，商家和潜在合作伙伴可以随时在网上或者打电话查询对方信用数据，以筛选合作者。贷款、签订合同等都要看信用，因此信用保障低的企业很难在市场上存活。信誉体系的双向约束力形成了一条强劲的“信任链”，这种“信用关系”使得商家只有通过诚信经营，避免登上信用系统的黑名单，才能赢得更多客户的青睐。日益完善且被严格执行的法律制度与信用体系，使企业不敢轻易作假，且大都建立了公司诚信条款，并要求所有员工严格遵守，从而奠定了德国诚信社会的基石。

3. 制度是德国社会诚信建设的保障

德国的社会文化有着深刻的历史渊源，除基督教文化所倡导的伦理原则外，古希腊罗马文化和日耳曼民族文化都对德国社会文化的形成产生过重要影响，因此规则意识和契约观念等也是其核心因素。按照古罗马历史学家塔西陀（Tacitus）的记载，德国人在日耳曼民族形成初期就具有浓厚的规则意识，在德国文化中得到加强并延续至今[6]。在德国社会，违背社会规则的人，大多会招致周围人的谴责，潜在的规范压力会促使其改正行为，使之符合规则要求。从制度的制定到执行，德国都有着严格规定；社会也通过一系列相关制度约束与规范人们的行为，告诫人们要坚持诚信原则。这种诚信制度建设同样渗透到德国的日常生活中，比如公共交通方面，自觉购买车票，乘客不需要检票便可以自由乘车。而这种完备的信用制度背后体现出的是德国文化中的规则意识，它是德国社会诚信建设的基石。

4. 标准主义的塑造作用

早在 1907 年，德国就在穆特西乌斯等人的倡议下建立了标准化的组织——德意志制造联盟。1917 年，德国标准化学会（DIN）的成立标志着其国家级标准化的权威组织正式建立。在此基础上，德国又制定了一系列严格的管理规定和行业标准，完善了以 DIN 为核心的生产标准化运作体系，这不仅规范了德国的标准化生产，而且把对产品质量的追求放在了生产的核心位置，从而在制度层面保障了工匠精神的传承[7]。德国人“理性严谨”的民族性格，也演化出其生活与工作中的“标准主义”；对于标准的追求和坚守，必然导致对于精确的追求；而对于精确的追求，又反过来会提高标准的精度。标准主义在德国企业的具体表现，首先是“标准为先”。德国人是一个离开标准寸步难行的民族，这种标准化性格也被带入制造业中。即在制造产品之前，先定标准，并完善各个环节和零部件的标准，为实现“零缺陷”目标打下基础。其次是“标准为尊”。今天我们经常接触的标准大多来自德国。在德国制造中，“标准就是法律”，尊重标准、遵守标准，就像戴安全帽和遵守红绿灯一样自然。标准为尊在行业标准和质量认证体系中体现得尤为明显，全球 2/3 的国际机械制造标准来自“德国标准化学会标准”，自 1918 年起，其制定的 3.3 万个行业标准中 80%以上为欧洲各国所采纳，这是“德国制造”的基础，也是世界工业标准化的标杆[8]。在行业标准的基础上，德国又建立起质量管理认证机制，对企业生产流程、产品规格、成品质量等逐一审核，严守秩序，确保产品的可靠性和安全性，对消费者负责。这种秩序在制造业中的体现就是：整理、整顿、规则、规章、秩序、顺序、纪律、安宁；其空间表现则是物品放置的条理性，而且用目视化管理并标示清晰，因此德国企业无须推行 5S 管理（整理、整顿、清扫、清理、素质），一切都在自觉之中。

三、德国工匠精神的形成机理

工匠精神的延续性发展与德国重视工匠精神的传承及其在政策、制度、教育等层面的充分保障是密不可分的。德国工匠精神的形成是在内外因素共同作用下的复杂过程。从其本身的基本内涵来看，长期积累的技艺经验是技术升级的前提，而质量文化意识的提高是促进德国工匠精神形成的内因。在客观上，良好的经济环境、行业的精确定位细分、鲜明的产业导向等因素又加速了这一进程的推进。

1. 德国制造实现自我超越的核心：严谨的工匠精神

德国工匠精神历经了数百年的培育与积淀，即使在机械复制时代也从未断流枯竭，反而静水流深。工匠之所以具有“职人气质”，是因为德国工匠精神植根于深厚的社会文化传统之中。德国工匠，于职业，有着热衷的情怀；于产品，有着止于至善的追求。他们兢兢业业、苦心钻研，力图实现产品质量“从99%到99.99%”的完美跨越，德式认真比起日式认真更甚，这是德国人融入骨髓的性格特征，其背后蕴含着更深刻的美学情怀[9]。德国讲求“匠心”，而非“匠气”，不是因循守旧，而是“苟日新、日日新、又日新”的创新。同时，德国还针对出口产品建立事前管理、事中监控、事后处理程序，完善的管理体制使得企业能够及时解决遇到的产品问题。在无比严格的质控下，德国从生产机械、化工、电器设备，到厨房用品、体育用具，乃至一支圆珠笔都秉持着“但求最好，不怕最贵”原则，严选材料、严格工序、严格检验，每一个成品都是世界上过硬的产品。

2. 产业导向的教育和培训制度是工匠精神蓬勃发展的重要基础

制造业领域工匠精神的形成，离不开生产技术这一物质基础，而生产技术的发展又离不开职业教育对制造业人才的培养。1871年德国统一后，小学、中学、工商学校、技术学校和综合性大学的完整教育体系得以很快建立，到1890年时文盲率已经下降到1%以下。而德国的技术人才培训体系为制造业发展提供了重要支撑。在1969年德国制定了《职业技术培训法》，规定青年人必须参加技术培训，企业有义务为青年工人提供技术培训岗位。这使得很多有益的经验得以有效保留，也使职业意识和敬业精神得以传承[10]。“德国制造”在全球竞争中能够保持长盛不衰的原因主要有：一是建设应用科学大学与工业大学，专注于工科和理科专业；二是开展双元制职业教育。德国“双元制”职业培训体制是一种由国家立法支持，学校与企业合作共建的职业培训体制。中学毕业后的年轻人中的一半可以选择国家认可的350种职业培训课程中某一种进行学习，约2/3的年轻人曾参加过培训并获相应证书，从而获得专业技术认可、开启职业生涯，成为德制造业强有力的前沿军和后备力量。三是善待员工。德国政府和企业非常重视员工的幸福指数，认为企业员工满意度、产品质量与技工的职业技能掌握程度同等重要，是影响其制造业发展水准的关键因素。Stepstone公司2017年的德国工资统计报告显示，德国工程师是所有工种中收入最高的职业之一，仅次于医生和律师。即使是没有接受过高等教育的技师，其收入也高于全国平均水平；通过对技术的熟练掌握，成为高级技工或是取得工程师文凭后，收入还将显著增加。在学徒管理方面，德国通过制定全国统一标准和企业培训指导计划来加强监管，以提高学徒的培养质量。同时，学生在正式上岗之前也要接受不低于三年的学徒训练，且要通过严格的考核才能获得相应的职业培训资格证书。这充分调动了学生们工作学习的积极性，为培养其刻苦务实的工作作风打下了基础。

3. 行业体系精准定位，纵向深耕

高度细分的行业使得企业能够保持其自身竞争优势。德国企业尤其是隐形冠军企业，扎根单一细分行业深耕，有限的目标使得企业精力能够聚焦，从而生产的优质产品为顾客满意提供了坚实的保障，使其产品远销全球。这些细分领域的企业保证了德国制造的基础生产，被誉为德国经济发展的“稳定剂”。精准的行业定位，长期致力于细分行业的纵向深耕，使得企业能够在固定领域持续发力，一方面逐步积累行业经验，使得竞争对手很难在短期追平；另一方面在客户关系上的长期经营，使得企业能够提供可靠的质量以维护他们的关系，而且企业30%以上的员工跟客户有着非常频繁的接触，使拥有较强的客户黏性。当然，客户关系的维护不仅基于双方感性的情感基础，更在于企业经济理性的选择，即能否让客户对自己的

产品形成依赖感，这样的依赖感是产品的不可替代性所决定的，而这一点正是德国中小企业的优势所在。赫尔曼·西蒙的《隐形冠军：未来全球化的先锋》显示，75%的隐形冠军企业认为客户很难从市场买到替代他们的产品。在短期技术领先市场水平的情况下，企业的理性选择是在帮助顾客的同时获得竞争优势，进一步巩固自己产品的独特性，从而能够和客户维持长期稳定的互利关系[11]。

4. 德国工匠精神在行业协会中得到滋养

德国向来重视产业、企业集群，这既有利于形成竞争态势，激发最佳效能，也有利于增强行业内沟通与协作，加速新技术的迅速传播与应用，这也是行业协会得以成立的背景。行业协会具有高度的统一性和自治性，其职能有三：其一，向政府、议会、媒体和公众表明业界利益与立场，参与政府有关质量政策的立法实践，同时向企业提供创业、法律、技术等咨询，开展行业现状普查，及时为企业发展提供解决之道。其二，监督企业经营的合法性，审核企业合同，跟踪调查企业的质量信用状况，对存在的隐患及时警告，对问题严重的实施处罚。其三，设立专门的职业培训和进修机构，配合政府为企业输送优秀的生产一线员工。此外，一些行会还在海外设立常驻机构，为本国企业“走出去”保驾护航。在传统制造业转型升级中，德国联邦政府、州政府和乡镇政府都发挥了积极作用，如提供产业政策引导、为创新活动提供资金支持、加强各方沟通交流等。除此之外，非政府组织在传统制造业转型升级中也有突出表现。全德30多万个行业协会和联合会等社团组织，将触角深入社会的各个角落，使信息得到完整和及时的传播，为数众多、覆盖面广泛的行业组织与成千上万个企业进行着密切联系，并开展实际工作。例如，德国工业联合会，下设35个全国性的成员协会，其下有153个州与镇代表处以及344个专业协会，联系着8万多家企业。这些非政府组织帮助企业拓展国内外市场、筹措企业发展资金、发布政府和市场信息为企业提供技术和人员培训等相关服务，并对企业经济行为进行监督。另外，社会组织还长期在企业和政府之间起到纽带作用，使得政府对一些发展困难地区实行税收优惠和财政补贴制度，很好地解决了德国老工业区资金、技术不足的问题。

四、德国制造业经验对我国制造业发展的借鉴和启示

中国文化源远流长，从来不缺乏对于品质的孜孜追求，能够看到多远的历史，便能看到多远的未来，中国制造业的未来发展动力一定是内生驱动的。发展我国的制造业，应多研究世界制造业强国尤其是德国的先进经验，并结合我国的实际情况制定出相应的发展战略，走出属于自己的中国特色道路。通过上述对德国制造业发展战略的分析，本文对我国制造业的发展提出如下建议：

1. 从传统文化中汲取营养

中国自古就不缺乏工匠精神，历史上出现了很多具有工匠精神的匠人典范，如木匠祖师鲁班、发明了地动仪的张衡、发明木牛流马的诸葛亮、铸造青铜名剑的欧冶子等。“工匠”一词，在中国古代被称为“百工”，指代各行业的工匠群体，有官匠和民匠之分。《增广贤文》中写道“良田百顷，不如薄艺在身”，这充分反映了中国人对于技艺的传统观念。无论是官匠还是民匠，都要恪守职业道德要求，在技艺方面追求精益求精，像中国古代的染坊、豆腐坊、酱坊等都留下了工匠精神的深刻印记。中国制造业的工匠精神必须立足于自己的工匠文化，并汲取世界一切工匠精神的有益成分，建立一个立体化的工匠精神体系。一是《庄子》适合中国制造业中追求“道”的工匠。《庄子》中的众多工匠人物，正是追求了至高无上的“道”。二是佛家适合崇信佛法的制造业居士工匠。佛法智慧超绝，拥有庞大的理论体系与修正体系，中国工匠可通过自我修正，体会“四禅八定”之无边佛法，在顶礼膜拜中得到心灵慰藉，由传统佛

法进行创造性转化，将佛家文化运用于当代中国制造业中，形成独具魅力的中国工匠精神。三是儒学适合信奉唯物主义的大众工匠。作为原始儒学的《论语》属于入世之学，忠于职守、兢兢业业的典故比比皆是，适合教育初级工匠；《大学》《孟子》与《中庸》适合培育高级工匠，由浅入深，凝聚中国工匠精神。四是尊重不同信仰，求同存异。基督教徒、穆斯林占有一定比例的制造业及从业者，宜比照德国制造业的经验，关照我国制造业员工现实，由文化映射制度建设，从《圣经》《古兰经》中挖掘工匠精神，其作用必然立竿见影[12]。

2. 学习德国文化与提高企业管理水平结合起来

文化是管理的升华，且是最高境界的管理。要通过塑造优秀的企业文化来提高员工素质，增强员工的理性与严谨，改变部分员工不守时、不认真、不精确的陈陋旧习，使其在认真做事中改善和提高自己。我们的企业员工应该学习德国制造的厚实品质，做事尽善尽美，弘扬工匠精神，在专业领域中脚踏实地、精益求精。这将使得企业、消费者与社会的利益达到一致，并将消费者利益始终放在第一位，做到货真价实、互利共赢。企业在管理创新的过程中，应多学习德国文化的精髓，尤其是德国制造业的标准主义，将标准当做法律来对待，崇尚标准、尊重标准、按标准做。有条件的企业还要积极创造条件、主动贯彻标准，争取早日通过行业、国家乃至世界有关管理体系认证，甚至还要争取牵头和参与标准的制定，以争取更多的定价权和主动权。当然，再好的技术，再完美的规章，在实际操作层面，也无法取代人自身的素质和责任心。要坚持道德约束和质量管理齐头并进，彻底克服与改正标准问题上的主观性、随意性、贪利性；严格执行各项制度和标准，做到一丝不苟，遇到违章，动真格，不徇私，让商品成为客户和消费者的放心产品，让企业真正成为有高度社会责任感的法人。

3. 构建利于工匠精神形成的社会经济环境

我国绝大多数制造企业的管理模式还处于初级阶段，据此可以借鉴马斯洛的人本主义管理理念，即针对工匠的生理需要、安全需要、社交需要、尊重需要、自我实现需要和超我需要，建立多层次的员工关爱机制以孕育中国工匠精神。一是对于基层工匠，要以物质刺激为主，情感关爱为辅，满足生存需要；二是对于中高层工匠，要着重满足他们的安全需要、尊重需要和自我实现的需要。三是对于顶级工匠，应该借鉴彼得·圣吉的《第五项修炼》，进行愿景管理。德国、日本和美国等世界制造强国工匠精神的彰显得益于良好的社会经济环境，特别是工匠或技术工人有较高的社会地位和工资收入，这有利于企业专注于制造业的技术创新、产品升级和品牌塑造。良好的企业管理制度和企业融资环境，都为工匠精神的生成提供了有利的外部条件。我们要借鉴德国工匠精神的培育和传承经验，不单是从精神文化层面鼓励和提倡工匠精神，更要从制度层面入手，为坚守和传承工匠精神的匠人与企业提供保障。其中最重要的是通过市场监管法规的完善和严格执行，让工匠精神在公平竞争的市场环境下发挥出其应有的文化价值和市场价值。从工匠或生产技术从业者的角度来说，职业本身的社会收入和社会地位，是其从事工匠生涯的驱动力量。从企业发展的角度来说，外部经济环境，特别是适宜制造业发展的经济体制，是制造业企业专注于技术创新和产品升级的先决条件。培育和弘扬工匠精神，要完善我国有利于制造业发展的经济体制，在发挥市场对资源配置的决定性作用的同时，更好地发挥政府的作用。

4. 改革奠定工匠精神技术基础的职业教育制度

我们要积极促进当下职业学校与企业进行需求对接，通过政策性扶持手段加大对现有教材内容的更新，并给予相关对接企业优待，促进双元制职业教育的落地生根。相比于传统手工业时代的学徒制，现代学校职业教育普遍实行“理论化”的培养方式，使技能教育存在脱离生产实践的潜在可能，导致人才培养与市场需求难以有效对接。因此还要加快职业教育的优化升级，为做强中国制造业提供技术人才支撑。首先，要做好技能人才培养专业结构的优化升级。应未来中国制造业升级和经济转型的要求，我国需要前瞻性地布局和发展相关技能专业的职业教育，构建起与中国制造业升级版相适应的技能人才培养专业结构。其次，要做好技能人才培养模式的优化升级。吸收和借鉴德国等职业教育发达国家的先进模式和经验，建立和完善以企业为主体、职业院校为基础、校企合作为主要模式的技能人才培养模式。最后，要做好技能人才培养质量的优化升级。我国职业教育的发展要以提高人才培养质量为核心，构建起以“厚基础、精专业、强能力”为内涵的技能人才质量培养模式，建立和健全技能人才的考核和认证体系。

总之，我国已发展为制造业体量第一与经济体量第二的大国，经济的发展已步入一个挑战和机遇并存的新阶段。“制造强国”既是我国一项系统工程，又是我国国家发展的重要战略。因此，我国有必要对德国制造业发展模式进行深入研究，并对其有益经验进行合理借鉴，以此来加速我国制造业从“中国制造”转变为“中国智造”，在第四次工业革命中实现弯道超车。

◎ 参考文献

[1] 李晓萍，李平．创新驱动战略中市场作用与政府作为：德国经验及其对我国的启示［J］．产经评论，2017，6（6）：5-12.

[2] 张航燕，江飞涛．德国制造业发展及对我国的启示［J］．中国经贸导刊，2017，23（16）：64-67.

[3] 潘建红，杨利利．德国工匠精神的历史形成与传承［J］．自然辩证法通讯，2018，40（12）：101-107.

[4] 杨萌．职业教育培育工匠精神的研究现状与反思［J］．教育科学论坛，2017，39（12）：25-29.

[5] 杨子舟，杨凯．工匠精神的当代意蕴与培育策略［J］．教育探索，2017，28（3）：40-44.

[6] 曹靖．我国“工匠精神”培育研究的回顾、反思与展望［J］．职业技术教育，2017，38（34）：20-26.

[7] 李云飞．德国工匠精神的历史溯源与形成机制［J］．中国职业技术教育，2017，27（7）：33-39.

[8] 井文．历史溯源与形成机制：德日工匠精神比较研究［J］．机械职业教育，2018，41（9）：1-4.

[9] 王莉．德国工业4.0对《中国制造2025》的创新驱动研究［J］．科学管理研究2017，35（5）：100-103.

[10] 马永伟．工匠精神培育与传承的国际经验与启示［J］．南昌大学学报（社科版），2018，49（1）：109-116.

[11] 杨佩昌．德国制造：为实际需求而创新［J］．企业管理，2017（5）：33-34.

[12] 王景华．中国传统文化中的真理观念探析［J］．甘肃理论学刊，2017，36（5）：87-91.

·教育调查·

综合性大学医学毕业生质量调查与分析

曾德军[1] 宋 娟[1] 万慧慧[2] 胡江华[2] 熊 瑛[1*]

（1. 武汉大学 医学部，湖北 武汉 430072；2. 武汉大学 教育科学研究院，湖北 武汉 430072）

摘 要：目的：对武汉大学医学毕业生临床岗位胜任力情况进行调查和分析。方法：根据中国临床医生岗位胜任力模型，设计相应指标，通过问卷调查、专家访谈、毕业生座谈会等形式调查医学毕业生质量。结果：医学毕业生在核心价值观、职业素养、工作态度、医学基础知识、临床医疗技能与思维等方面表现突出，在科研创新能力、领导能力及外语能力等方面有较大提升空间。结论：学校应结合国家医疗卫生事业发展需求和医学教育改革新要求，全面实施医学腾飞计划，继续深化医学教育改革，不断提高人才培养质量。

关键词：医学生；毕业生质量；调查研究；岗位胜任力

Quality Survey and Analysis of Medical Graduates from Wuhan Universities

Zeng Dejun[1], Song Juan[1], Wan Huihui[2], Hu Jianghua[2], Xiong Ying[1]

(1. School of Medicine, Wuhan University, Wuhan, Hubei, 430072;

2. Research Institute of Education Science, Wuhan University, Wuhan, Hubei, 430072)

Abstract: Objective: To investigate and analyze the clinical competence of medical graduates in a comprehensive university. Methods: According to the Chinese clinical doctors post competency model, design the corresponding indicators, and investigate the quality of medical graduates through questionnaires, interviews with experts and graduate seminars. Results: Medical graduates were outstanding in core values, professional quality, working attitude, basic medical knowledge, clinical medical skills and thinking, and had great room for improvement in scientific research innovation ability, leadership ability and foreign language ability. Conclusion: Schools should take into account the development needs of national medical and the new requirements of medical education reform, fully implement the medical take-off plan, continue to deepen the medical education reform, and constantly improve the quality of personnel training.

Key words: Medical students; Quality of graduates; Investigation and study; Post competency

---

收稿日期：2019-03-29

基金项目：武汉大学教学研究项目（2017JG063）“医学毕业生质量调查与评价研究”。

作者简介：曾德军（1972— ），男，湖北京山人，硕士，五级职员，主要从事高等医学教育及管理研究。宋娟（1983— ），女，重庆万州人，硕士，七级职员，主要从事学生管理及医学教育研究。万慧慧（1996— ），女，湖北大悟人，武汉大学教育科学研究院硕士研究生，主要从事医学人文教育研究。胡江华（1995— ），男，河南周口人，武汉大学教育科学研究院硕士研究生，主要从事医学教育管理研究。熊瑛（1969— ），女，博士，湖北黄冈人，五级职员，副研究员，主要从事大学生思想政治教育和医学管理研究。

* 通讯作者。

建立医学毕业生质量调查制度，定期从毕业生工作环境中收集改进教育质量的反馈信息，这是不断提高医学人才培养质量和水平的基本要求与重要途径。武汉大学2015年高质量通过了临床医学专业认证，毕业生质量受到认证专家及社会的高度肯定，同时也反映出一些不足与问题。为进一步全面准确地了解武汉大学医学生毕业后的工作学习和发展等情况，收集用人单位、校友和专家对教育教学工作的意见和建议，武汉大学医学部通过问卷调查、走访用人单位、访谈专家、召开校友座谈会等形式开展了医学毕业生质量调查，以期为深化医学教育改革，提高医学人才培养质量提供更多参考与依据。

一、对象与方法

1. 调查对象

调查选取了武汉大学医学毕业生相对集中的城市，包括省外5个，省内3个，共走访用人单位24家，访谈专家76人次，访谈座谈校友93人次。网上问卷调查共收到毕业生和用人单位填写的有效数据677条。

2. 问卷调查

参照《中国临床医生岗位胜任力模型构建与应用》中提出的中国临床医师岗位胜任力通用标准，设计评价指标，编制调查问卷。临床医生岗位胜任力核心指标包括临床技能与医疗服务、疾病预防与健康促进、信息与管理能力、医学知识与终身学习能力、人际沟通能力、团队合作能力、科学与创新能力、核心价值观与职业素养等8个方面，每个指标设计3个评价项目，共24项。每个评价项目采取5分制计分办法，满分为5分，由毕业生或专家进行打分。

问卷针对毕业生，设计了对学校师资队伍、培养方案、课程资源、教学管理与服务、学生管理与服务、教学设施、后勤服务、奖助贷补勤、校园文化建设等9个方面的评价，评分方法同上。

问卷还以开放问题的形式收集了毕业生、校外专家对学校人才培养、学科科研、管理服务等各方面的意见与建议。

3. 专家访谈和毕业生座谈

专家访谈主要是一对一深度访谈，毕业生座谈是集体访谈。两种访谈都是围绕毕业生质量评价、教学改革意见建议等进行。针对访谈记录文字，进行编码归类处理，统计出所反映问题的集中度和重要性。

二、问卷调查结果

1. 问卷调查数据（见表1）

表1　　调查访谈人员样本数据

身份	数量	比例
毕业生本人	515	76%
用人单位或专家	162	24%
回答次数总计	677	100%

2. 毕业生评价项目得分情况（见图 1）

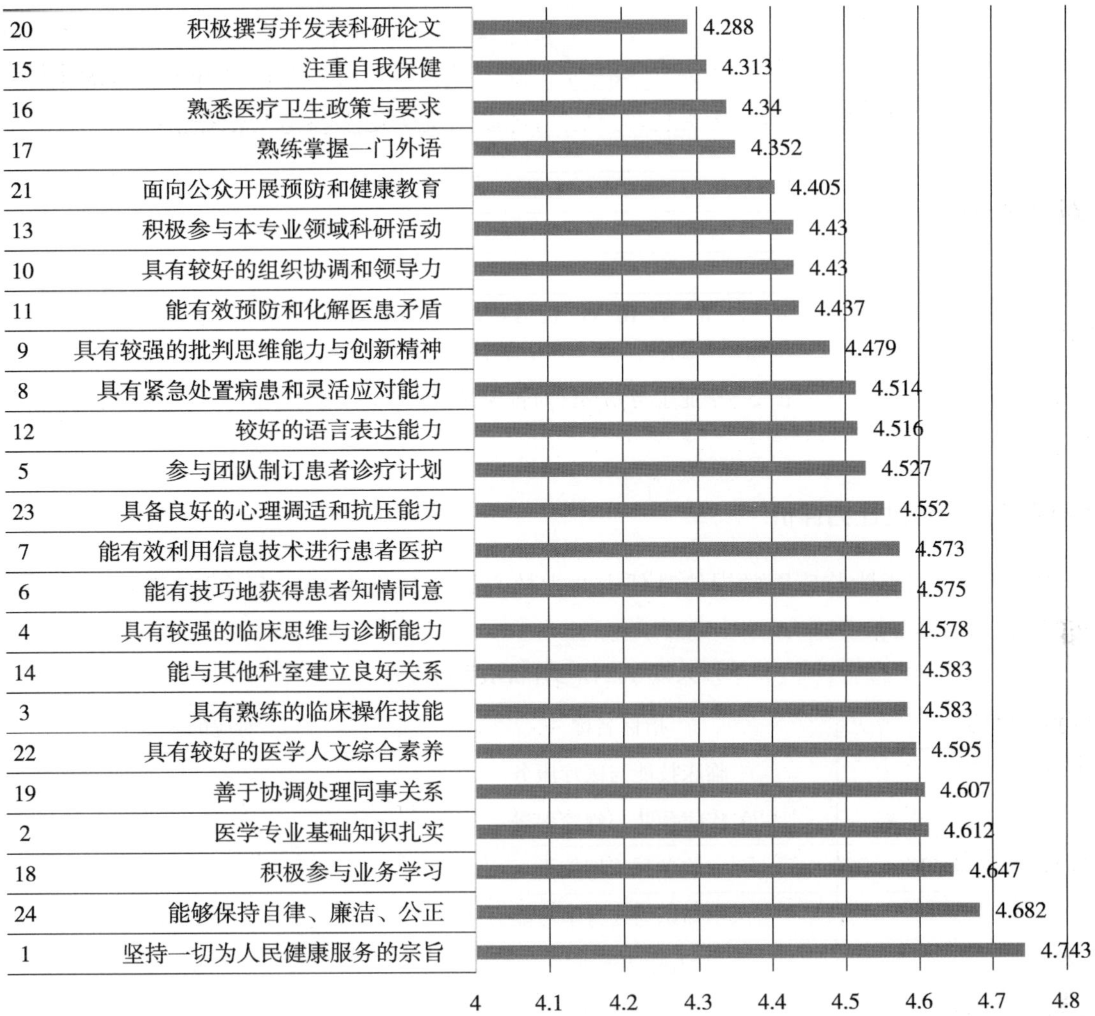

图 1　毕业生评价项目得分情况

整体评价中 24 个项目评价得分最高的 5 项依次为：坚持一切为人民健康服务的宗旨；能够保持自律、廉洁、公正；积极参与业务学习；医学专业基础知识扎实；善于协调处理同事关系。评价得分最低的 5 项依次是：积极撰写并发表科研论文；注重自我保健；熟悉医疗卫生政策与要求；熟练掌握一门外语；面向公众开展预防与健康教育。

进一步分别统计毕业生和专家对 24 个项目评价的差别后发现：有 9 个项目的评价，毕业生的评价分高于专家对该项目的评分；其余 15 个项目，毕业生的评价分低于专家对该项目的评分（见图 2）。这表明社会对我校医学生的评价高于毕业生本人的评价预期。

在两者评分差距较大的项目中，有 5 项值得关注。关于“积极撰写并发表科研论文、熟练掌握一门外语”，专家评价明显高于毕业生。这或许表明这 2 项虽然是毕业生整体表现最差的，但毕业生在这方面的能力表现已高于社会的期望，或者与同行相比具有一定的比较优势。而关于“具有紧急处置病患和灵活应对能力、能有技巧地获得患者知情同意、能有效预防和化解医患矛盾”，毕业生的评价明显高于专家，这或许说明毕业生在复杂的医患问题方面显得过于自信。

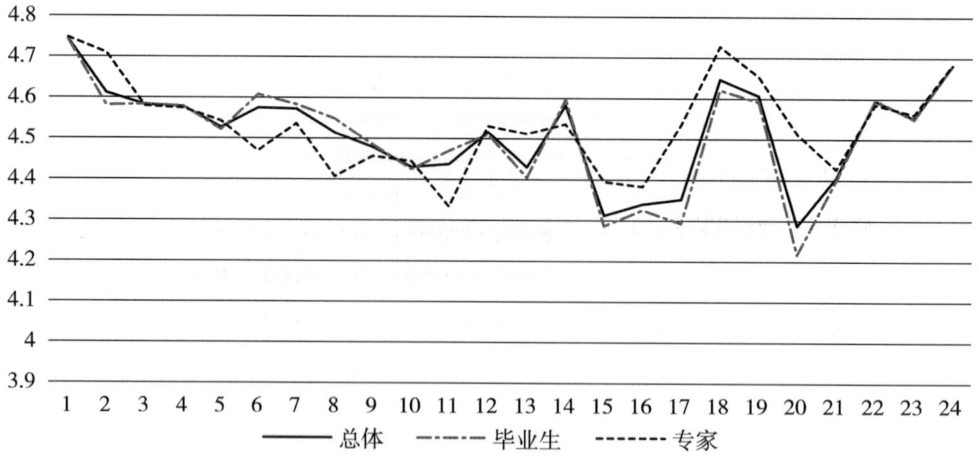

图 2 毕业生与专家针对各项指标的评分差异

3. 毕业生临床岗位胜任力评价

将 24 项评价项目归类为临床医师岗位胜任力 8 大核心指标（见表 2），每个指标得分见图 3。

表 2 八大核心指标与评价项目对应表

指标序号	指标名称	对应的评价项目编号
1	临床技能与医疗服务	3、4、8
2	疾病预防与健康促进	15、16、21
3	信息与管理能力	7、10、17
4	医学知识与终身学习能力	2、18、22
5	人际沟通能力	6、11、12
6	团队合作能力	5、14、19
7	科学与创新能力	9、12、20
8	核心价值观与职业素养	1、23、24

对 8 项核心指标的评价，毕业生和专家的评价存在一定差异（见图 4）。关于指标 1 临床技能与医疗服务和指标 5 人际沟通能力，毕业生评分高于专家评分；关于其他 6 项指标，专家评分高于毕业生评分，评分差异最大的是指标 7 科研与创新能力。

三、专家访谈和毕业生座谈分析

根据临床医生岗位胜任力 8 大核心指标，将专家访谈和毕业生座谈中对医学毕业生评价比较集中的意见进行简要归纳汇总。

1. 核心价值观与职业素养

无论是早年毕业的，还是近年毕业的学生，都得到大家的普遍认可。毕业生给人的感觉是非常踏实，

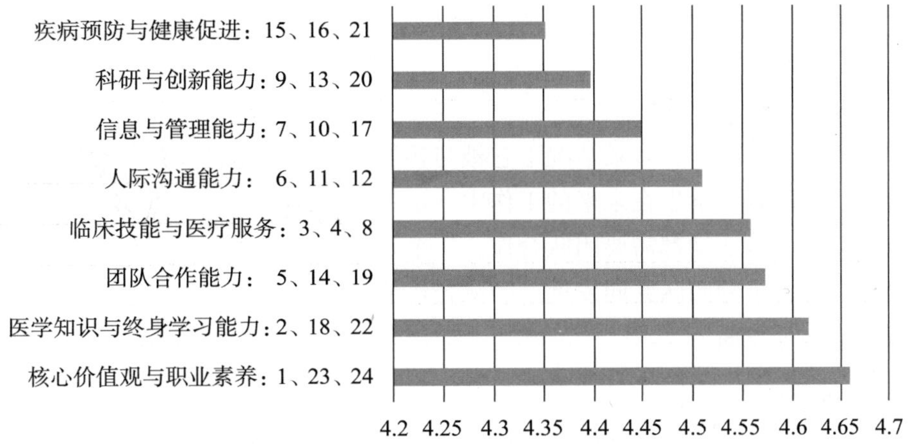

图 3　毕业生临床岗位胜任力评价得分

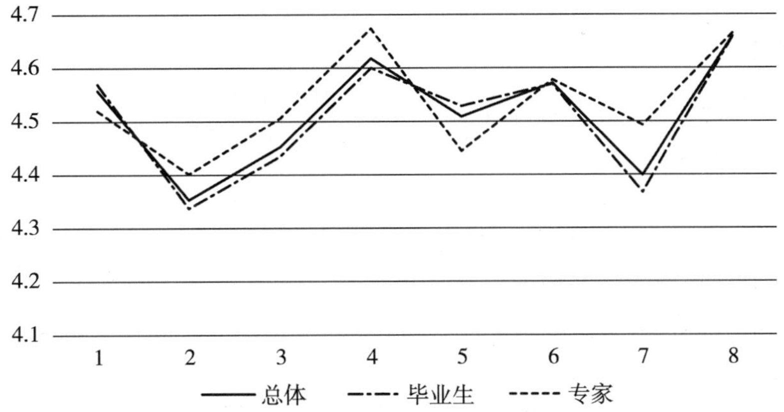

图 4　毕业生与专家针对岗位胜任力的评分差异

身体素质、心理素质、综合素质都非常高，在爱心和医德方面都比较优秀。这些都得益于学校的培养，得益于武汉大学文化的传承。同时，受访专家和毕业生也反映了一些问题。有些问题并不一定是针对武汉大学医学毕业生，但具有一定的普遍性，值得我们注意。主要集中在“奉献精神、吃苦耐劳精神、钻研疑难问题、树立远大志向等”方面。一些刚参加工作的年轻医生，受不了临床工作的强度，对临床没有一个正确的期待，缺少奉献精神，负面情绪比较大，甚至不知道自己努力的方向是什么。这要求我们在培养医学生的过程中，不仅关注专业知识，还要加强思想道德教育，培养他们远大的志向，让他们真正理解做一个好医生的重大意义。

2. 医学知识与终身学习能力

武汉大学医学毕业生在这个方面也得到高度认可。专业知识比较扎实，做事态度比较认真。不管硕士还是博士，学生教育最关键的还是在基础。如果基础打好了上手会很快，临床手术只要用心去练，技能很快就会练出来。如果基础没打好，即使把手术做会了，可能还是会出问题。有一些博士，由于基础教育阶段受到影响，遇到关键问题的时候，处理能力就有较弱。

特别突出的还有人文教育。医学既是科学，又包含人文与艺术，面对人的生命与健康，必须有很深的人文素养才行。很多学生选修了人文方面的课程，比如文学、艺术、法律、经济、管理等，这使他们得到了一种综合性的培养，这是武汉大学这类综合性大学对医学生培养的独特优势，这种人文优势对于学生后续发展具有非常重要的影响。

3. 团队合作能力

关于团队合作能力方面的评价，多数情况下它被与领导能力放在一起。有专家认为，医学生不能只是把专业学好，综合素质发展好的学生在未来的工作中一定走在前面。在团队建设上，还应该特别注重对年轻人的培养，临床工作和学术活动都需要团队合作，一个好的医生，不仅自己是业务上的佼佼者，还应该具备团队合作与领导能力，带领团队共同发展。团队合作能力不只是表现在专业领域，有时也体现在交际能力、自我表现及自信心等方面。

4. 临床技能与医疗服务

总体而言，毕业生对临床工作基本上能够胜任，有很多优秀学生代表，工作能力业务能力非常强，动手能力也可以，临床知识比较广。但也有一些问题：对于八年制学生，非常明显的就是临床这方面的能力要差一点。八年制的学生有更多的科研任务，造成在临床基本技能方面有所欠缺。目前很多单位引进的人才是重科研，但个别科研做得比较好的手术不能胜任。七年制学生，大家都给予很高评价，特别是临床能力方面。由于七年制没有写论文的要求，也不存在考研，所以扎扎实实在做临床，临床上工作能力强一点。而如何培养临床技能与医疗服务能力，专家一致认为要注重基本功的训练。

5. 人际沟通能力

人际沟通能力主要体现在与病患的沟通上，这得到近70%的专家认可。毕业生沟通能力很强，不管是和同事的沟通还是和病人的沟通都很不错。还有的讲课非常好，也非常注重临床病例的收集，踏踏实实一步一步的，几年工夫就能独当一面。

也有30%的专家提出了沟通能力的不足，认为一些毕业生缺乏跟别人深层的沟通，应该慢慢培养这种能力。至于原因，有专家认为与学校的氛围有关系，而且这些是可以有意识培养的。有些单位要求每一个人都要发出自己的声音，也就使得所有人都积极参与。

6. 信息与管理能力

信息与管理能力主要涉及领导能力、外语水平和信息技术应用等。总的评价是我们学生大体上还是能够胜任，但领导力还不是特别突出，领导力强的毕业生或者是帅才不是太多。这种自信能力、驾驭整体的能力还要提高。

学生外语能力基本上没问题，但差一点的是医学专业英语，这影响了专业学术交流，专家们建议在培养过程中还要加强医学专业英语。

7. 科研与创新能力

科研与创新能力是大家都比较关注的话题，因为这与现在的职称晋升有很大关系。在不同层次水平的医院医生对科研的压力感受是不一样的。因此，也就造成了对武汉大学医学生科研与创新能力评价的差异性。总体上而言，武汉大学医学毕业生的科研与创新能力没有达到应有水平，与社会预期有一定差距。

只有26.5%的访谈人员认为科研能力比较优秀，学术方面比较强。这些优秀毕业生发表的文章影响因子都比较高，现在也承担了自然科学基金项目。更多的受访人员谈到了科研的短板，认为学校在科研训练课程体系、实验验开放、导师指导、课题参与等方面对学生提供的机会不够，一部分学生错失了在学校打好科研基础的最佳时机。基层医院的科研面临的问题可能更多，科研能力方面医院整体都不强，急需要加强培养。而且医生普遍不太愿意在学术上面钻研，科研上积极性不强，动力不足，安于现在的医疗工作。

8. 疾病预防与健康促进

这方面的意识普遍还没有建立，在网上问卷评分上也是最低分。仅有 2 名受访者谈到自我保健与健康教育，关于社区健康教育、康复回访、慢病管理、卫生政策宣讲等几乎没有涉及。

四、基本结论与建议

对照问卷调查数据和访谈总结发现，两者具有较高的一致性。综合来看，武汉大学医学毕业生整体质量获得较高认可，质量不断提高。问卷调查毕业生评价总体得分达 4.515，处于较高区段，最高 4.743，最低 4.288。毕业生在核心价值观、职业素养、工作态度、团队合作、医学基础知识、临床医疗技能与思维等方面表现突出，得到充分肯定，但在科研创新能力、领导能力及外语能力等方面仍有较大提升空间。被调查者对武汉大学医学教育近 10 年来的巨大进步给予高度肯定，且明显感受到近年来毕业生的竞争力在不断增强。同时，随着武汉大学加快建设一流医学，社会期待医学毕业生能够参与更高层面的竞争，涌现更多拔尖领军人才，也对毕业生质量提出了更高要求。

因此本文建议，学校结合国家医疗卫生事业发展需求和医学教育改革新要求，坚持以“临床岗位胜任力”为导向，深化医学教育改革，不断提高人才培养质量。

1. 坚持以“岗位胜任力”为导向的教育理念

全球医学卫生教育专家委员会《21 世纪医学教育展望报告》提出，第三代教育改革是“以卫生系统为中心，借鉴全球经验，有针对性地确立岗位胜任能力要求，从而改进整个卫生系统的绩效”。因此，医学教育改革应以医疗卫生系统所需的岗位胜任力为目的和标准，培养真正“能胜任以患者和人群健康为中心的卫生系统工作”的医学优秀人才。

本次调查的指标是以中国临床医生岗位胜任力通用模型为基础设计的，反映了当前医疗卫生系统对医学人才的知识、能力与素质要求。8 项胜任力调查指标中，评价得分偏低的是“预防与健康促进、科研与创新能力、信息与管理能力”等方面。这反映了武汉大学医学人才培养还没有完全适应以“生物-心理-社会-环境”为基础的大健康医学模式，医学生知识结构与能力素养方面存在不足。因此，改善人才培养质量，要坚持以“岗位胜任力”为导向的教育理念，在教育模式上加强与卫生系统的信息沟通，建立根据卫生系统所需能力要求调整教学设计的动态机制。在教学方式上积极实现转化式学习，以培养高质量医学卫生人才。更为重要的是，学校医学教育还要站在服务“健康中国”的高度，加快一流医学学科建设，推动医学人才培养向更高层次发展，使之既掌握医学知识与临床技能，也拥有人文关怀和职业素养，更兼具批判性思维，最终成为推动医学教育和卫生系统发展的变革者与领导者。

2. 进一步优化医学课程设置与培养环节

武汉大学医学部从 2008 年与芝加哥大学开展医学教育改革合作以来，在课程整合、小组讨论式教学、形成性评价、师资教学培训等方面取得了明显成绩，临床医学专业也于 2015 年高质量通过了专业认证。但从毕业生质量调查反馈看，还存在诸多急需加强与完善之处。建议在医学课程设置与重点培养环节方面进一步优化。

（1）完善培养方案与课程体系。根据卓越医生培养要求，推进课程体系深度整合，满足医疗卫生事业发展需求，更加强调人文与医学、基础与临床、临床技能与思维、科学方法课程与科研能力训练、临床实践与疾病预防等的整合，注重培养学生职业素养、临床综合能力、自主学习和终身学习能力、疾病预防与健康促进意识等。

（2）大力提高学生科研与创新能力。针对本科生，通过构建分阶段的科研训练课程体系、多层次的大学生科研课题，使所有学生在本科学习阶段都有一次科研经历。针对八年制学生，在科研训练时间上要适当压缩前期基础课上课时间，更早地确定导师，使其参与真实科研课题研究。针对临床型的研究生，需要更好地兼顾临床与科研工作，两者不可偏废。

（3）发挥综合性大学的多学科优势，增强学生人文素养与职业精神。武汉大学的人文底蕴是人才培养的优势。结合目前实际，应建立以通识教育为基础，以医学人文课程为主体，以人文讲座、校园活动、社会实践等为辅助的人文教育体系，着力培养学生“敬畏生命、仁爱厚德”的人文精神，引导学生将预防疾病、解除病痛和维护群众健康权益作为从医的神圣职责。

（4）注重医学生领导能力、管理能力及沟通交流能力的培养。未来医生的核心职能已不限于治疗疾病，还要扮演医疗专家、沟通者、合作者、管理者、健康顾问、学者等多种角色。针对这些要求，医学教育必须进行系统深刻的变革，才能应对社会对医学人才越来越高的要求。建议开设领导力专门课程，有侧重地进行相关能力培养。还可以在专业课程教学、临床实习中融入领导力培养，开发学生领导力潜能。运用 PBL、案例教学、团队模拟等教学方法，增加学生组织协调、表达沟通、决策执行等综合能力。

（5）强化学生公共卫生能力、群体保健知识和技能培养。随着国家医疗卫生服务需求的增加、医学科学的进步和医学模式的转变，学生公共卫生服务能力培养日显重要。在课程计划中，应完善公共卫生与健康课程群的开设，将预防医学课程与临床课程有机结合，使学生树立大健康观，培养学生解决公共卫生事件的能力以及对患者和公众进行有效健康教育的能力。

3. 不断改进教学管理与教学资源保障

从调查结果看，毕业生对师资队伍、课程资源、培养方案方面的评价明显高于教学设施等硬件方面。这与学校不断加强高水平人才引进，提升管理服务水平有很大关系。但要坚持以学生为本，提高人才培养质量，还需要持续改进管理工作。多数毕业生认为学校教学管理还不够严格，特别是临床实习管理，没有达到实习的效果。在优质教学资源建设方面，如国家精品课程建设、临床虚拟仿真实验项目等还远不能满足学生要求。

建议从四个方面加以改进：（1）坚持以学生为本，严格规范教学管理，在课程考试、实习轮转、出科考核等关键环节把好关。同时加强对学生的学习指导、职业规划咨询、心理健康教育等，引导学生成长成才。（2）根据国家卓越医师培养 2.0 计划，加强国家级一流专业、精品课程、临床教学示范中心、实践示范基地、教学案例库等优质资源建设并充分利用现代信息技术，推进“互联网+医学教育”，让更多学生享受到优质医学教育资源。（3）继续加强教师教学能力培训，引导教师将医学领域最新知识、最新技术、最新方法更新到教学内容中，深入推进以学生自主学习为导向的教学方式方法改革，完善以能力为导向的形成性与终结性相结合的评价体系，实现医学教育教学质量的进一步提高。（4）改善教学科研硬件设施，建设美丽校园，为师生提供更好的学习生活工作环境。

◎ 参考文献

[1] 雒保军，等．卓越医生教育与中国医学教育发展的再定向［J］．医学与哲学，2016（7）．

[2] Gerald S Lazarus, Audrey F Jakubowski. 美国人眼中21世纪的中国医学教育[J]. 中华医学杂志, 2001 (15).
[3] 施晓光, 等. 我国新一轮医学教育改革的政策意义、诉求与理念[J]. 中国高等教育, 2018 (15/16).
[4] Frenk J, Chen L, Bhutta Z A, 等. 新世纪医学卫生人才培养: 在相互依存的世界为加强卫生系统而改革医学教育[J]. 世界临床医学, 2011, 5 (4): 286-321.
[5] 冯友梅, 等. 中美合作培养高水平医学人才的思考与实践[J]. 医学教育管理, 2015 (2).

·教育调查·

武汉大学2018年本科通识教育质量报告*

冯惠敏　郭洪瑞　熊　淦

（武汉大学　教育科学研究院，湖北　武汉　430072）

摘　要： 本报告首先对2017—2018学年度武汉大学推进通识教育改革的重要举措及取得的成绩进行了梳理。其次，面向学生与教师同时进行问卷调查，通过进一步的数据分析及纵向对比，总结了武汉大学当前通识教育改革的现状。再次，立足于国际视野，关注美国哈佛大学与康奈尔大学的最新通识教育改革动向，通过横向对比，借鉴、吸收其合理经验。最后，报告基于横向立足国际视野与纵向深化校本研究的逻辑路径提出了进一步推进武汉大学通识教育改革的相关建议。

关键词： 武汉大学　通识教育　质量报告

Quality Report of Undergraduate General Education in Wuhan University in 2018

Feng Huimin, Guo Hongrui, Xiong Gan

(Research Institute of Education Science, Wuhan University, Wuhan, Hubei, 430072)

Abstract: First of all, this report reviews the important initiatives and achievements of Wuhan University in promoting the reform of general education from 2017—2018. Secondly, a questionnaire survey was conducted among teachers and student in this report. Through further data analysis and vertical comparison, the current situation of general education reform in Wuhan University is summarized. Thirdly, based on the international perspective, this report pays attention to the latest general education reform trends of Harvard University and Cornell University in the United States, and learns from their reasonable experience through horizontal comparison. Finally, the report proposes relevant suggestions for further promoting the reform of general education in Wuhan University based on the horizontal path of inter-national perspective and the deepening of school-based research.

Key words: Wuhan university; General education; Quality report

近年来，随着武汉大学通识教育改革的不断深化，其通识教育质量得到了明显的提升。2017—2018学年是武汉大学教学改革不断深化与创新的一年，也是武汉大学通识教育的质量提高年。立足于“双一流”高校建设与高等教育内涵式发展的背景，这一年武汉大学在通识教育改革方面做了大量建设性工作，

收稿日期： 2019-02-26

*　武汉大学教育科学研究院2018年通识教育质量报告课题组负责人：彭宇文（1964—　），男，武汉大学教育科学研究院教授，主要从事高等教育管理研究。

作者简介： 冯惠敏（1965—　），女，武汉大学教育科学研究院教授、博导，从事大学通识教育研究。郭洪瑞（1994—　），男，武汉大学教育科学研究院硕士研究生，从事教育基本理论、课程与教学研究。熊淦（1992—　），男，武汉大学教育科学研究院博士研究生，从事大学通识教育、教育管理研究。

取得了一定的成绩；但同时还存在着一些问题，需要我们认真梳理和总结，以期进一步推进武汉大学通识教育的改革进程，提高人才培养的整体质量。

一、武汉大学 2017—2018 学年推进通识教育改革的重要举措

武汉大学 2017—2018 学年在推行通识教育改革方面做出了巨大的努力，取得了一系列成果，主要体现在通识教育文化建设、通识教育课程建设、通识教育教学改革、通识教育激励机制四个方面。

（一）通识教育文化建设

在通识教育文化建设方面，2017—2018 学年武汉大学开展了以下几项工作。

1. 重塑通识教育理念

2017 年 9 月 28 日，武汉大学首届通识教育研讨会暨武大通识 3.0 开启仪式举行，周叶中副校长在会上指出，能够培养世界一流人才的大学才是一流的大学，大学应以人才培养为核心，以通识教育培养一流人才。本次会议还明确了武汉大学通识教育的十六字理念：“博雅弘毅，文明以止，成人成才，四通六识”；强调以“成人”教育统领“成才”教育，创建具有武大特色的通识教育。自此，武汉大学开启了武大通识 3.0 的新历程，通过贯彻十六字通识教育理念，继续深化通识教育改革。

2. 完善通识课程管理制度

在通识教育“十六字”理念的指引下，武汉大学完善了通识教育课程管理相关制度建设，主要包括：

完善通识课程的申报-遴选制度。在通识教育 3.0 课程体系建设的背景下，武汉大学开展了通识课程建设的申报与遴选工作。此次申报与遴选工作比以往的要求更加严格，所有课程必须围绕十六字通识教育理念，突出通识教育特征。2017 年 12 月 4 日，武汉大学本科生院官网发布《武汉大学关于申报“武大通识 3.0”基础通识课、核心通识课和一般通识课的通知》（武大本函〔2017〕99 号），鼓励教师申报符合武汉大学十六字通识教育理念的课程，旨在进一步加强通识教育，重构通识教育课程体系。课程申报类别有基础通识课、一般通识课与核心通识课；申报方式为通过武汉大学本科生院教学评审系统线上申请；申报程序为院系推荐—本科生院汇总—专家审核。

完善通识课程的管理与经费支持制度。武汉大学在通识教育委员会的宏观指导下，主要从学校、通识教育中心、学院三个层面做好通识课程管理工作。2017 年 12 月 4 日，武汉大学发布的《武汉大学关于申报“武大通识 3.0”基础通识课、核心通识课和一般通识课的通知》（武大本函〔2017〕99 号）对通识教育课程建设经费的相关情况也做了一定的说明。学校加强了通识课程经费的支持力度，其中基础通识课建设经费为 100 万元/门，核心通识课建设经费为 20 万/门，一般通识课建设经费为 5 万/门。同时，学校提高了通识课程课酬，所有课酬作为专项经费划拨。此外，学校明确表示通识课程的建设周期为三年并将其纳入教师的年终教学评估，课程建设经费分年度划拨，建设周期内按年度进行考核，通过考核的课程划拨经费继续支持建设，未通过考核的课程取消课程立项并停止经费划拨。

制定了通识课程助教制度。2018 年 5 月 2 日，武汉大学通识教育中心发布了《武汉大学关于遴选 2018—2019 学年第一学期本科课程研究生助教的通知》，并对招聘岗位、基本条件、工作职责和申请流程进行了说明，旨在为 2018—2019 学年第一学期开设的部分本科课程遴选研究生助教，共同推进“大班授课、小班研讨”课堂教学改革。助教岗位根据工作量不同，分为 A 类岗和 B 类岗。其中 A 类岗助教工作量最低不少于 8 学时/周，B 类岗助教工作量最低不少于 6 学时/周。两门基础通识课程到目前为止已招聘助教 288 人，其中人文社科经典导引 B 类岗 144 人，自然科学经典导引 A 类岗 144 人。2018 年 9 月，学校对研究生助教进行系统培训，培训内容包括助教的基本职能、如何组织课堂讨论等。

这一举措，不仅解决了通识教育课程助教不足的问题，还激发了学生的学习兴趣，提高了学生学习的主动性、创造性。

3. 组织通识教育考察与交流

2017—2018 学年期间，武汉大学积极开展高校通识教育学习考察与交流活动。

2017 年 11 月 13 日至 17 日，武汉大学通识教育中心一行六人赴台湾大学、中原大学、大叶大学等高校考察，学习台湾地区高校通识教育先进经验，宣传武汉大学通识教育的文化理念及教改实践，并与台湾地区长期从事通识教育的著名学者、台湾通识教育学会前任会长、台湾大学历史系黄俊杰教授进行了深度对话。

2018 年 6 月 17 日至 26 日，武汉大学通识教育中心一行五人赴芬兰、瑞典、爱沙尼亚等北欧三国进行考察与交流。围绕“中芬通识教育视野中的技术与伦理”总主题，考察人员分别在芬兰赫尔辛基论坛、瑞典斯德哥尔摩论坛、芬兰拉普兰论坛、爱沙尼亚塔林论坛作报告并进行互动交流。本次北欧论坛不仅宣讲了武大通识教育理念，扩大了武大的国际影响，同时又学到了世界发达国家及一流大学在通识教育及学术研究方面的先进经验。

2018 年 7 月 12 至 15 日，武汉大学通识教育中心主任、文学院教授李建中教授应邀参加由“核心文本与课程联盟”（ACTC）、纽约大学、肯高迪亚大学和香港中文大学联合举办、在美国加利福尼亚州欧文市举行的 Global General Education and Asian Texts：What should students read?（全球通识教育与亚洲文本：大学生应该读什么?）研讨会，并在开幕式上作了题为《人：通识教育“武大读本”第一关键词》的大会发言，宣讲武大通识理念，推介刚刚出版的《人文社科经典导引》和《自然科学经典导引》。报告得到了 ACTC 执行主席凯瑟琳教授的高度赞扬。

4. 举办通识教育讲座

为了拓展学生的眼界，开拓学生思维，提高学生的文化素养，打造具有武汉大学特色的通识教育讲座品牌，2017 年下半年开始，学校邀请了一批学术造诣深厚、有广泛社会影响力的海内外知名人士为本科生开设“通识教育大讲堂”系列讲座，并采取有效方式引导学生积极参与，帮助学生深入理解文明传承，广泛了解多元文化，开阔学科视野，完善知识结构，丰富人生阅历，提升艺术涵养和综合素质。到目前为止，通识教育大讲堂已成功举办十场讲座（见表 1），每一场都盛况空前，得到了学校师生与社会的一致肯定。

表 1　**通识教育大讲堂讲座情况**

讲座场次	讲座时间	报告人信息	讲座主题
第一讲	2017. 10. 30	国家图书馆　詹福瑞	经典：通识教育的灵魂
第二讲	2017. 11. 30	华东师范大学　胡晓明	窥探中国心灵的幽情壮采
第三讲	2017. 12. 22	复旦大学　金晓峰	让科学成为未来中国的文化基因
第四讲	2018. 3. 26	武汉大学　李德仁	老师教我做人做学问
第五讲	2018. 4. 23	美国加州大学圣地亚哥分校　付向东	在科学探索的道路上理解人生
第六讲	2018. 5. 17	南京大学　周宪	大学经典阅读的要义与困境
第七讲	2018. 5. 30	国务院　汤敏	如何为未来学习
第八讲	2018. 9. 13	芬兰赫尔辛基大学　黄保罗	宗教文化对欧洲社会的影响

续表

讲座场次	讲座时间	报告人信息	讲座主题
第九讲	2018. 9. 15	清华大学　吴国盛	科学精神的诞生
第十讲	2018. 11. 20	四川大学　普慧	印中佛教文化比较

5. 开展通识教育研讨与学习

开启博雅论坛。为了加强教师之间的交流和学习，2017 年武汉大学通识教育博雅论坛正式开启。随着“武大通识 3. 0”的开启，学校教师表现出对我校通识教育升级的极大热忱，为此武大通识教育中心从 2017 年 11 月起专门邀请海内外通识教育专家名师做客通识教育博雅论坛，与我校通识课程教师交流通识教育理念与教学，以帮助我校教师加深对通识教育内涵的理解。至今，博雅论坛已开展了四期（见表 2），在深化教师通识教育理念，促进通识课程教学方面发挥着重要作用。

表 2　**博雅论坛讲座情况**

讲座场次	讲座时间	报告人信息	讲座主题
第一期	2017. 10. 23	芬兰赫尔辛基大学　黄保罗	成为最好的自我：以核心素养为基础的芬兰通识教育
第二期	2017. 11. 8	台湾中原大学　黄坤锦	大学全人教育：中西文化之视野
第三期	2018. 1. 16	香港中文大学　王永雄	如何设计自然科学的通识科目
第四期	2018. 1. 18	香港中文大学　赵茱莉	在通识教学中注入体验式学习元素

开展通识教育午餐会。武汉大学通识教育午餐会是由通识教育中心和教师教学发展中心联合主办的。午餐会旨在为武大教师提供平台，让教师教学交流成为日常。老师可以在轻松、愉快的氛围中分享交流教学经验与体会，学习先进的教育理念、教学方法与教育技术。午餐会采取非定期举办的形式，邀请通识和人文素养较高的教师来主持并分享自己的思想和理念，会上同行之间可以相互交流探讨。这是一种利用午餐时间和近距离交流方式开展研讨的新型会议模式，同时也是为中午无法回家休息的教师提供一个可充分利用的交往平台。

截至目前，午餐会共举办了四期。其中三期是武汉大学赴香港中文大学的考察团回来之后跟大家的分享会，另外一期是邀请台湾中原大学黄坤锦教授作有关通识教育的报告。

2017 年 6 月，武汉大学通识教育中心全体成员考察了香港中文大学的通识教育。2017 年 9 月初，在教师教学发展中心举行的首次午餐会上，通识中心主任、文学院李建中教授和副主任、土建学院彭华教授，各自介绍了“香港中文大学通识教育”观后感，李建中老师总结了香港中文通识教育的五个特点：学校管理的专门性、以“生”为本的一贯性、师生身份的双重性、质量评鉴的有效性、课程设计的多样性。

2017 年 9 月 27 日，在新规划的多媒体小班教室举行了第二次通识教育午餐会。会议由教师教学发展中心副主任方祥玉主持，通识教育中心副主任潘迎春和文建东作主题发言。潘迎春教授介绍了国内外书院制和通识教育现状，文建东教授基于个人教学经验，就当前课程内容和教学方式问题提出看法，参会教师以武大通识教育改革和书院制管理问题为中心展开了热烈讨论。在本次午餐会中，教师们热烈讨论了武大通识教育改革的试点课程、弘毅学堂的书院制发展方向、如何设定课程的难度等问题。

2017 年 10 月 20 日，第三次午餐会邀请通识教育中心副主任江柏安为大家作报告，题目为“在最高的层面上掌握生活的展现方式”。江柏安老师结合访问香港中文大学的经历，与大家一起分享大学精神。

2017 年 11 月 8 日，台湾中原大学教育研究所荣誉退休教授黄坤锦做客武大通识教育博雅讲坛并与师生们一起完成了第四次通识教育午餐会。他以“大学全人教育：中西文化之视野”为主题，对中西文化作比较探讨。他对文字和思想这两个方面格外重视，并阐述了在当今海峡两岸的大学教育中全人教育急需采取的具体策略。

午餐会丰富了武汉大学通识教育的传播形式，在课余时间给教师提供了交流的机会，给教师带来了深刻的感悟和丰富的通识教育知识。这种形式对武汉大学通识教育的发展具有积极的促进作用。

开设通识课程研讨班。2018 年 1 月 15 日至 18 日，武汉大学开设“思想与方法：武汉大学基础通识课高级讲习班”，正式建立人文社科经典导引和自然科学经典导引两大导引课程教学团队，并帮助各位通识课程教师学习讲授通识课程的方法。

为进一步明确武大通识教育 3.0 课程发展方向，帮助通识课程教师科学设计通识课程教学方案，武汉大学于 2018 年 5 月 10 日以“理念·视野·方法”为主题开设了第二届通识教育研讨班，由主讲嘉宾分享通识教育的理念、视野与方法，并与大家现场交流，重点探讨武大通识 3.0 第二次课程申报相关问题。

6. 发布通识教育学术成果

2017—2018 学年，武汉大学师生发表了一系列通识教育学术成果，如表 3 所示。

表 3　**2017—2018 学年武汉大学师生发表的通识教育相关学术成果**

作者	成果发表形式	成果名称
周叶中	武汉大学教育研究 2017 年卷第 1 辑	以“成人教育”统领“成才教育”促进通识教育与专业教育有机融合
周叶中	第三届大学通识教育联盟年会 校长论坛主题发言	武汉大学“通识教育与‘双一流’建设”
张熠　龚龑　方圣辉	武汉大学教育研究 2017 年卷第 1 辑	“遥感技术应用及发展”通识课创新教学
庄柯　刘金彪 王勇　张永喜	大学教育 2017 年第 5 期	论重大传染病作为大学通识课的教学目的和意义
雷晓婷	文艺生活·下旬刊 2017 年第 4 期	大学生素质教育背景下的高校通识教育研究 ——以武汉市华中七校为例
刘浩文　李莉	中国教育信息化 2017 年第 9 期	在线导学方法在高校公共课教学改革中的应用研究
冯惠敏　熊淦等	武汉大学教育研究 2017 年卷第 1 辑	武汉大学 2016 年本科通识教育质量现状调查
冯惠敏　吕蒙蒙	武汉大学报 2017 年 4 月 21 日第 2 版	加强通识教育师资队伍建设
冯惠敏　熊淦　沈凌	2017 年中国高等教育学会学术年会 暨高等教育国际论坛论文集	弘扬教育自信——中国特色通识教育模式探析
冯惠敏　熊淦　沈凌	中国高等教育学会院校研究会分会 2017 年年会论文集与分论坛报告	校本研究报告——武汉大学通识教育调查与分析

续表

作者	成果发表形式	成果名称
冯惠敏　熊淦	科学出版社 2017 年 10 月	中国特色通识教育模式研究
冯惠敏　郭洪瑞	文化发展论丛 2018 年第 1 卷，总第 16 期	通识语境下中国文化关键词“博”之阐释
连凡	教育文化论坛 2017 年第 5 期	高校人文通识课的教育理念与教学实践——以武汉大学“《四书》导读”课程为案例
连凡	广州广播电视大学学报 2017 年第 5 期	中华优秀传统文化的教育理念与武汉大学“《四书》导读”通识课的教学实践
周可	马克思主义哲学研究 2017 年第 2 期	通识教育视角下的社会主义核心价值观
张莲梅　林明仲 陈晓红	课程教育研究：学法教法研究 2017 年第 17 期	基于 QQ 群功能的本科生通识课的教学改革研究
杜珊珊	哲学学院	一门逻辑学通识课程的规划
殷玥　李林	现代教育科学 2018 年第 5 期	“互联网+”时代背景下通识教育发展方式探析
李建中　朱晓骢	华中师范大学学报（人文社会科学版） 2018 年第 2 期	大学：中西通识与古今通义
通识教育中心	内部资料 2017 年 6 月	武汉大学通识教育研究报告

此外，截至该报告完成时，以“通识教育”为主题词在中国知网对期刊进行检索，并将期刊来源类别限定为核心期刊和 CSSCI，共计检索出 3115 篇文献。通过对全部文献进行计量可视化分析，从文献的作者、机构分布结果可以看出，武汉大学教育科学研究院的冯惠敏教授关于通识教育的文献数排名位列全国第一（见图 1），武汉大学关于通识教育的文献数排名位列全国第五（见图 2），说明武汉大学通识教育研究的影响力在全国排名靠前。

7. 进行通识教育宣传

自武汉大学通识教育中心于 2017 年 10 月推出了“武大通识教育”微信公众号与武汉大学通识教育官方网站后，公众号与官方网站均得到稳定运营与定期维护。微信公众平台与官方网站的通识文化栏目、通识课程栏目、通识课堂栏目内容均定期更新。其中，通识课程栏目已发布 2018 年 9 月开设的所有通识课程的简介，包含课程教师团队、课程介绍、课程大纲、授课方式、成绩评定方式、教材及参考书目等内容，为学生选课提供指导与参考。

为加深师生对通识教育的理解，通识教育中心加大了宣传力度，对 2017 年第二届本科优秀教学业绩奖的 17 名通识课程类获奖老师一一进行了专访，定期在微信公众号与官方网站推送专访文章。通过与老师们面对面的交流和采访，让大家了解老师们对通识教育的理解程度以及老师们在通识课堂教学中的一些有益经验。此外，通识教育中心还对 2017—2018 年通识课程的优秀助教进行了专访，也定期在微信公众号与官方网站推送专访文章，供通识课程的新助教们学习与参考。

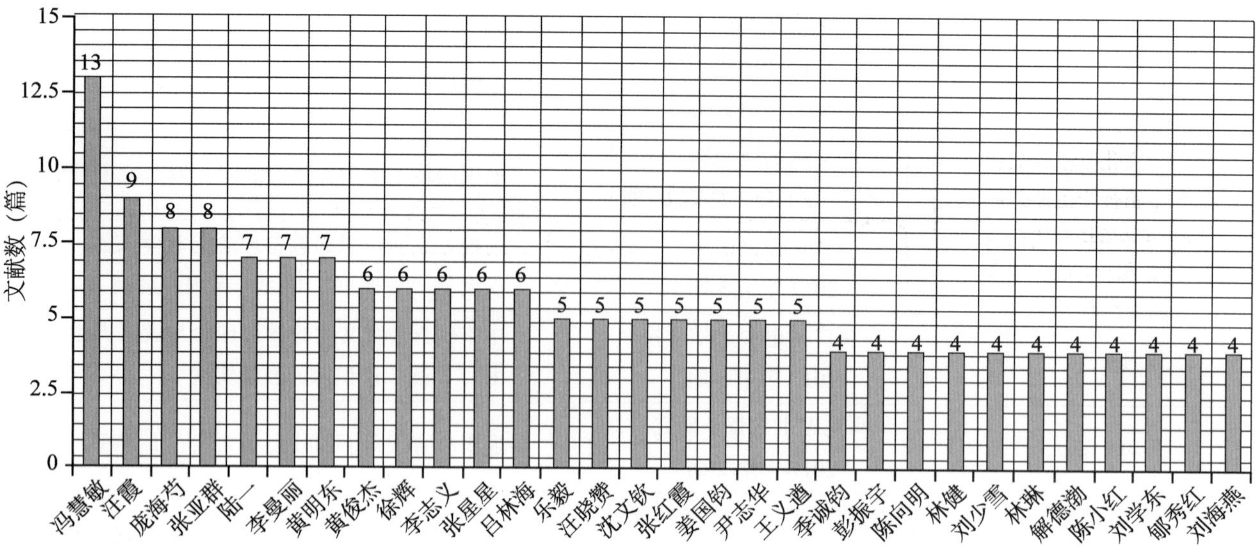

图 1　中国知网通识教育研究计量可视化分析作者分布

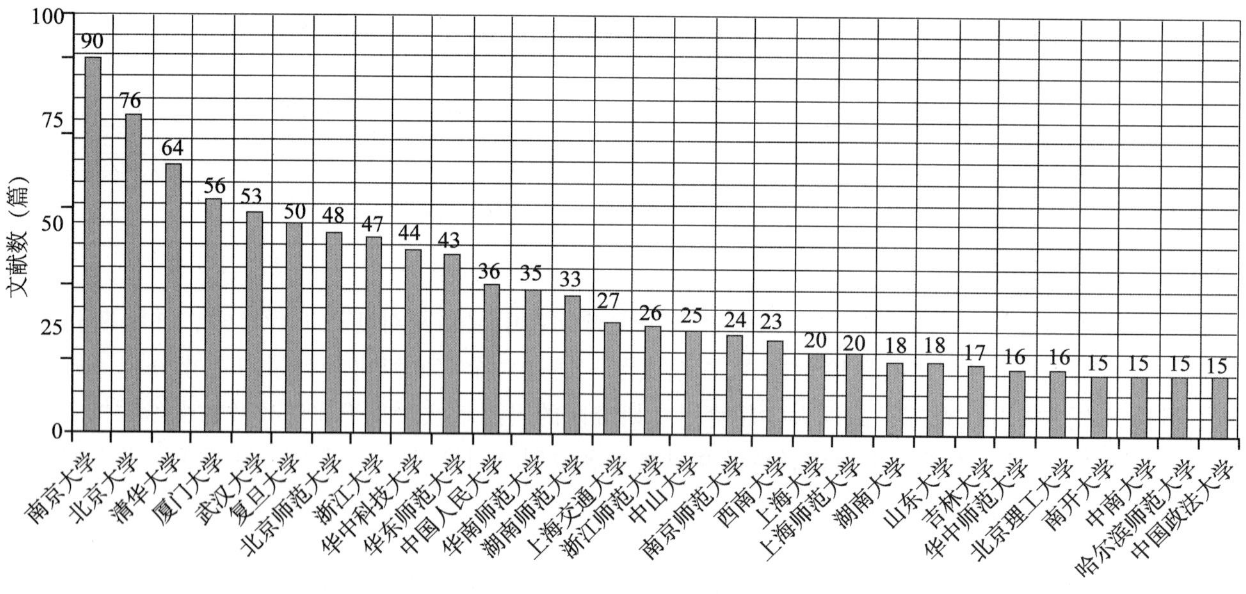

图 2　中国知网通识教育研究计量可视化分析机构分布

（二）通识教育课程建设

2017—2018 学年度，武汉大学在通识教育课程建设方面主要围绕以下几方面内容开展工作。

1. 遴选“武大通识 3.0”课程

2016 年至 2017 年，武汉大学酝酿新一轮的通识教育改革，启动了武汉大学通识教育 3.0 课程体系设计，并于 2018 年 9 月开始实行。新的通识教育 3.0 课程体系对原有课程进行了重新整合与划分，将原有课程模块重新整合为四大模块，并在此基础上建构了包括基础通识课程、一般通识课程和核心课程在内的立体课程方案，形成了“4-2-660”课程模式，即：4 大模块（中华文化与世界文明、科学精神与生命关怀、社会科学与现代社会、艺术体验与审美鉴赏）、2 门基础通识课（人文科学经典导引、自然科学经典导引）、600 门一般通识课和 60 门核心通识课（见图 3）。学校计划十三五期间按批次逐步建设 2 门基础通识课、60 门核心通识课和 600 门一般通识课。

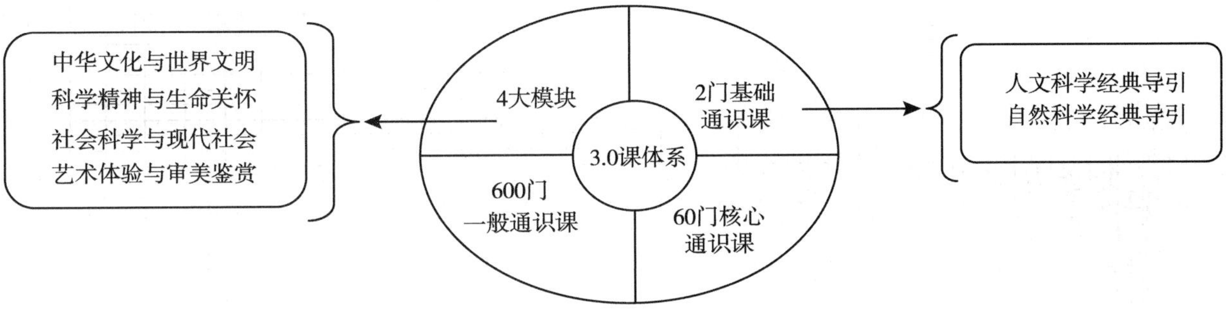

图 3　武汉大学通识教育 3.0 课程体系（4-2-660 模式）

2018 年 3 月，根据《武汉大学关于申报“武大通识 3.0”基础通识课、核心通识课和一般通识课的通知》的要求，学校组织开展了第一批“武大通识 3.0”课程申报遴选工作。2018 年学校拟建设 2 门基础通识课程、21 门核心通识课程、198 门一般通识课程。本次未入选的课程仍可修改申报材料参与后期的项目申报工作。对于立项建设的项目，学校与项目负责人签订合同，给予专项经费支持。

2. 开设两大导引课程

2018 年 9 月，武汉大学面向全校本科新生开设了两门高品质的经典基础通识课程——人文社科经典导引、自然科学经典导引，旨在对大一新生进行启蒙性质的通识教育，打开学生视野，激发学生兴趣，为后续通识课程的学习打下基础。其中，人文社科经典导引分别以仁性、天性、悟性、使命、博雅、爱恨、历史、生命、审美、自由、理性、正义等 12 个关键词，从《论语》《庄子》《坛经》《史记》《文心雕龙》《红楼梦》《历史》《斐多篇》《审美教育书简》《论法的精神》《国富论》《正义论》等 12 部中外伟大著作中节选部分精彩章节编写。每一部经典著作节选部分的后面专门列举了课外博览书目，为学生提供课外阅读参考，以促进学生在阅读的过程中深入这些问题并提出自己的见解。自然科学经典导引精选《理想国》《形而上学》《西方科学的起源》《自然哲学之数学原理》《狭义与广义相对论浅说》《物种起源》《DNA：生命的秘密》《惊人的假说》《几何原本》《科学与假设》等部分精彩章节编写。每一经典名著节选还提供了中英文对照，使读者能增加对作者在“原著”中所表达意涵的理解。

两门课程汇聚全校六大学部二十多个学院的优秀老师，共同教学。课程从“经典阅读”与“跨学科学习”两个层面，紧密围绕“何为‘人’，如何成‘人’，成为何‘人’”三个问题进行设计。采用“大班授课、小班研讨”的教学模式，“教”“学”并重，“大班授课”以教师为主导，而“小班研讨”以学生为主体。两门导引课程实施以来，受到国内外高校和社会的广泛关注，它标志着武汉大学通识教育进入一个新的发展阶段。

3. 建设在线精品通识课程

2017 年 12 月，教育部开展了 2017 年国家精品在线开放课程认定工作，武大 24 门在线课程入选 2017 年国家精品课程。其中佛教文化、中国文化概论、方言与中国文化、《说文解字》与上古社会、宇宙新概念、环境变迁与人类生育力改变等一批高质量的在线通识课程得到了教育部与社会的肯定。

（三）通识教育教学改革

2017—2018 学年度，武汉大学在通识教育教学改革方面迈出了一大步，推行“大班教学，小班研讨”

教学模式，并建立通识课程助教制度。

1. 推行“大班教学，小班研讨”教学模式

2018年9月起，武汉大学在两门基础通识课程与部分核心通识课程中大规模推行“大班授课、小班研讨”教学模式。“大班教学、小班研讨”是指将教学过程分为两个部分，即“教学+研讨”。由于通识课程选修人数较多，通常一堂课的人数会达到上百人，需要通过大班授课来完成基本的教学任务，讲授基本的教学内容。大班教学后，在学生对课程基本内容有了一定的了解后，组织学生对已授内容进行分组讨论，引导学生对课程相关问题进行深度思考。

“大班授课，小班研讨”教学模式，是世界一流大学核心通识课教学中被广泛采用且行之有效的组织形式，有助于增加教学过程中学生的参与度，激发学生学习兴趣，增强学生学习的主动性和创造性，从而提高教学效果。

2. 建立通识课程助教制度

为激发学生学习兴趣，提高学生学习过程中的主动性、创造性，同时也为了增强研究生的教学实践能力、学术交流能力和奉献服务意识，学校于2018年5月为2018—2019学年第一学期开设的部分本科通识课程遴选研究生助教，推进“大班授课、小班研讨”课堂教学改革。研究生助教招聘主要面向武汉大学全日制在读硕士生（2、3年级）及博士研究生，助教岗位根据工作量不同，分为A类岗和B类岗。工作内容主要包含七个方面：（1）参与学校和课程安排的培训活动；（2）聘期内根据主讲教师的要求随堂听课，协助主讲教师顺利完成课堂教学，包括分发资料、收集作业、辅导答疑、上习题课、组织课堂讨论等；（3）建立自己所负责班级或讨论小班的QQ群、微信群，及时发布课程信息；（4）协助主讲教师批阅作业、实验报告、试卷等；（5）协助主讲教师进行课堂观察、课堂设计、课程问卷调查等教学咨询工作；（6）基础通识课程助教须协助任课教师搜集、整理并发布“小班研讨”所需文献资料，组织自己所负责小班的研讨活动，并做好记录；（7）完成主讲教师及教师教学发展中心安排的其他教学辅助工作。

（四）通识教育激励机制

本学年进一步完善了通识教育激励机制。设立了“优秀教学业绩奖通识课程专类”。“优秀教学业绩奖通识课程专类”的设立是武汉大学深入开展通识教育改革的重要举措之一，其目的是鼓励教师积极承担与重视通识课程教学任务。2017年12月，学校完成了第二届本科优秀教学业绩奖评选工作，共有150位教师获奖，其中通识课程类17人，约占11.3%。

除本科优秀教学业绩奖外，还有一些其他形式的奖励也是为了激励教师积极承担通识课程教学任务，提高通识课程教学质量。如为了进一步调动教师投入本科教学的积极性和创造性，学校还设立了“查全性教授1977纪念奖教金”。该奖按年度评选，第一届评选工作于2018年5月开始，经个人申报、学院（系）推荐、资格审核和学生投票，学校授予20名教师第一届“查全性教授1977纪念奖教金”获奖资格，其中通识教育教学团队彭华、潘迎春、苏德超、叶李等多名骨干老师获奖。

二、武汉大学2018年通识课程教学现状调查与分析

为了了解武汉大学通识课程教学质量现状，本研究就通识课程教学质量现状问题进行了学生问卷与教师问卷调查，得出了一些结论与建议，以期通过校本调查的方式为武汉大学通识教育的进一步改革提供数据支持。

（一）关于通识课程教学质量现状的学生问卷调查与分析

本次调查利用课题组集中讨论汇总后的自编问卷开展，学生问卷的调查对象为武汉大学文理学部、工学部、信息学部、医学部的本科生。问卷由问卷星平台进行整理，采用随机抽样的方式由本科生院通过武汉大学的微信公众号推送，同时也转到辅导员群里，由辅导员督促学生填写。

1. 调查问卷的信效度分析

本次调查采用自编的问卷，共有五个内容，包括基本信息（3 项）、满意度调查（9 项）、通用能力调查（4 项）、学习投入调查（6 项）、改进意见调查（开放题 3 项）总计 25 道问题。

由 SPSS 软件分析得知，问卷中的满意度调查题项 KMO 值为 0.924，Bartlett 球形度检验不显著（$p<0.00$），非常适合做因子分析。内部一致性系数（Cronbach's Alpha）为 0.909，信度很高。通过探索性因子分析，使用最大方差法，萃取出一个因子，可命名为课程满意度，各题项的因子载荷最高为 0.845（教学方法），最低为 0.637（学习资源），累计解释的总方差为 58.88%。该问卷的信效度良好，适合调查学生的课程满意度。问卷中的学习投入调查项的 KMO 值为 0.846，Bartlett 球形度检验不显著（$p<0.00$）。内部一致性系数为 0.824，具有较高的信度。通过探索性因子分析，使用最大方差法，萃取出一个因子，各题项的因子载荷最高为 0.645（阅读教师推荐的相关资料），最低为 0.303（认真完成各项作业），累计解释的总方差为 54.21%。该问卷达到可接受的信效度水平，适合调查学生的学习投入。此外，问卷中通用能力调查题项的内部一致性系数为 0.904，达到了高信度水平。

总之，经过分析，该问卷信效度良好，适宜进行大范围调查，所得结果具有一定的参考价值，可以进行深入分析。

2. 调查问卷的结果分析

通过对回收问卷进行统计，共计有 1569 名学生填写了问卷。删除答题时间少于一分钟的 72 份问卷，有效问卷共计 1497 份。其中男生占比 49.57%（742 人），女生占比 50.43%（755 人）。在各年级学生的分布上，大一占比 69.8%（1045 人），大二占比 17.37%（260 人），大三占比 7.82%（117 人），大四占比 4.61%（69 人），大五占比 0.4%（6 人）。在学科类别分布上，人文与社会学科占比 36.20%（542 人），理科占比 28.52%（427 人），工科占比 29.06%（435 人），医科占比 6.21%（93 人）。总体来看，样本男女比例相当，学科分布合理，年级分布符合通识教育的规律，样本具有代表性。关于学生问卷调查结果的相关分析如下。

（1）关于满意度题项的分析

问卷中的满意度题项共涉及 9 题，包括通识课程整体情况、选课系统、时间安排、教学内容、教学方法、考核方式、学习资源、贴近现实社会、课堂氛围。各题选项均呈 5 级量表降序分布，统计结果见表 4。

表 4　**通识教育课程满意度调查结果统计表（%）**

题项＼选项	非常满意	比较满意	一般	比较不满意	非常不满意
整体情况	22.9	50.7	21	3.4	1.9
选课系统	17.2	38.4	32	8.7	3.7
时间安排	19.8	48.0	25.1	5.7	1.3
教学内容	26.9	48.3	19.4	4.0	1.5
教学方法	23.4	47.4	22.8	4.5	1.8

续表

题项＼选项	非常满意	比较满意	一般	比较不满意	非常不满意
考核方式	16.0	47.2	29.7	5.1	2.1
学习资源	25.4	45.4	23.7	4.1	1.5
贴近现实社会	16.4	42.9	30.2	8.1	2.5
课堂氛围	21.4	41.3	28.7	6.3	2.3

从表 4 可知，整体情况、教学内容、教学方法、学习资源四项的“非常满意”与“比较满意”都超过了 70%，课堂氛围、时间安排、考核方式以及贴近现实社会的“非常满意”与“比较满意”都超过或接近 60%，情况较差的是选课系统，选“非常满意”与“比较满意”的为 55.6%，不到 60%，且选“非常不满意”和“比较不满意”的人数达到了 12.4%。

运用 SPSS 软件对问卷数据进行分析，通过对 5 个选项进行由高到低的赋值（非常满意赋 5 分，非常不满意赋 1 分），可知学生对于武汉大学通识教育课程的各项满意度得分均值（由高到低排序）（见表 5）。

表 5　　**通识教育课程满意度题项均值得分统计表**

题项	均值得分	排名	题项	均值得分	排名
教学内容	3.95	1	课堂氛围	3.73	6
整体情况	3.89	2	考核方式	3.70	7
学习资源	3.89	2	贴近现实社会	3.63	8
教学方法	3.86	4	选课系统	3.57	9
时间安排	3.79	5			

由表 5 可见，在满意度各项的均值得分中，学生最为满意的前三项分别是通识课程的教学内容、整体情况、学习资源；排在中间的三项分别是通识课程的教学方法、时间安排、课堂氛围；排在最后三项的分别是通识课程的考核方式、贴近现实社会以及选课系统。这说明通识课程的考核方式、贴近现实社会以及选课系统是下阶段武汉大学通识教育改革应该关注的重点。

（2）关于通用能力培养题项的分析

通识教育重在培养学生的通用能力，包括团队合作能力、交流与写作能力、批判性思维能力、跨学科解决问题的能力等等。本次调查中的部分题项请学生用自我报告的方式评价自己在通用能力上的获得感，同样采用 5 点量表的形式，选项由非常同意到非常不同意降序排列，调查结果统计见表 6。

表 6　　**通用能力获得感调查结果统计表（%）**

题项＼选项	非常同意	比较同意	中立	比较不同意	非常不同意
团队合作能力	20.6	41.7	29.4	6.0	2.2
交流与写作能力	20.8	40.3	30.6	6.0	2.3

续表

题项 \ 选项	非常同意	比较同意	中立	比较不同意	非常不同意
批判性思维能力	24.4	45.4	25.1	3.5	1.7
跨学科解决问题能力	22.6	45.5	26.2	4.1	1.6

调查发现，学生普遍认为通过接受通识教育，批判性思维能力有了一定的提高，这一题项中，选择非常同意与比较同意选项的达到69.8%；其次是跨学科解决问题的能力，选择非常同意与比较同意选项的达到68.1%。再次分别是团队合作能力（62.3%）和交流与写作能力（61.1%）。但是总体来看，大学生在通用能力培养方面相较于课程满意度而言满意程度较低且团队合作能力和交流与写作能力的培养有待加强。

（3）关于学生学习投入题项的分析

学生的学习投入是指学生对学校的融入，以及在学习、理解和掌握知识技能方面的努力程度，或者是为了取得更好的成绩而努力学习的程度。学习投入是大学生获得学业成功的关键，是促进大学生成才和提高高等教育质量的至关重要的因素。本次调查涉及通识教育中学生学习投入的题项共6题，包括课前预习、课堂学习、课后复习等方面，相关调查结果见表7。

表7　　**学习投入调查结果统计表（%）**

题项 \ 选项	总是	经常	有时	偶尔	从不
课前预习	20.9	20.0	29.1	16.6	13.4
认真听讲	15.9	41.3	32.1	9.4	1.3
主动参与课堂互动	12.5	20.7	36.7	23.2	6.8
阅读推荐书目	10.0	17.6	37.9	26.9	7.6
参加通识教育活动	9.2	13.9	37.5	26.2	13.2
认真完成作业与任务	44.6	39.4	11.9	3.6	5

从表7可见，学生在“认真完成作业与任务”题项上的表现较好，“总是”或“经常”认真完成作业与任务的同学占84.0%。除此之外，学生在课前预习、课堂学习与课后阅读及课外活动方面的投入都不高。在课堂上“总是”与“经常”认真听讲的人占57.2%；“总是”与“经常”主动参与课堂互动的低至33.2%；“总是”与“经常”阅读推荐书目和参加通识教育活动的学生占比仅为27.6%和23.1%，调查结果堪忧。总体来看，学生的学习行为比较消极被动，以完成学业、拿到学分为导向。

（4）关于学生对通识教育改革建议的分析

该问卷通过两道选择题与一道开放题来征求学生对通识教育课程改革的建议。其中“你最喜欢通识课哪种考核方式”是一道多选题，学生的选择结果从高到低依次是：课程论文或作品（54.62%）、根据平时作业成绩评定（43.15%）、根据平时发言和讨论表现评定（42.13%）、考试或测验（39.77%）和课堂汇报表演（30.85%），其他（1.78%）。“其他”包括：开卷考试、用比较有趣的方式、小组合作、学生互评等。可以看出，在通识课程的考核方式中，多项考核方式均占有一定的比例，体现了学生对于考核方式多样化的选择诉求，也与满意度题项调查中“考核方式”均值较低的结果相吻合，说明我们原有的考核方式单一，今后应该把完善通识课程的考核方式作为推进通识教育改革的重要内容之一。

另外一道题是“你最希望通识课程改进的方面是?”学生选择的结果表明，他们最希望改进的前三项分别是“增加名师上课率”“完善课程内容”和“改进选课体系”，详见图4。

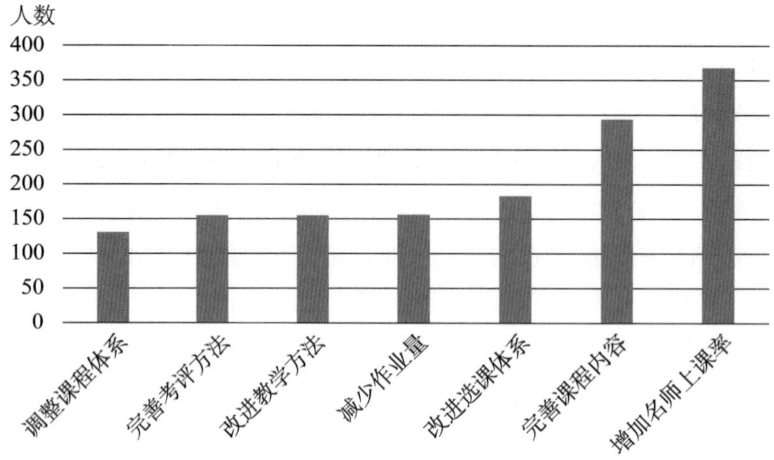

图4　学生最希望通识课程改进的方面

由调查结果可见，“增加名师上课率”是学生对于学校通识教育改革的重要诉求，学校应该重视学生这一诉求，增加教授及名师的上课率。完善课程内容也是学生对于课程改革的一个期盼，学校应督促教师进一步完善课程内容，增加通识课程的含金量。同时，选课体系作为历年通识报告均会谈及的问题，其相关系统虽有改进，但仍有完善的空间，学校应进一步完善选课系统及相关教务管理工作，为学生进行通识课程的学习创造条件，扫除障碍。

问卷中的开放问题是“您对通识教育研究生助教有何意见或建议?”通过对学生答卷的逐条阅读，发现对助教满意或没有意见的学生约有686人，占比45.8%，包括：“好”“满意”“无意见”“没有意见”“棒”“认真负责”。同时很多学生也提出了建议，希望助教能“发挥更大的作用”。包括：助教应多与学生互动交流，给予专业上的指导；关注学生，参与到课堂讨论中来；介绍学习方法和经验；解答学生基础性的问题；给新生提供更多信息来源；与同学建立亲密关系；助教应协助教师教学，做好教师和学生之间的桥梁，包括控制好时间、按时点名、补充教学内容、提供课程相关资料、提醒教师准备多样化的教学方式、活跃课堂氛围、即时告诉学生教师的想法、把教师的PPT发给学生，建班级学习群并组织大家在线学习，发布信息等；助教的工作态度要更认真负责，包括“不要玩手机”“不要干站着”“不要只是收发作业”“为学生示范，而不是只做幕后工作”等。由调查结果可得知，学生对于研究生助教的工作开展有更高的要求，涉及协助教学、朋辈关系、信息发布、资料汇总等等，助教工作能力的提高是武汉大学通识教育改革的一个现实问题。

综上所述，此次学生问卷中涉及了满意度调查、通用能力调查、学习投入调查、改进意见调查等题项。调查结果显示大部分学生对于武汉大学通识课程的整体满意度较高，但对选课系统满意度较差。大部分学生在进行通识课程的学习后其批判性思维能力、跨学科能力等通用能力有一定的提高，写作能力与团队协作能力等虽有提高但相比于上述两项能力提高空间较大。大部分学生在学习投入上仅仅局限于完成相关作业与课程考试，课程其他活动的学习投入度有待提高。此外，针对通识教育改革意见的调查结果显示，大部分同学有着完善选课系统、增加名师授课率、完善课程内容、改进助教工作等相关诉求。可以看出，武汉大学通识教育改革取得了一定的成就，但仍然需要持续性地推进相关改革，以促进武汉大学通识教育质量的提升与长足发展。

（二）关于通识课程教学质量现状的教师问卷调查与分析

本次通识课程教学质量教师问卷调查由本科生院教务管理老师通过电子邮件向通识教育的任课教师发送网络问卷，共回收答卷 67 份。经统计，样本中男教师占比 49.3%（33 人），女教师占比 50.7%（34 人）；年龄方面，30~40 岁的占比 11.9%（8 人），41~50 岁的占比 64.2%（43 人），51~57 岁占比 23.9%（16 人）；在教师的专业分布上，人文与社会学科占比 41.8%（28 人），理科占比 11.9%（8 人），工科占比 35.8%（24 人），医科占比 10.4%（7 人）。关于回收问卷的具体分析详述如下。

1. 关于通识课程师资层次结构的分析

本次调查对于通识课程师资层次结构的分析共涉及四个方面，包括职称、教龄、授课数量、已获荣誉。

（1）关于通识课程教师职称结构的分析

回收答卷的信息显示，样本中通识课教师的职称分布是，教授占比 19.4%（13 人），副教授占比 52.2%（35 人），讲师占比 22.4%（15 人），其他占比 6.0%（4 人，其中高级实验师 3 名，研究员 1 名）。由上面的数据可以得知，具有副教授职称的教师是武汉大学通识教育师资队伍的主体。

（2）关于通识课程教师教龄结构的分析

在教龄分布上：具有 1 年授课经验的教师占比 14.9%（10 人），2 年的占比 3.0%（2 人），3 年的占比 9.0%（6 人），4 年及以上的占比 73.1%（49 人）。样本显示，武汉大学 82.1%的教师教授通识教育课程达到 3 年及以上，说明大多数通识课程教师具有较丰富的通识课授课经验。

（3）关于通识课程教师授课数量情况的分析

在授课的数量上，样本显示，教过 1 门通识教育课程的教师占比 64.2%（43 人），教过 2 门的占比 22.4%（15）人，教过 3 门的占比 9.0%（6 人），教过 4 门及以上的占比 4.5%（3 人）；大部分教师只教授一门通识教育课程，这从侧面可以说明武汉大学通识课任课教师师资队伍较为充足。经卡方检验，教师职称对所教课程数量的影响不显著（Pearson 卡方值 5.752，P=0.764），说明并不是职称越高，教授通识课的数量越多。表 8 反映出通识课授课教师以副教授为主，教授仅占教师人数的不到 20%，且大部分教授只教一门通识课程，说明应在一定程度上提高教授对通识课程的授课任务。

表 8　　职称与通识类课程交叉表

			您任教过几门通识类课程				合计
			1 门	2 门	3 门	3 门以上	
职称	教授	计数	8	2	1	2	13
		占总数的比例	11.9%	3.0%	1.5%	3.0%	19.4%
	副教授	计数	22	8	4	1	35
		占总数的比例	32.8%	11.9%	6.0%	1.5%	52.2%
	讲师	计数	10	4	1	0	15
		占总数的比例	14.9%	6.0%	1.5%	0.0%	22.4%
	其他	计数	3	1	0	0	4
		占总数的比例	4.5%	1.5%	0.0%	0.0%	6.0%
合计		计数	43	15	6	3	67
		占总数的比例	64.2%	22.4%	9.0%	4.5%	100.0%

（4）关于通识课程教师所获荣誉情况的分析

在教师“已获得的荣誉”中：样本显示，国家级荣誉获得者2人（国家级精品在线课程、国家实践教学竞赛获奖），没有院士、长江学者、千人计划、万人计划获得者。省级荣誉（省级教学名师）获得者1人，市级荣誉获得者0人，校级名誉获得者15人，这些荣誉包括：珞珈学者、武大教学名师、武汉大学青年教师讲课比赛一等奖、武汉大学十佳教师、武汉大学杰出教育贡献校长奖、校内教学业绩奖、从教30年荣誉证书、本科教学优秀奖、学院青年教师讲课比赛三等奖。通过职称与获奖情况的交叉表（见表9）可见，获奖最多的是副教授，共27人；其次是高级职称获得者（包括教授、高级实验师和研究员），共11人；最后是讲师共10人获奖。

表9　**职称与荣誉交叉表**

	您是否获得过荣誉或称号		合计	
	未获得荣誉	获得过荣誉		
您的职称	教授	5	8	13
	副教授	8	27	35
	讲师	5	10	15
	其他	1	3	4
合计		19	48	67

总之，通过对答卷回收的样本分析可知，71.6%的通识课程教师获得过不同种类的荣誉，说明总体来说武汉大学通识教育的师资队伍资源充足，素质良好。但通识课程教师中获得的奖励多为教学方面的奖项，而院士、长江学者、千人计划、万人计划等重要荣誉称号获得者教授通识课程的较少。因此，名师教授通识课程尚待时日。

2. 关于通识课程教师教学现状的分析

本次问卷调查从六个方面描述了教师教学的现状，包括：备课投入时间、教学方法的运用、师生互动情况、教学内容的设计、通用能力培养以及考核学生的方式方法。

（1）关于通识课程教师备课投入情况的分析

在每堂课“备课时间与教学时间之比”这一问题上，大部分教师表示投入了大量的时间备课，表现良好。43.3%的教师备课/教学时间比达到了4∶1，22.4%的教师备课/教学时间比达到了2∶1（见图5），说明通识课程教师备课投入普遍较大。

（2）关于通识课程教师教学方法的分析

问题“您在教学过程中运用的方法一般有多少种”？回答只用一种方法的为0人，使用两种方法的占比7.5%（5人），使用三种方法的占比22.4%（15人），4种以上的占比高达70.1%（47人），这说明绝大多数教师在教学中至少使用了三种以上的方法。

用单因素方差分析进行事后两两比较（Levene统计量1.150，sig=0.336），结果显示教授、副教授、讲师与其他职称之间，在所使用的教学方法数量上均不存在显著差异；在不同的教龄之间进行两两比较，只有2年和4年及以上教龄教师在教学方法采用数量上存在十分显著的差异（标准差为0.388，P=0.001），1年与2年、3年、4年及以上都不存在显著的差异，这说明绝大多数教师，不论教龄和职称，都使用了三种以上的教学方法，在授课所采用的教学方法上注意到了灵活性、复合性和多样性。

（3）关于通识课程教师师生互动情况的分析

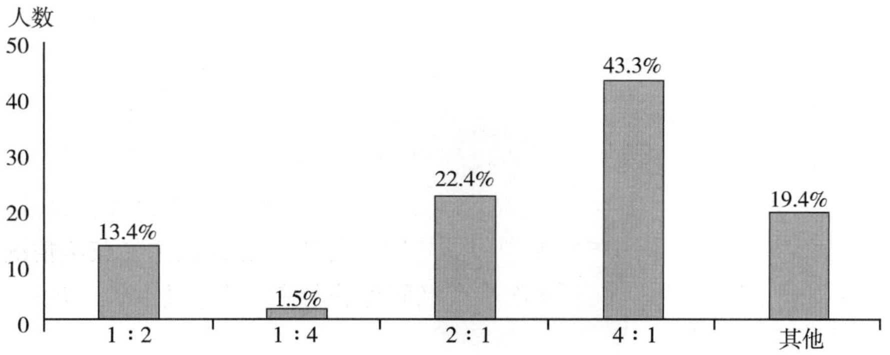

图 5　通识课程教师备课投入与教学时间比示意图

对“您在教学中注重与学生互动吗?”这一道题，选“非常注重”的有 55.2%（37 人），“比较注重”的有 35.8%（24 人），“一般”的有 9.0%（6 人）。用单因素方差分析进行事后两两比较（Levene 统计量 0.180，sig=0.910），结果显示教授、副教授、讲师与其他职称之间，在“与学生互动”上均不存在显著差异，这说明武汉大学通识课教师在课堂教学中大都注重与学生进行交流与互动，具有加强师生互动的意识和观念，这也与学生问卷中学生大都对课堂氛围的满意度较高的题项结果相对应。

（4）关于通识课程教师对学生通用能力培养情况的分析

本次调查涉及的通用能力主要有两项：一是跨学科运用知识解决问题的能力，二是批判性思维。跨学科运用知识解决问题的能力指运用本学科知识解决其他学科问题的能力以及运用其他学科的知识解决本学科问题的能力。批判性思维能力主要指的是注重对自己的思维进行批判、创新的反思维与元思维能力。

调查显示，在学生通识能力的培养上，52.2%的教师“注意训练学生用本学科领域的知识解决其他学科领域的问题”，41.8%的教师“注意训练学生用其他学科领域的知识解决本学科领域的问题”，6.0%的教师选择“对其他学科不了解，无法运用其他学科的知识进行教学”。换言之，94.0%的教师注意跨学科知识的应用，注重训练学生的跨学科能力。而在批判性思维的培养上，共计有 77.6%的教师选择“非常注重”和“比较注重”，虽然比例不低但显著低于教师在“跨学科知识的应用”上的表现。这也许是因为参与调查的教师不太清楚“批判性思维”的具体含义，但也提醒我们要加强对通识课程任课教师开展较为全面的通识教育培训。

（5）关于通识课程教师采用的考核方式情况的分析

在“教学中使用的考核评价方法”的题项中（多选题），按教师所选人次多少从高到低排序，依次为：（1）课程论文或作品（76.1%）；（2）平时发言和讨论（62.7%）；（3）平时成绩（59.7%）；（4）考试或测验（52.2%）；（5）课堂汇报或表演（22.4%）；（6）同学或小组互评（9.0%）。这反映出教师倾向于传统的考核方式，即平时成绩 \ 表现（过程性评价）+课程论文 \ 考试（终结性评价），评价主体为教师。对于表现性评价（课堂汇报或表演）使用不多，也在一定程度上忽视了学生作为自己学习评价主体的地位。

此外，在“是否注重教学内容与现实生活相结合”的题项中，98.5%的教师选择“比较”或“非常注重”将教学内容与现实社会生活相联系（见图 6）。这与上面对学生的问卷调查中，大部分学生认为通识教育课程贴近现实社会生活的满意度较低不一致，说明大多数在教师眼里是贴近社会生活的课程，与学生的期望相差甚远。

总体而言，通过对武汉大学通识课教师教学现状的分析发现，武汉大学教师大都备课认真，教学方法比较多样，上课注意与学生互动，教学内容与实际社会生活联系密切但尚需改进，注重通用能力的培养。

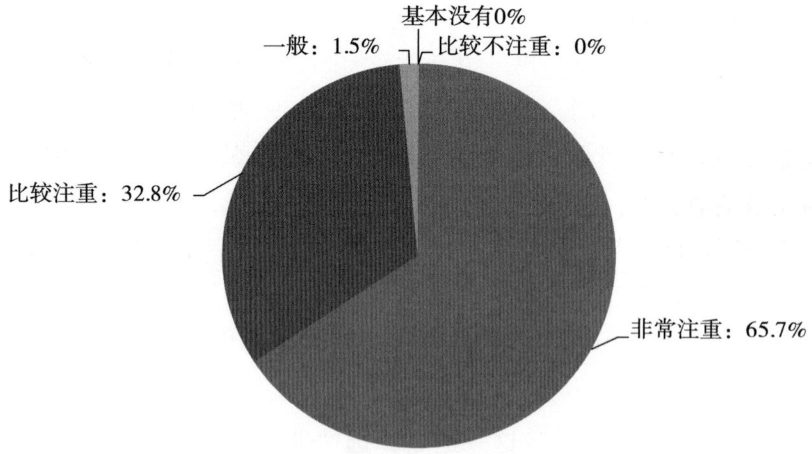

图 6　注重教学内容与现实生活相结合的教师比例

不足之处在于评价学生的方式较单一，忽视了学生作为评价主体之一的角色，且授课过程对学生批判性思维的培养有待进一步提高和加强。

3. 关于教师问卷中满意度题项的分析

教师问卷中涉及满意度的题项有三题，包括“通识课程的教学管理”“学生完成作业的质量”“学生课堂配合情况”。调查结果如表 10 所示。

表 10　　教师对通识课程的满意度情况（%）

程度 题项	非常满意	比较满意	一般	比较不满意	非常不满意
通识课程的教学管理	22.4	47.8	25.4	3.0	1.5
学生完成作业的质量	11.9	56.7	25.4	4.5	1.5
学生课堂配合情况	13.4	64.2	16.4	4.5	1.5

在“通识课程的教学管理”满意度上，选择“满意”和“比较满意”的占 70.2%，最满意的是“其他”即高级实验师、研究员，其次是副教授，教授和讲师并列第三（见表 11）。

表 11　　教师对通识课程教学管理的满意度

	N	均值	标准差	标准误	均值的 95%置信区间		极小值	极大值
					下限	上限		
教授	13	2.00	0.913	0.253	1.45	2.55	1	4
副教授	35	2.14	0.733	0.124	1.89	2.39	1	4
讲师	15	2.00	0.845	0.218	1.53	2.47	1	3
其他	4	3.00	1.414	0.707	0.75	5.25	2	5
总数	67	2.13	0.851	0.104	1.93	2.34	1	5

单因素方差分析显示，四类职称的教师在教学管理上的满意度没有显著差异。说明不同职称的教师对学校的教学管理总的来说都比较满意。

对于“学生完成作业的质量”的满意度，选择“满意”和“比较满意”的占 68.7%，对这一项四类职称教师的满意度情况与教学管理相同。此外，对于“学生课堂配合情况”，选择“满意”和“比较满意”的占 77.7%，最满意的还是“其他”，最不满意的是教授，需要注意的是，由于“其他”人数太少，仅 3 人，其均值容易受极端值影响，因此“其他”的均值不太可信。

总体而言，武汉大学通识教育师资队伍对通识课程的教学管理、学生完成作业的质量与学生课堂配合的情况满意度均较高，选择非常满意与比较满意的教师占比均超过了 60%。当然，仍然存在一定比例的教师对于上述情况并不十分满意，这说明武汉大学通识课程的教学管理等仍有提升的空间。

4. 关于通识课程教师的意见与建议题项的分析

本部分题项包括对教师任课压力的调查，并设置一道开放题征求教师关于通识教育教务管理工作的相关建议，统计及分析结果如下。

（1）关于通识课程教师任课压力的调查

在关于通识课程教师任课压力的调查中，样本中教师选择“非常大”的占比 23.9%，选择“比较大”的有 56.7%，选择“一般”的有 19.4%。也就是说，除了不到 20%的教师觉得压力适中之外，超过 80%的教师觉得压力较大和很大。通过均值比较，发现其中压力最大的是教授（2.0），最小的是“其他”（1.75），详情见表 12。

表 12 **教师压力均值比较表**

	N	均值	标准差	标准误	均值的 95%置信区间		极小值	极大值
					下限	上限		
教授	13	2.00	0.816	0.226	1.51	2.49	1	3
副教授	35	1.97	0.618	0.104	1.76	2.18	1	3
讲师	15	1.93	0.704	0.182	1.54	2.32	1	3
其他	4	1.75	0.500	0.250	0.95	2.55	1	2
总数	67	1.96	0.661	0.081	1.79	2.12	1	3

调查表明通识课程教师大都感觉到压力比较大，并且在通识课的师资队伍群体中，具有教授职称的教师所感受到的压力最大，而在学生问卷中增加名师与教授的授课率又是一个比较普遍的诉求。因此，为平衡教师教学压力较大的现状以及学生关于提高名师授课率的诉求，通识教育管理部门应该在保证授课质量的同时，一定程度上减轻教师压力，保持通识课授课班级合理的班容量；同时，要进一步高质量地扩充通识教育的师资队伍并在其中增加一定比例的具有教授职称的教师。

（2）关于教师相关建议的分析

在“教师对通识教育改革的建议”这一开放题中，样本中教师表示最希望改进的方面（按所选人次多少从高到低排列）依次是：增加课酬待遇、增加教师自主权、优化奖励激励机制、加强教师培训、改进课程遴选制度、改善管理服务、其他（见图 7）。其中，增加课酬待遇和增加教师自主权是教师最希望改进的地方。

在增加薪酬的问题上，通过 F 检验，发现讲师中希望增加薪酬的人数比例最高（86.7%），其次是教授（84.6%），再次是其他（75.0%），最后是副教授（74.3%）（见表 13），表明各个职称段的教师对于

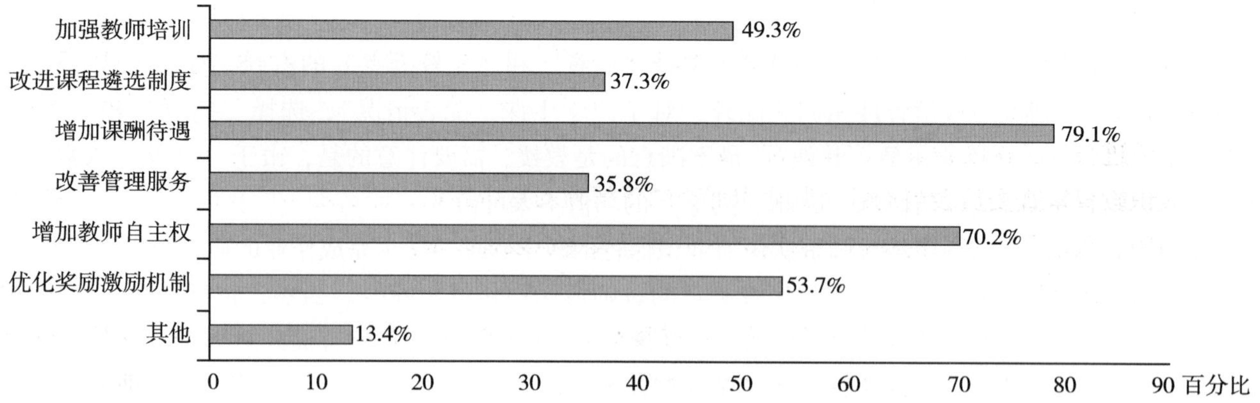

图 7　教师对通识课程的改进意见

增加通识课薪酬均有较强烈的诉求，讲师表现得最为突出，因此，进一步提高通识课教师的课酬待遇成为继续推进武汉大学通识教育改革的一个现实问题。

表 13　不同职称组别对加薪诉求的人数比例交叉表

			增加课酬待遇		合计
			未选中	选中	
您的职称	教授	计数	2	11	13
		在职称中的占比	15. 4%	84. 6%	100. 0%
	副教授	计数	9	26	35
		在职称中的占比	25. 7%	74. 3%	100. 0%
	讲师	计数	2	13	15
		在职称中的占比	13. 3%	86. 7%	100. 0%
	其他	计数	1	3	4
		在职称中的占比	25. 0%	75. 0%	100. 0%
合计		计数	14	53	67
		在总数中的占比	20. 9%	79. 1%	100. 0%

问卷还特地调查了通识课教师的受训情况。“近三年您参加校内外通识教育培训的次数”一题的回答情况是：有 3. 0%（2 人）从未参加，25. 4%（17 人）只参加过一次，59. 7%（40 人）参加过 2～3 次，11. 9%（8 人）参加过 4 次及以上，说明武汉大学教师在相关培训上的总体积极性较高。

三、哈佛大学、康奈尔大学通识教育的最新改革动向

哈佛大学与康奈尔大学均是美国的常春藤名校，其通识教育的发展也具有较高的水平，在全球范围内具有较强的示范作用。因此，立足国际视野，关注其通识教育改革的最新动向并借鉴吸收两所学校的相关经验对推进武汉大学通识教育改革具有重要意义。

（一）哈佛大学通识教育改革新动向

哈佛大学素来注重通识教育，并将通识教育视为一种重要的人才培养理念与培养模式，其通识教育历经改革多次，展现出一定的连续性，是全球高校中通识教育发展与推进水平较高的高校。自 1945 年起，哈佛大学主要进行了三次通识教育改革，即“1945 年改革”“1978 年改革”与“2007 年改革”。近年来，哈佛大学通识教育审查委员会当局针对其通识课程缺乏清晰的身份界定，课程之间边界模糊，课程内容交叉重复等问题，采取了一些新的举措，以期进一步推进其通识教育改革。

1. 更新通识课程结构

哈佛大学于 2016 年 1 月发布了《通识教育审查委员会最终报告》（*General Education Review Committee Final Report*），在课程设置方面将当前通识教育八大领域的课程拆分成“4+3+1”① 的结构，即 4 门通识教育必修课程、3 门分布必修课程和 1 门实证和数学推理课程。2016 年 3 月，哈佛大学文理学院批准了此次通识教育审查委员会提出的关于通识教育课程改革的建议，新的课程计划将于 2019 年秋季实行②。

4 门通识教育必修课程是指哈佛大学本科生必须在 4 个课程门类中各选择 1 门课程进行学习，包括美学与文化（aesthetics & culture），历史社会和个人（histories，societies & individuals），社会中的科学和技术（science & technology in society），道德与公民（ethics & civics）。这 4 个门类的通识课程作为通识教育的核心，旨在帮助学生探究在世界上理智生活的艺术，为成为有思想、有贡献的社会成员做好充分准备。

3 门分布式课程（distribution courses）作为必修的非通识的院系课程，是跨越不同部门的系别课程，按照最新的要求，学生必须在文理学院（the Faculty of Arts and Sciences（FAS））、保尔森工程与应用科学学院（the Paulson School of Engineering and Applied Sciences（SEAS））选择 3 门不同领域的课程，3 门课程必须由不同的院系开设，包括 1 门艺术和人文领域专业课（1 departmental course in arts and humanities）、1 门社会科学领域专业课（1 departmental course in social sciences）以及 1 门自然科学或者工程与应用科学领域专业课（1 departmentalcourse in natural sciences or SEAS）。

1 门实证与数学推理课程是一门必修课，旨在使学生灵活地运用定量分析方法，从而帮助他们批判性地思考问题，并能有效地运用不同学科领域的数据进行研究分析。

2. 课程变革关注学生的兴趣和需求

哈佛大学没有给所有的学生规定一个通用的知识体系，而是设置了一套通识教育课程，这些课程有助于学生形成一套通用的智识和掌握学术的经验，让大多数选课的学生能积极参与到关于艺术、文化、政治、科学和技术等领域的重大问题的争论、讨论乃至分歧中去。为了避免学生故意选择容易的课程来获得更高的成绩，新的报告规定，在 4 门必修的通识教育课程中，有 3 门课程需要计入平均学分绩点（GPA），剩余的 1 门通识课程不计入 GPA 而采用合格或不合格的方式进行考核③。这使得学生在课程选择中至少有一门能够不以学分成绩为导向来进行课程的选择，他们可以选择一些具有挑战性的课程，更多地考虑自身的兴趣和对自己有帮助的课程，从而增加了学生学习相关课程的弹性与灵活性。

3. 进一步强调跨学科能力的培养

早在 2006 年，哈佛大学通识教育审查委员会的报告就指出了这种构想：“为了获得更好的教育，学生在某一个单独学科领域不仅需要集中式的研究，还应当理解各学科研究的路径虽不尽相同，但有时候却

---

① New Harvard College requirements planning guide：Through fall 2019 ［EB/OL］. https：//generaleducation. fas. harvard. edu/new-requirements-beginning-fall-2019，2018-09/2018-12.

② General education review committee final report，January 2016.

③ 2017—2018 哈佛大学学生手册（2017-2018-fas-student-handbook）. 2018 年 1 月更新 .

是相互交织在一起的，学习自然科学的学生应当体验一下诗歌翻译的挑战，了解如何对经济进行量化分析；学文学的学生应当对自然科学里的数据分析以及政治制度的理论基础有一些了解；社会学系的学生应当了解音乐的文化功能和基因科学。要想接受宽广的教育，这样的跨学科探索十分有必要，因为这不仅让学生了解到我们当下探索的各个领域之间的联系，包括他们自己选的主修学科和其他学科之间的关系，也让学生明白即便他们不可能成为所有领域的专家，他们也应该对各种思想、著作和理论作出评价。只有广泛地探索不同的学科，学生才能在先前并未出现过这种关联的地方创造出全新的、创造性的联系。因此，委员会建议设置跨学科的必修课，以确保学生在求学期间能够获得一种宽泛的、多样化的教育，并且建议所有由院系开设的专业课程都应该满足这些要求。”①

4. 注重与研究方法有关的课程

纵贯哈佛大学通识教育改革的历史，我们可以发现，从1978年的通识教育核心课程改革开始，他们就十分重视研究方法的学习，并在2005—2006年开始增设“定量推理”核心课程。在2007年的通识课程改革中，与研究方法有关的课程是实证推理类课程，此外还有伦理推理类课程。而2016年的通识课程改革，仍旧重视与量化研究方法有关的课程，并设置了实证与数学推理课程，以加强学生量化研究能力的培养。随着当今社会计算机科学技术应用范围的扩大、大数据与研究紧密结合，不同学科的学术研究在方法上都提出了新的要求，量化手段具有较为合理的客观性和科学性将在未来的学术研究中占据更加重要的位置，学会量化技能对于学生的思维和专业成长都具有非常重要的作用。

（二）康奈尔大学通识教育改革新动向

康奈尔大学成立于1865年，是美国著名的常春藤名校。康奈尔大学非常注重本科生的教育与培养，“博雅教育”（liberal arts education）是其本科教育的重要理念。2016年，康奈尔大学艺术与科学学院组建了课程评估委员会，开始对已运行15年的通识教育课程模式进行改革和反思，用两年的时间在康奈尔大学进行大量调研、座谈、反馈、总结分析后，发现现行的通识教育存在着方方面面的问题，包括课程管理、选课系统、学生学习诉求难以满足等等。因此，康奈尔大学新一轮的通识教育改革应运而生，其主要举措有：

1. 调整通识课程要求，简化通识课程组合

对于通识课程的修读要求，康奈尔大学做了删繁就简的调整，改变过去分层、分块的课程描述，各个课程模块间交错表述，看起来深奥复杂却表意不清的情况。此次改革首先把课程门类简化到十大类，对于学生修读的要求采取简明扼要的表述：“学生需要在以上门类中各选一门课程进行学习，这些课程需要在4年8个学期内完成。”课程评估委员会表示，简化后的课程表能清晰明了地向学生和教师传达通识教育宗旨与意图。

2. 优化选课程序，明晰课程理念

由于改革前的通识课程要求表述的复杂，加之毕业要求的直观性，大部分学生在选课时未能真实了解所选课程的作用及其与自身需求的关系，仅根据课程名称和学分需要进行选择。此次改革，康奈尔大学以一种新的选课算法来为学生选课提供服务，通过考虑学生的检索历史和已修读课程为学生的课程选择提供建议。此外，学校还针对大一新生开设了咨询课程试点项目，以帮助学生熟悉学校教学资源，更好地选课。

---

① 汤俊雅，别敦荣，易梦春．哈佛大学课程革新：来自通识教育委员会的报告［J］．山东高等教育，2014，2（12）：56-74.

3. 创新课程内容，打造交叉学科

康奈尔大学在此次通识教育改革中同样注重学生跨学科能力的培养，通过交叉学科创新课程内容的设计。例如，艺术学学院注重“跨界”“跨学科”理念，在课程设计上，提出了两大交叉学科范畴：“我们的世界面临的挑战”“学生的想法和方法”，希望通过交叉学科提升学生的学习价值。此外，学校还通过开设一些具有世界视野的课程，使学生参与、思考，以提升学生的国际化视野。面对大数据时代的到来，他们还致力于紧跟时代，倡导学生将计算机类数据技术的研发课程中的习得内容应用于学习，引导学生更好地将计算机技术与专业学习结合起来并更新知识结构等等。

四、武汉大学深化通识教育改革的建议与对策

通过对武汉大学通识教育现状的分析，立足国际视野，参照世界一流大学通识教育的改革动向，我们对武汉大学通识教育改革提出以下几条建议。

（一）进一步完善通识课程体系与课程内容

2017—2018 年是武汉大学通识教育改革的提高年，武汉大学结合本校校情构建了“4-2-660”通识课程体系，成效初显。但是，通识教育课程体系和课程内容还有进一步完善的空间。在上述学生问卷中，完善课程体系和改进课程内容，是学生问卷中排列第二、第三位的诉求。完善课程体系和改进课程内容在某种程度上来说是有一致性的，要解决这个问题，我们首先要回答的是：我们应该提供给学生什么样的通识课程？借鉴哈佛大学与康奈尔大学的做法，在课程设计上我们不仅要给学生提供尽量广泛的课程，而且应该多设置一些跨学科课程及研究性课程。跨学科课程是指在课程内容设计上要通过交叉学科的融合，打破学科领域界限，从而帮助学生形成跨学科的思维和方法。这样在课程端确保跨学科课程的供给，同时与教学端的跨学科教学方法相结合，更好地培养学生的跨学科能力。研究性课程是指注重培养学生的研究方法与学习方法的课程，使学生通过学习本门课程的内容进而增强自己的问题研究能力（如量化研究能力）与学习能力，并将其用于其他课程的学习，强化其用本课程的知识解决其他课程问题的能力和用其他课程的知识解决本课程问题的能力。

（二）优化选课系统，服务学生选课

调查问卷显示学生对于选课系统的满意度比较低，因此进一步完善武汉大学的选课系统是一个重要的现实问题。由于目前通识课程在选课的要求和程序设置上过于错综复杂和交叉，加之毕业要求的规定性，大部分学生在选课时未能真实了解所选课程的作用及其与自身需求的关系，或者说已失去认真分析课程特点和内容的渴望，仅根据课程名称和毕业学分需要进行课程选择。这种选课形式所产生的效果不是学校所预期的，因此，改革也势在必行。建议借鉴康奈尔大学的做法，基于大数据并结合学生选课需求来设计选课程序，以新的选课流程和技术来为学生提供选课服务，在考虑学生的检索历史和已修读课程后提供建议性课程供学生选择，既考虑学生的个人需求也考虑学生已修读过课程的前后联系，帮助学生熟悉学校教学资源，了解需求，做好学业规划，增强选课的弹性与灵活性，指导学生选课；使学生的选课不再盲目和无序，也不会仅为了毕业学分要求而显得功利性太重，从而突出以生为本的理念，促进通识教育目的得到更好的实现。

（三）关注教师的权利，增强教师的获得感

通识教育是教育的一个子范畴，同样由教育者、受教育者与教育中介系统三要素构成，我们在关注学生权利、以生为本的同时，也要给予教师一定的关注，促进通识教育师资队伍的进一步完善，并增强教师的获得感。其一，针对通识课教师群体授课压力较大的问题，我们应该优化通识课程的时间安排，扩充通识教育的师资队伍，而不应该从扩大每门课程的班容量入手。其二，针对通识课课酬满意度较低的问题，应该在一定程度上提高通识课教师的课酬待遇，并完善相关激励机制，使得通识课教师在教书育人的同时有更多的获得感，从而调动教师的积极性。其三，针对教师对自主权的建议诉求，应该下放一定的通识课程设计与管理的自主权，允许教师自主设计课程，自主选择教材，合作开设课程，自主选择培训（但要完成一定的培训任务）等等；通过赋权下放的方式提高授课教师的自主权，并在教务管理方面给予一定的配合。此外，我们应该继续关注通识课教师的专业发展，教师作为通识课程内容的教学端、传授端与重要的供给端，其授课质量的高低关系到通识教育的质量与学生的满意度。学校应加强通识教育师资队伍的培训，设立相关经费，并在相关培训中兼顾通识理念素养、教育教学方法、评价考核方式等内容的培训，全方位提高通识课教师群体的水平。

（四）完善助教制度，加强对助教工作的统一管理

现阶段，由于一些现实因素，武汉大学部分通识课程的班容量依然较大，教师存在教学压力，且受限于时间与空间因素，学生与教师之间的交流不足，因此助教制度应运而生。由学生问卷调查可以得知，当前助教主要负责点名签到、收发作业等基础性工作，甚至存在有的助教课堂“干站着”“玩手机”的现象；部分学生认为现阶段助教的工作内容单一，作用有限，并对助教职能的延展具有较高的诉求。因此，我们应该完善助教制度，并加强对助教工作的统一管理。首先，应该对助教有明确的角色定位。助教是助理教师，具有辅助教师教学的职能，而不是简单的一份兼职。助教应在全校范围内结合学科专业的特点，由较为优秀的研究生通过统一组织的应聘考核后上岗。其二，应加强对助教的定期培训管理。助教作为助理教师同样应该对其进行通识教育意识与素养、教育教学方法、管理等内容的培训，并建立学生评价助教的制度，设置奖惩机制，严把质量观。其三，应该在一定程度上提高助教的薪资待遇。助教作为教师助理的角色，在加强对其管理培训的同时，我们也应该提高其待遇，管理与激励并重，从而使得其工作更有获得感，而不是只提要求，不做激励。

此外，我们还应该倡导通识课教师在评价学生时诊断性评价、过程性评价、终结性评价与发展性评价相结合，并采用多种评价方法，从而促进评价机制更趋合理化，更好地促进学生通识课程的学习。我们还应该在一定程度上满足学生的合理化诉求，增加教授名师的授课率。同时，继续深化教学层面的改革，结合各门课程的特点分步推进“大班授课、小班讨论”的教学模式由试点到广布等等。

总之，通识教育的改革是一个渐进的过程，相信武汉大学的通识教育在总结经验，立足国际，植根本土的背景下会取得更大的成绩，从而不断提高并扩展其质量及影响。

◎ 参考文献

[1] New Harvard College requirements planning guide: Through fall 2019 [EB/OL]. https://generaleducation.fas.harvard.edu/new-requirements-beginning-fall-2019, 2018-09/2018-12.

[2] New requirements (beginning fall 2018). Harvard College, https://generaleducation.fas.harvard.edu/new-requirements-beginning-fall-2018, 2017-09/2018-12.
[3] Program in general education. Harvard College, https://generaleducation.fas.harvard.edu/current_requirements, 2017-09/2018-12.
[4] Harvard education review committee. Harvard Education Review Committee Programme Renewal [EB/OL]. https://generaleducation.fas.harvard.edu/background, 2018-06/2018-12.
[5] 汤俊雅，别敦荣，易梦春．哈佛大学课程革新：来自通识教育审查委员会的报告[J]．山东高等教育，2014，2(12)：56-74.

·教育调查·

生源地因素对高校就业市场开拓策略的影响研究

——以W大学2015—2017届毕业生为例

吴蓉芳　赵锁泽

（武汉大学　学生就业指导与服务中心，湖北　武汉　430072）

摘　要：95后及新一代大学生个性化特征越来越明显，这对高校就业服务提出了更高的要求。生源地、家庭等个体化因素正日渐成为影响大学生就业的关键因素，本研究以W大学2015—2017届毕业生为例，分析毕业生生源地人数、生源地就业流向人数、生源地来校宣讲单位数三者之间的关系，发现生源地人数与就业流向人数显著正相关，生源地来校宣讲单位数与就业流向人数显著正相关。最后，提出新形势下的就业市场开拓新策略。

关键词：高校就业市场开拓；生源地；个性化就业需求

Research on the Influence of Student Sources on the Development Strategy of University Employment Market

—Taking Graduates from W University in 2015—2017 as an Example

Wu Rongfang, Zhao Suoze

（Student Employment Guidance and Service Center, Wuhan University, Wuhan, Hubei, 430072）

Abstract: The post-95 and the new generation of college students' individualized features are more and more obvious, which puts higher requirements on college employment services. Individual factors such as student source, family and living habits are increasingly affecting the employment flow of college students. This study takes the graduates of W University in 2015—2017 as an example to analyze the relationship between the source of graduates, the employment flow of graduates, and the number of the employer units who came from the Graduate's hometown. We found that the number of students in the source place of graduates was significantly and positively related to the number of graduates in the employment. The number of the employer units who came from the Graduate's hometown and the employment flow of graduates were significantly and positively correlated. On this basis, the new strategy of university employment market development under the new situation is proposed.

Key words: University employment market development; Student source; Personalized employment needs

---

收稿日期：2019-03-30

作者简介：吴蓉芳（1987—　），女，湖北恩施人，硕士，武汉大学学生就业指导与服务中心就业信息办副主任，国家二级人力资源师，全球职业规划师，研究方向：大学生就业指导、职场礼仪、就业市场。赵锁泽（1963—　），男，湖北汉川人，硕士，武汉大学学生就业指导与服务中心副研究员，研究方向：大学生就业市场。

就业是最大的民生，李克强总理在2019年十三届全国人大二次会议上所作的政府工作报告中首次将就业优先政策置于宏观政策层面。面对不断变化的市场情况和就业主体的个性化特点，就业环境也将会迎来新的变化。高校就业市场是大学生就业的重要阵地，高校势必要紧跟时代需要，不断更新就业市场建设和开拓策略。

一、95后个性化就业需求对就业市场开拓提出新要求

2018年，LinkedIn“第一份工作趋势洞察”报告在各人力资源管理人员之间口口相传，该报告称：95后第一份工作的平均时长是7个月（90后19个月，80后43个月，70后51个月）。也就意味着大学生毕业后选择的第一份工作，平均维持7个月后，迎来了他们工作生涯中的第一次辞职。对比90后、80后甚至70后的第一份工作平均时长，95后明显加快了他们的工作迭代速度。

95后因为他们独特的成长环境，往往更加追求独立自主，关注自身感受，追求自我价值的实现，加上他们这一代大都没有特别大的生活经济压力，所以只要他们发现工作与期待不符，或者与雇主曾承诺的不符，他们就会更快做出其他选择；加之当今信息化时代，职业信息和机会的获取渠道越来越多，越来越便捷，更换工作也变得更加简单和频繁。

同时，根据近几年校园招聘的情况，我们也越来越发现，大学毕业生的第一份工作的行业选择更加集中化，毕业后越来越热衷于进入当下最热门的行业。LinkedIn“第一份工作趋势洞察”报告显示，互联网和金融两大行业共吸纳了超过1/3的95后毕业生。

95后越来越个性化的就业需求，给就业服务提出了更高的要求，在就业市场的建设和开拓方面越来越需要考虑更多的因素，之前不是主要影响因素的个体性差异将会越来越突出，例如家庭因素、生源地、生活习惯等。

二、生源地因素对大学生就业流向的影响

近几年国家和各地区出台多项政策不断促进人才的合理分布和有序流动，毕业生就业流向一直也是各大高校比较关注的问题，例如近几年国家在积极鼓励毕业生到基层就业，但是我们发现这些政策的实际成效并没有特别显著，特别是双一流高校的毕业生到基层就业的比例并不算高。究其原因，主要是政策只是单方面的促进，并没有考虑毕业生的个体因素。家庭因素一直是影响毕业生就业选择的一个关键因素，近几年来，虽然薪酬、发展前景对于毕业生来说越来越重要，但是家庭因素一直稳居在影响因素的第三或第四位。而与家庭因素相关度比较大的生源地对于毕业生就业选择的影响也在近几年表现越来越明显。随着就业主体中研究生群体所占比例越来越大，家庭因素和生源地因素在就业选择过程中正扮演越来越重要的角色。

国内目前对毕业生就业流向问题已有一定研究，主要集中在地域分布分析方面，但是并没有统一标准，大部分主要是按照东中西部进行划分。岳昌君（2011）将毕业生流动分为五类：继续流动（生源地-外地高校-非生源地非高校所在地）、返回流动（生源地-外地高校-生源地）、前期流动（生源地-外地高校-就读高校所在地）、后期流动（生源地-生源地高校-外地）、不动（生源地-生源地高校-生源地）。他发现东部沿海省份的大学生更倾向于本地就业（在家庭所在地就业），而异地就业的主要流向是东部沿海省份[1]。黄艳，田辉玉和王建农（2013）调研了湖北省56所高校毕业生的情况，发现高校毕业生的就业存在较为显著的地域分流，经济相对发达的东部地区是毕业生的主要就业流入地区，吸纳了约2/5的毕业生；调研高校所在的省域吸纳了约2/5的毕业生；经济发展程度相对滞后的中部其他地区吸纳了约1/10

的毕业生；而经济发展落后的西部地区吸纳了近1/10的毕业生[2]。

部分学者对毕业生流向的影响因素进行了研究，王文波，宋琦，李鹏军和林波（2012）运用因子分析法对大学生区域性流动影响的因素进行了分析并提取了10个影响因子，按照影响程度排序为：保障因子、工作适应度因子、软环境因子、经济因子、科技因子、文化因子、生活习惯因子、家庭因子、制度差异因子、政策因子[3]。岳昌君等（2011）发现不论以生源地还是院校地作为起点来分析毕业生的就业流动，本地就业率均保持在较高的水平[4]。何仲禹，翟国方（2015）发现生源地在就业地的选择上具有较大的影响[5]。部分学者对生源地因素进行了更加细致的划分，王天营，李玉淑（2014）按生源地将学生划分为农村和城镇生源，发现大学毕业生就业时，来自农村与城镇的大学生在薪酬、工作环境、工作地域、发展空间四种价值取向上高度一致；在专业价值取向上却高度不一致，来自农村的大学生比来自城镇的大学生更为看重工作与所学专业的一致性[6]。马莉萍，潘昆峰（2013）发现在控制地区及个人基本特征的情况下，毕业生更倾向于选择在生源地就业且毕业生在哪里就学也会增加他们毕业时留在当地就业的可能性。“211”重点高校毕业生、研究生更倾向于离开生源地就业，且更倾向于留在院校地就业。控制了地区经济和教育特征的情况下，仍然发现毕业生更加倾向于留在生源地就业，且在哪里就学也会增加其留在当地就业的可能性[7]。

越来越多的研究和数据表明生源地对于大学毕业生的就业流向有着非常重要的影响，作为大学生就业服务部门的就业中心在进行市场建设和市场开拓的过程中，应该根据时代和形势的变化不断调整服务策略，为有更多个性化就业需求的毕业生提供个性化服务。

三、生源地人数、来校宣讲单位数与就业流向人数之间的相关性分析

（一）W大学2015—2017届毕业生生源地、就业流向和进校宣讲单位数情况

W大学是一所综合性大学，学生生源地遍布全国，毕业生就业时的流向也是遍布全国，同时遍布全国的用人单位都会选择在每年校园招聘时期进入W大学招贤纳才。作者统计了W大学2015—2017届毕业生的生源地人数、就业流向人数以及来校进行宣讲的单位数，部分省份数据如表1所示。

表1　**W大学2015—2017届毕业生生源地人数、就业流向人数和来校宣讲单位数分类汇总（部分）**

	就业流向人数	生源地人数	来校宣讲单位数	三项比
北京	1828	572	480	3.20∶1∶0.84
本	638	426	480	1.50∶1∶1.13
2015届	222	162	148	1.37∶1∶0.91
2016届	224	156	154	1.44∶1∶0.99
2017届	192	108	178	1.78∶1∶1.65
硕	1065	85	480	12.53∶1∶5.65
2015届	359	40	148	8.98∶1∶3.7
2016届	355	24	154	14.79∶1∶6.42
2017届	351	21	178	16.71∶1∶8.48
博	125	61	480	2.05∶1∶7.87
2015届	43	20	148	2.15∶1∶7.4

续表

	就业流向人数	生源地人数	来校宣讲单位数	三项比
2016 届	40	19	154	2.11 : 1 : 8.11
2017 届	42	22	178	1.91 : 1 : 8.09
广东	4918	1342	1047	3.66 : 1 : 0.78
本	1995	747	1047	2.67 : 1 : 1.40
2015 届	697	248	281	2.81 : 1 : 1.13
2016 届	668	236	355	2.83 : 1 : 1.50
2017 届	630	263	411	2.40 : 1 : 1.56
硕	2747	520	1047	5.28 : 1 : 2.01
2015 届	943	184	281	5.12 : 1 : 1.53
2016 届	935	168	355	5.57 : 1 : 2.11
2017 届	869	168	411	5.17 : 1 : 2.45
博	176	75	1047	2.35 : 1 : 13.96
2015 届	61	22	281	2.77 : 1 : 12.77
2016 届	56	22	355	2.55 : 1 : 16.14
2017 届	59	31	411	1.90 : 1 : 13.26
湖北	8240	14479	561	0.57 : 1 : 0.04
本	2263	6555	561	0.35 : 1 : 0.09
2015 届	822	2328	154	0.35 : 1 : 0.07
2016 届	782	2284	196	0.34 : 1 : 0.09
2017 届	659	1943	211	0.34 : 1 : 0.11
硕	4903	6661	561	0.74 : 1 : 0.08
2015 届	1712	2515	154	0.68 : 1 : 0.06
2016 届	1630	2229	196	0.73 : 1 : 0.09
2017 届	1561	1917	211	0.81 : 1 : 0.11
博	1074	1263	561	0.85 : 1 : 0.44
2015 届	332	410	154	0.81 : 1 : 0.38
2016 届	361	416	196	0.87 : 1 : 0.47
2017 届	381	437	211	0.87 : 1 : 0.48
安徽	364	1777	58	0.2 : 1 : 0.03
本	95	822	58	0.12 : 1 : 0.07
2015 届	33	288	19	0.11 : 1 : 0.07
2016 届	32	269	13	0.12 : 1 : 0.05
2017 届	30	265	26	0.11 : 1 : 0.1
硕	227	855	58	0.27 : 1 : 0.07
2015 届	73	281	19	0.26 : 1 : 0.07
2016 届	74	278	13	0.27 : 1 : 0.05

续表

	就业流向人数	生源地人数	来校宣讲单位数	三项比
2017 届	80	296	26	0.27：1：0.09
博	42	100	58	0.42：1：0.58
2015 届	13	24	19	0.54：1：0.79
2016 届	12	39	13	0.31：1：0.33
2017 届	17	37	26	0.46：1：0.7
西藏	74	36	1	2.06：1：0.03
本	57	29	1	1.97：1：0.03
2015 届	18	9	1	2：1：0.11
2016 届	17	9	0	1.89：1：0
2017 届	22	11	0	2：1：0
硕	16	6	1	2.67：1：0.17
2015 届	4	1	1	4：1：1
2016 届	7	2	0	3.5：1：0
2017 届	5	3	0	1.67：1：0
博	1	1	1	1：1：1
2015 届	1	1	1	1：1：1
2016 届	0	0	0	—
2017 届	0	0	0	—

我们特别挑选了 W 大学生源地大省以及来校宣讲单位数较多的省份，并计算了这三项数据比。我们发现硕士研究生已是 W 大学就业主体。就湖北生源来看，就业流向人数低于生源数，且 2015—2017 届本科生和研究生高校所在省份就业呈下降趋势，而来校宣讲单位数呈上升趋势。随着近几年各省市人才政策的铺开，W 大学毕业生更不愿意留在本省而选择了外流。这对高校的就业市场建设和开拓提出了更高的要求。

对于生源地人数较多的安徽、河南和湖南等省份，来校宣讲单位数比较少，这可能跟当地的经济发展有一定关系，但同时我们发现实际选择这些生源地就业的学生并不少，这在一定程度上说明针对这些地区的市场开拓有更大开展空间。

而对于本身生源数量较少的省份，特别是中西部省份来说，来校宣讲的用人单位普遍较少，近两年来 W 大学宣讲的西藏地区用人单位数为零，这些都是 W 大学就业市场开拓的盲点所在，这也为市场开拓提供了一些新思路。

（二）生源地人数、就业流向人数和进校宣讲单位数之间的相关性分析

同时我们还分析了 W 大学 2014—2017 届毕业生的生源地人数、就业流向人数以及进校进行宣讲的单位数三者之间的相关性，发现生源地人数与就业流向人数显著正相关，生源地来校宣讲单位数与就业流向

人数显著正相关，如表 2 所示。

表 2　　**生源地人数、就业流向人数和来校进行宣讲的单位数之间的相关性**

	生源地人数	就业流向人数	来校宣讲单位数
生源地人数	1	0.691**	0.084
就业流向人数		1	0.548**
来校宣讲单位数			1

** 表示在 0.01 水平（双侧）上显著相关。

这说明生源地就业对于毕业生来说是一很重要的就业，生源地是影响毕业生就业的一个重要因素。同时，来校宣讲单位数与就业流向人数的显著正相关说明，进行有针对性的就业市场开拓，更大程度地吸引更多不同生源地的用人单位来校宣讲，很大程度上可以对生源地就业流向产生影响。

而生源地人数与来校宣讲单位数之间并没有显著相关性，说明并不是生源地人数较多的省份来校宣讲招聘的单位就多。近年来，越来越多的用人单位选择校园宣讲的方式进行招聘，一方面宣传雇主品牌，另一方面提前与消费群体建立联系，同时招聘更多的高校人才。这种招聘方式需要大量的时间、人力、财力成本，对用人单位提出了更高的要求。不同经济发展水平地区的行业和产业布局不同，用人单位的各方面实力也相差悬殊。而生源地人数则与高校本身所在的地域有很大的关系，往往是本省及周边省份的生源地人数相对较多。这就导致了这两者之间不可能存在显著的相关性。

四、学生生源地和就业流向影响下的就业市场开拓新策略

高校的就业市场往往需要全方位布局，关键领域、国防军工、重点行业、基层扎根缺一不可，需要真正做到“顶天立地”。但面临 95 后以及更新一代毕业生越来越个性化的就业需求，就业市场开拓策略也需要相应地根据个性需求有所改变。结合 W 大学 2015—2017 届毕业生生源地和就业流向状况，以及毕业生特点，本文提出以下就业市场开拓策略。

（一）夯实关键领域、重点行业就业市场

关键领域、重点行业必将一直是高校就业战略布局的重点所在，因而任何新的市场开拓策略都必须在夯实这一基础之上开展。只有关键领域、重点行业的高校就业市场成熟了，才能带动其他区块就业市场的成熟发展。

（二）加大国防军工、基层就业市场开拓力度

国防军工、基层就业市场虽然近几年有了一定的发展，但是力度明显不够。学生对于国防军工和基层就业仍然存在很大程度上的认知不足，因而 W 大学实际到这些地方就业的毕业生比例并不高，这不管是对于学校整体的就业布局还是对于学校将来的长远发展来说都是不利的。同时对于学生个体来说，众多的学生往往是因为对这些领域不了解而不选择，这需要我们加大这些领域的市场开拓力度，让更多的学生更加深入地了解国防军工和基层。

（三）弥补个性化就业需求市场

95 后个性化的就业需求不容我们忽视，个体化因素在就业择业过程中产生着越来越重要的影响。越

来越多的现实和数据表明，个体化因素，如家庭、生源地、生活习惯等正越来越成为大学生就业择业的关键决定因素。加之双一流高校的就业主体正日益以研究生为主，这些因素表现得更为明显。针对这些现象，我们需要有针对性地进行就业市场开拓的缺失弥补。根据 W 大学 2015—2017 届毕业生的生源地人数、生源地就业流向人数以及生源地来校宣讲单位数情况，我们发现生源地人数与就业流向人数显著正相关，生源地来校宣讲单位数与就业流向人数显著正相关。我们可以针对生源地人数较多的省份进行更加深入的市场开拓，扩大开拓面，不再仅仅局限于企业，而要同时开拓事业单位、政府机关、基层就业、国防军工等就业市场。针对有一定生源地人数，但是经济欠发达、来 W 大学宣讲单位数量较少的省份，则可有针对性地加强定向选调、政府机关、特殊项目等就业市场的开拓。

（四）变被动为主动，化零为整，开展主题及分类式校园招聘

目前的就业市场，特别是双一流高校的就业市场依然是学校的卖方市场，每年都是用人单位主动联系高校进行招聘，虽然每年也有一定的招聘量，但是这个过程对于高校来说，实际是被动、零散的过程。面对 95 后越来越个性化的就业需求，我们为什么不能在了解他们需求的基础上，变被动为主动？可以在了解个性化就业需求的大类基础上，主动邀请目标用人单位进校开展主题及分类式校园招聘。这一方面满足了毕业生的需求，另一方面也可弥补一部分就业市场空缺，同时还可加强与用人单位之间的关系。

（五）及时开拓全球热门新领域，完善整体布局

时代在变，就业市场也是日新月异，结合 95 后及新一代毕业生可能出现的就业特点，要随时把握国内以及国际就业市场上的新变化，及时开拓新兴的热门领域的就业市场，不断完善就业市场整体布局。

◎ 参考文献

[1] 岳昌君．大学生跨省流动的特点及影响因素分析 [J]．复旦教育论坛，2011，9（2）：57-62.

[2] 黄艳，田辉玉，王建农．高校毕业生就业流向与趋势研究——基于城市二元劳动力市场的视角 [J]．教育发展研究，2013（9）：36-41.

[3] 王文波，宋琦，李鹏军，林波．基于因子分析的大学生区域性流动影响因素研究 [J]．资源开发与市场，2012. 28（8）：691-695.

[4] 岳昌君，等．全国高校毕业生就业状况（2009—2010）[M]．北京：北京大学出版社，2011.

[5] 何仲禹，翟国方．我国大学生就业城市选择意愿及其影响因素分析 [J]．人文地理，2015（2）：37-42.

[6] 王天营，李玉淑．大学生就业价值取向实证研究——基于性别、生源地和年级的差异 [J]．大学生就业，2014（2）：33-38.

[7] 马莉萍，潘昆峰．留还是流？——高校毕业生就业地选择与生源地、院校地关系的实证研究 [J]．清华大学教育研究，2013（10）：118-124.

·研究综述·

关于大学校长素质研究的文献综述

杨　潘

（武汉大学　教育科学研究院；湖北　武汉　430072）

摘　要：大学校长作为学校的决策者、管理者、维护者、协调者，对于学校发展水平和治理水平的提升起决定性作用。近年来学者们围绕大学校长应该具备什么素质、如何提升大学校长素质等问题进行了许多研究。本文通过对近15年来国内关于大学校长素质研究的文献进行梳理，在归纳其研究的主要观点的基础上，对大学校长素质研究的发展趋势进行了分析，可为后续研究提供参考。

关键词：大学校长；大学校长素质；文献综述

A Literature Review on the Study of the Quality of University Presidents

Yang Pan

(Research Institute of Education Science, Wuhan University, Wuhan, Hubei, 430072)

Abstract: As the decision-makers, managers, defenders and coordinators of the school, the president of the university plays a decisive role in the improvement of the school's development level and governance level. In recent years, scholars have carried out a lot of research on the quality of university presidents and how to improve the quality of university presidents. Through combing the literature on the quality of university presidents in the past 15 years, based on the main points of the research, the paper analyzes the development trend of the quality of university presidents, which can provide reference for the subsequent research.

Key words: University president; University president quality; Literature review

随着十九大宣布进入新时代以来，中国进入了新的发展阶段，这对教育也提出了新的要求。“双一流”建设、拔尖创新人才培养等大学发展任务应运而生，大学校长作为学校的决策者、管理者 、维护者、协调者，对于大学发展水平和治理水平的提升起决定性作用。一方面，国家教育发展的时代背景呼唤大学校长素质研究；另一方面，面对着日趋复杂的教育环境，急需建立大学校长素质标准以指导遴选、考核、培训等实践活动。因此，大学校长素质研究具有时代意义和实践意义，遂逐渐成为研究热点。

本文通过对近15年来国内关于大学校长素质研究的文献进行梳理，在归纳其研究的主要观点的基础上，对大学校长素质研究的发展趋势进行了分析，可为后续研究提供参考。

收稿日期：2019-05-25

作者简介：杨潘（1995—　），女，山东济南人，武汉大学教育科学研究院硕士研究生，主要研究方向：教育经济与管理。

1　关于大学校长素质研究文献的基本情况

1.1　研究文献的基本概况

在中国知网以“大学校长素质”为主题词进行检索，截至检索日期 2019 年 5 月，共有 196 篇相关文献。根据题目、摘要、关键词、参考文献剔除不相关文章，仅保留大学校长（包括公办普通本科、民办普通本科、高职院校）素质研究相关文献，共有 79 篇。时间跨越 1993 年至 2018 年，其具体情况见图 1。

指标分析

文献数	总参考数	总被引数	总下载数	篇均参考数	篇均被引数	篇均下载数	下载被引比
79	3100	607	42247	39.24	7.68	534.77	69.6

总体趋势分析

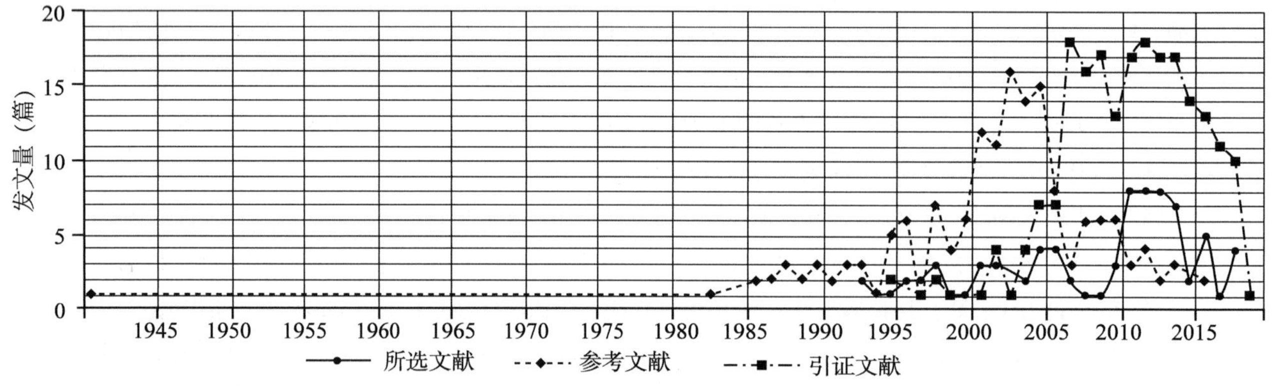

注：分析工具：中国知网计量可视化分析。

图 1　文献指标分析及总体趋势图

通过以上分析可以看出，针对大学校长素质的相关研究总体规模较小，呈现逐年上升且在 2014 年之后直线下降的趋势，尤其在检索结果中所占比例远低于中小学校长素质研究。

在研究方法上，研究主要采用定性研究。研究者通过文献分析、个案研究、中外比较分析等方法，归纳、总结、梳理大学校长应具备的素质。也有研究将定性与定量方式相结合，通过基本信息分类统计，结合深度访谈归纳出理想大学校长素质模型。

在研究内容上，主要关注对中外卓越校长的分析，通过对卓越校长素质特质进行总结提炼，以达到为识别、遴选、培训优秀校长提供标准的目的。

1.2　关于大学校长素质研究的基本观点

国内学者从实践需求出发，借鉴管理学中领导者素质相关研究，致力于描绘出理想校长特征画像，为大学校长的选拔、考核、培训提供实践指导，同时，也关注目前我国大学校长素质的实际状态，提出了现存的问题和提升策略。因此，本文将文献分为以下三类进行归纳梳理。

1.2.1　关于我国大学校长应该具备的素质研究

随着信息时代和知识经济时代的到来，高校发展面临着前所未有的机遇和挑战，传统大学校长素质面对新境遇显得捉襟见肘，于是学者们开始基于不同视角提出对于大学校长素质的新构想。

1.2.1.1　基于素质概念视角提出的大学校长素质

学者许晓东认为“素质”包括内隐的人格素质和外显的行为素质两方面，在人格素质方面结合国内外对于大学校长的角色期待和相关研究提出5点素质要求，在行为素质方面采用领导行为理论框架提出了关怀行为、结构行为和决策行为3方面要求，最终提出了关于大学校长素质的5条一般性和规律性的结论。[1]

1.2.1.2　基于领导学理论提出的大学校长素质

学者邸鸿勋、高廉平和袁自煌认为“领导者应该具备什么样的素质，则是由他的领导地位（包括领导体制、政策和组织原则）和作用所决定的”，因而提出了高校领导者应具备的品德结构、知识结构、能力结构和精力结构。[2]

胜任力理论是指导许多学者研究的理论基础。学者刘晶玉在对大学校长能力理论和胜任力理论进行分析的基础上，结合专家访谈结果，构建并量化检验了基于中国文化背景的研究型大学校长胜任力结构模型，认为大学校长的胜任能力由5个维度23项因素构成。[3]学者李德方运用BEI建构了高职院校校长胜任力“格式塔”模型，包括11项胜任特征的合格高职院校校长胜任力模块和11项特征要素的优秀高职院校校长胜任力模块两部分。[4]学者方阳春、贾丹和宣勇基于胜任特征理论基础，通过高校校长深度访谈，运用扎根理论研究方法归纳出专业化大学校长的7个胜任特征范畴：校长自我管理和发展素质、规划学校发展、优化内部管理、人才队伍建设、专业学科建设、内部关系与保障以及外部关系与保障。[5]

1.2.1.3　基于遵循高等教育发展规律提出的大学校长素质

学者罗先友认为“根据大学的特点去选择与其发展相适应的领导者才是历史唯物主义者的明智之举”，因此，新时期的大学校长必须具有独立和完整的办学思想，要有宏观思维决策能力；具有更强的能力（包括组织指挥能力、协调配合能力、外交活动能力、语言表达能力等），更旺盛的精力，具有开拓创新精神；具有更清醒的政治头脑、更坚定不移的品格和更强的自制力；除了要懂教学科研外，还应具有现代教育管理素养，具有一定的管理才能；具有尊重党委领导，善于通过民主集中制领导方式来管理学校的素质；有不慕虚名、埋头苦干的务实精神；有较高的文化素养、较深的专业造诣和一定的教育教学资历；人品要正派，办事要公道。[6]学者陈应鑫认为应当“根据高等教育的客观规律和高等教育改革发展的实际需要以及高等学校办学、管理的具体情况”来思考大学校长的素质，并认为作为高等学校的领导者应当具备五个方面的基本素质：政治素质、思想道德素质、科学文化素质、领导能力素质、身体心理素质。[7]学者陈坤华在分析时代发展和高等学校职能变化的基础上，指出了现代大学校长的发展取向，并提出大学校长政治素质、学术素质、教育科学素质、管理能力四方面基本素质要求。[8]学者刘少雪从学校发展应适应时代需求规律出发，从知识经济时代对大学发展提出新要求的角度分析，认为大学校长应具有自己的大学教育理念和实践其教育理念的勇气、具有求真求实的科学家精神、具有良好的决断能力。[9]学者程斯辉和李中伟认为从“学科型”大学校长走向“学校型”大学校长，是回归高校管理本质的必然选择，由此出发，认为“学校型”校长应具有战略思维、长远眼光、全局视野和前沿意识，善于进行规划定位和顶层设计，能够统筹协调、综合推进。[10]学者赵万彬基于民办大学发展的特殊规律，提出了民办大学校长应注重三种素质：一是熟悉高等教育规律，二是有一定的管理能力，三是对国家的高等教育政策有一定的敏感性。[11]

1.2.1.4　基于大学校长职责提出的大学校长素质

学者罗德里克·德·弗雷泽提出“大学校长的工作职责主要有三项：一是吸引最好的学生到学校读书；二是吸引最好的教职员工到学校工作；三是为教职工提供足够的资源，营造积极的氛围，使师生能够有效地学习、创造性地开展学术与科研工作，保证他们发挥最大潜力”，由此认为大学校长应有具有经验、智慧、人性良知、了解环境、富有远见的特质，并总结了一份能力素质清单，包含领导能力、团队建设、立即行动、集中精力实现战略目标需要、具有全球视野、公牛品质、能与各个阶层的各类人物融洽相处、经验能够举一反三、善于从以往的经验中获取教益等 9 个方面。[12]学者陈艳认为“校长的素质要求，是由大学的功能与校长职责决定的。虽然中西方国家大学的办学体制不同，但是如果按照教育规律来办学，大学校长的主要职责应该是相同的。从本质上来说，一个大学校长的最主要工作就是掌握两条规律和抓好三件大事。‘两个规律’：一是指外部规律，即大学与国家的经济社会发展相适应的规律；二是内部规律，即大学的各项工作都必须遵从教育规律，大学各项制度的制定、学风的培养、环境的优化都要符合人才成长的规律。‘三件大事’：一是提出办学理念，培育大学精神。二是把教学与科学研究作为大学的两项中心任务来抓，而且要把它们做到极致。三是肩负着为社会服务的功能，必须做到与社会息息相通”并在此逻辑基础上提出“优秀的大学校长应该是，政治上清醒、管理能力强、学术有造诣”。[13]学者张宗益认为大学校长的根本职责包含继承大学的优秀传统、弘扬大学的现代精神、成就大学的至善未来三项，因此要求大学校长德才兼备，以德为先；熟悉规律，坚守理念；知人善任，人尽其才；具有国际视野和前瞻意识；思维敏捷，真抓实干。[14]

1.2.1.5 基于历史上杰出校长总结归纳的大学校长素质

面对我国需要建立大学校长素质模型的现状，有的学者希望从国外知名大学校长入手展开研究。

学者栾兆云研究发现，美国大学校长的资格因学校的类型、规模、具体情况和地理位置等的不同而不尽相同，但都必须具备丰富的管理经验、政治活动能力和较高的学术水平。除了具备良好的个人品质和基本的道德修养以外，他们更注重的品质是熟悉教育，特别是高等教育，尤其要有个性，有对大学深刻的理解，持有鲜明的大学理念。[15]学者吴坚通过分析发现国外知名大学校长具有高学历、多元的知识结构、名校就读经历以及多元教育背景等共性，提出大学校长应该具有多元化的学历、经验、教育背景。[16]耿有权和刘琼两位学者则通过对美国排名前 20 位的世界一流大学校长的学习经历、学科背景、学术荣誉、校长经历、工作经历等素质维度的研究，揭示了美国社会对担任世界一流大学校长的素质要求及其带给我国的重要启示。[17]郭俊和马万华两位学者基于履历背景的视角，以自然特征、教育背景、学术背景、职业背景、任期特征等为主要指标，对美国大学校长的群体特征进行了实证研究，提出了我国遴选校长的标准。[18]

也有的学者从对近代中国知名校长和当代大学校长的分析中汲取智慧。

学者刘尧通过分析朱九思的高教实践，提出了大学校长要有教育理想、教育思想、实事求是的科学态度、创新意识、战略家的眼光，要精通教育管理、研究高等教育、重视和参与学术交流。[19]学者程斯辉通过研究 19 世纪末到 1949 年中华人民共和国成立之前的半个多世纪中创办发展起来的国立大学（含公立大学）、私立大学（含教会大学）和属于本科办学层次的独立学院的校长，归纳近代大学校长治校办学的成功经验，反思失败教训，揭示了治校办学的规律，总结了近代大学校长群体的共性特征。[20]在《中国近代大学校长成为教育家的当代意义》一文中，程斯辉对能被称为“教育家”的近代大学校长进行分析，总结了近代大学校长成为教育家在能力、知识、性格、品德四方面的素质特征。[21]学者蔡世华选取 10 所民国时期名校的代表性校长，通过国际化高等教育视野与经验、国学底蕴与人文素养、推进和领导大学变革与发展能力、道德境界与人格魅力四个维度与当代大学校长进行比较反思，为当代校长素质发展指明了新方向。[22]

而还有学者将中外大学校长研究结合起来，通过比较分析进一步完善研究。

学者许庆豫审视了国内外一流大学的形成过程，认为这些大学的校长具有批判和创新精神；热心于社会公共事业，并善于赢得广泛的社会支持；富有务实的献身事业的精神；善于实施大胆的改革措施；善于提出鼓舞人心的宏伟目标。[23]学者陈闻晋、胥青山和胡承群根据收集的 100 所高校校长的资料，并结合其他有关资料总结了我国高校校长的群体特征，最终通过总结古今中外一些成功大学的经验，提出了大学校长的理想模式，即成功的大学校长，一要具备政治家的气度，二要具有管理家的才干，三要在学术上卓有建树（科学家或杰出学者），四要兼顾上述几种品质成为教育家，并通过近代三位著名大学校长的个案分析进一步论证补充了理想大学校长模型。[24]学者席西民、郭菊娥、王洪涛和王大刚在研究总结世界知名大学校长共同特征的基础上，提出知名校长的素质要求应包括政治教育素质、管理素质、学术素质和责任感。[25]王鲁捷和王佳两位学者则通过考察美国、英国和中国大学校长考核制度，并对22位专家进行访谈，最终确定了“素质”“能力”和“绩效”三个大学校长评价核心指标，并建立了三个指标模块，对大学校长应具有的素质进行了详细论述。[26]

1.2.1.6　基于大学校长角色视角提出的大学校长素质

在高校管理者素质提升与能力建设国际研讨会上，各方学者就大学校长的理想角色模型进行了讨论。中国政法大学校长徐显明认为，大学校长应该是教育家、学问家、管理专家和政治家的统一，理想的大学校长应该是“四家合一”。云南农业大学副校长唐滢认为，理想的大学校长应当是教育家、管理专家和社会活动家，同时具备六种核心能力：领导能力、组织管理能力、决策能力、分析能力、判断力和承受压力的能力。青岛大学的李军教授认为，高校管理者应该是高素质的复合型人才。他提出，理想的高校的领导者应该成为教育家、政治家、战略家、社会活动家、经营管理家。[27]

学者牛维麟认为一流大学校长应该是一位教育家、管理者、学者、社会活动家，且应该具备创新能力。[28]学者吴玉厚针对中国大学校长的角色定位特点提出大学校长应是政治方向的把握者、改革创新的开拓者、学术管理的主持者、大学持续发展的推动者、大学和谐体系的构建者，并据此从从业经验与教育思想，科学管理与工作作风，改革实践与管理创新，高教研究与战略规划以及国际学术交流与合作五方面论述了大学校长应具备的素质与能力。[29]学者王洪才认为大学校长应具备八个方面的素质，即大局意识，政治家的风范；领导才能，领袖的人格魅力；学术前瞻力，大师的视野；很强的社会活动能力，社会活动家的能量；很好的演讲才能，演说家的号召力；经济预算能力，经营者的头脑；独特的办学理念，教育家的基石；强健的体魄，精神健康的基础。[30]学者程斯辉和李中伟认为大学校长应为教育家型校长，应真正懂教育、拥有教育情怀并将办学治校作为专业进行研究与实践，成为大学发展战略的规划者和设计者、大学内部改革的推动者和支持者、现代教育和管理理论的研究者和创新者。[10]学者黄蓓从学生视角出发，研究大学生对大学校长的角色期待，选取浙江师范大学、武汉理工大学、华中科技大学三所高校的715名本科生为研究样本，运用定量与定性相结合的方法，从角色类型、领导风格、背景特征、形象与个性品质、知识素养与能力、工作职责与内容六个维度，具体考察大学生对大学校长的角色期待。[31]

前美国加州大学校长克拉克·科尔就曾在《大学之用》中写道：“在美国，人们期望大学校长成为学生的朋友，教职员的同事，校友的可靠伙伴，明智稳健的管理者，能干的公众演说家，精明的谈判人，同州议会交往的政治家，富有辩才的外交家，教育的优胜者，各专业行业的支持者，新闻发言人，地道的学者，州和国家的公仆……”可见大学校长的角色是复杂的、多层次的，学者们各有不同的观察角度和重点，但学界基本都认可了大学校长的教育家、学者、管理者、社会活动家四项角色身份。

1.2.2　关于我国大学校长素质实际状态的研究

在努力构建大学校长理想素质模型的同时，学者们也不忘关注大学校长素质的实际状态。

学者莫玉婉选取了38所“985工程”大学（国防科技大学除外）中的37位校长（四川大学尚无校长）和243位副校长作为研究对象，考察其现有的身份特征，认为“985工程”大学现任校长年龄分布相对集中、具有良好的教育经历与卓越的学术成就，并且具有相应的教育管理经历等，但在高等教育理论知识、国际化程度等方面略显不足。[32]学者李中伟选取2016年1月24日在任的“985工程”学校39位校长为研究对象，从基本情况、教育与学术背景、任职情况三个方面进行了统计，发现39位校长多为男性、汉族，平均年龄为57岁，处于“正当年”时期，大多数校长属异地任职，多为中共党员；名校毕业，全部具有博士学位，以理工科背景为主，均具有一定的海外经历，均具有正高职称且均是博士生导师，几乎都入选了各级各类人才工程；任职年龄正处于干事创业的巅峰期，提拔升任是最主要的选任方式，均是有一定的行政级别的，有的还兼社会行政职务。[33]学者李然以我国42所“一流大学建设高校”的现任校长作为样本，通过指标分析总结出我国“一流大学建设高校”现任校长的一般性特征：男士为主，平均年龄57岁，具有高学历、高职称，学科背景大多为理工科，大多有海外留学经历，由副校长/副书记升任现职，担任校长职务已经4~6年，都承担社会兼职。从总体来看，我国“一流大学建设高校”现任校长的专业背景实力相当雄厚，但工作经历单一，政治素质缺失；作为高校管理者的专业素质也有待加强。[34]

其他学者的研究也支持了这些结论，各位学者从人口统计学、教育背景、工作背景、学术成就等方面，通过数据分析总结出当代大学校长的特征。

1.2.3 关于我国大学校长素质提升的研究

学者们不仅仅局限于描述现状，也针对大学校长素质建设存在的问题，提出了对应的提升策略。

在管理体制上，学者陈坤华提倡健全校长监督机制，促进校长素质提高。[8]学者蔡世华认为应改善对大学的领导与管理方式，实行“无为而治”，构建有利于大学校长素质发展的政策环境。[22]席西民等学者则提出了中国知名大学管理体制改革中权力结构调整的三个原则：行政权力与学术权力适当分离；权力重心适当下移；权力适当分散。[25]

在选任机制上，学者蔡世华提出应加大从海外留学归国人员中选拔大学校长的力度。[22]学者莫玉婉认为需要确立制度化的遴选标准，增加教师、学生等利益相关者的参与机制，并且可以借鉴“中外合作大学”校长的遴选经验。[32]学者李中伟根据对“985工程”学校校长的个人特征分析，有针对性地提出了大学校长选拔任用的六条建议：加大女性大学校长选拔和任用力度；重视少数民族大学校长的培养和储备；促进大学校长学科研究转型；扩大大学校长选任视野；回归大学校长选任本真；加快大学校长职业化进程。[33]学者李然认为在任期上应改革我国大学校长任期制度，完善连任制度以便于校长办学思想落实。在选拔时，应注重其多样化职业背景、多元化教育背景，提倡采用陈银银和管华学者提出的“选任制”，同时提出将专业管理素养作为大学校长遴选考核的重要标准。[34]学者王长乐认为除了个人素质外平庸校长出现的最重要原因在于选拔机制出了问题，在借鉴国外经验、国内选拔领导干部和大学校长试点经验的基础上，可以适时推进大学校长选拔方式的科学化和民主化。[35]学者王洪才探索了大学校长生成机制，认为大学校长选拔应注重民族性标准和引导大学办出特色，具体应包括鉴别、选拔任用、评价和激励机制四个组成部分的构建。[36]席西民等学者通过对比国外知名大学校长选拔任命程序，从我国校长选拔聘任的现实情况出发，结合国外知名大学校长选拔聘任的经验，给出了“公开招聘、民主评议、委员会集中、组织审查、国家任命”的知名校长选聘程序建议。[25]学者陈坤华对民主选举校长表示了担忧，提出改革现有领导选拔制度为科学的选拔制度。通过人才评价专家测试，群众选举，最后组织部门任命的方式选拔校长。[8]

在培训机制上，学者陈坤华提倡加强校长队伍职业化建设。[8]学者蔡世华提出重建人文主义教育传统，实行大学校长人文素养测评与培训制度，提倡学习借鉴民国大学教育管理制度。[22]

还有学者提出了综合提升策略，刘晶玉和李德方两位学者基于上文提到的各自研究形成的研究型大学校长胜任力模型[3]和高职院校校长胜任力模型[4]提出了一系列从选拔、评价到培训的提升策略。学者程斯辉和李中伟提出从“学科型”大学校长走向“学校型”大学校长应遵循一定的发展路径，包含改革大学校长选拔任用条件，不断强化高等教育管理职能；促进大学校长学术转型，努力成为高等教育研究者；明确角色定位，加快大学校长的教育管理专业化进程；对专家学者担任大学校长后是否从事学科学术研究做出限制性规定；培养教育家型大学校长，尽早实现教育家办学。[10]关于如何提升素质，实现向教育家的转变，学者程斯辉认为要为大学校长施展才华、实现抱负创造宽松的环境；应实行大学校长选任的公开竞聘，赋予师生选择大学校长的权利；应赋予大学校长充分的办学自主权；构建大学校长任期跟踪考评制，赋予师生要求撤换校长的权利；强化大学校长任职的专业化要求；大学校长要淡化官员意识，努力提升自己的教育家素养。[21]

从选拔遴选机制到成长培养途径，从职业化发展到政治、人文各项素质的具体培训，学者们针对具体问题均提出了相应的对策。

2 总结评述

我国关于大学校长素质研究的文献虽然较少但涉及的内容丰富，无论是总体上通过不同研究路径对大学校长素质问题进行剖析，还是针对不同类型高校（如工科大学、农科大学、研究型大学、高等职业院校）校长的具体素质要求进行研究都对现代高校的建设起到重要作用。

在研究内容上，第一，研究各有侧重，百花齐放的同时难以形成研究合力。有的学者注重对于某一素质的具体分析，如心理素质、创新素质、政治素质、科研素质、财商等，有的学者注重对于整体素质模型的构建。在研究中有各自关注的重点能够关照更多现实情况的同时也造成了研究内容分散、大量重复、自成一家不成体系的问题。第二，在核心素质构建上达成一定共识。在研究中，诸多学者认识到了应关注中国特色，并对大学校长政治素质要求给予了关注，且在教育家办学和注重办学思想上达成一致。第三，研究体系化不足，横纵向结构未形成。学者们往往提出了几条并列层次的素质要求，但横向核心素质与一般素质标准及其细分，纵向合格与优秀标准及其衡量指标，均未形成清晰的层次。第四，研究仍任重道远，需搭建理论与实践之间的桥梁。虽然已有学者提出胜任力模型，构建了相应的素质标准，但在实践中几乎没有得到应用，如何进一步细化大学校长素质标准，使理论落地，真正指导实践仍需学者们继续思考。

学者们从采用总结归纳实践经验到通过文献分析、比较分析、个案分析、德尔菲法再到引入定量方法，研究方法逐渐多样，并追求定性与定量相结合。但同时由于相关研究采用量化分析研究的内容较为有限，导致研究结论解释力和说服力有限。

◎ 参考文献

[1] 许晓东．大学校长素质研究［J］．高等教育研究，1993（4）：21-28.

[2] 邸鸿勋，高廉平，袁自煌．论高等学校领导者的素质［J］．西南师范大学学报（人文社会科学版），1987（2）：38-43.

[3] 刘晶玉．研究型大学校长胜任力模型研究［D］．沈阳：东北大学，2011.

[4] 李德方．高职院校校长胜任力研究［D］．南京：南京大学，2014.

[5] 方阳春，贾丹，宣勇．专业化大学校长胜任特征模型研究［J］．复旦教育论坛，2015，13（6）：50-53.

[6] 罗先友．新时期大学校长的素质要求［J］．中国高教研究，1996（1）：44-45.

[7] 陈应鑫．高等学校领导者素质论［J］．广西社会科学，2007（4）：187-189.

[8] 陈坤华．现代大学校长的基本素质要求微探［J］．现代大学教育，2001（6）：92-94.

[9] 刘少雪．浅谈现代大学校长的素质［J］．科技导报，2001（9）：9-12.

[10] 程斯辉，李中伟．大学校长的立场："学科型"与"学校型"校长之辩［J］．清华大学教育研究，2015，36（4）：3-9.

[11] 赵万彬．民办大学校长的三种素质［J］．办公室业务，2018（9）：32-33.

[12] 罗德里克·德·弗雷泽．大学校长的素质能力和工作职责［J］．国家教育行政学院学报，2005

(11)：32-33.
[13] 陈艳．全球化时代中国大学校长的角色、素质与科学选拔［J］. 江苏社会科学，2011（5）：243-248.
[14] 张宗益．从参与全球公选的视角谈大学校长的职责与素质［J］. 中国高等教育，2012（19）：22-24.
[15] 栾兆云．中美大学校长队伍建设比较及其启示［J］. 大学教育科学，2008（1）：32-34.
[16] 吴坚．从国外知名大学校长的素质看教育背景在大学校长选拔中的影响［J］. 高等教育研究，2010，31（7）：105-109.
[17] 耿有权，刘琼．美国世界一流大学校长群体的素质特征及启示——以上海交大2011年美国大学排名前20名为依据［J］. 东南大学学报（哲学社会科学版），2012，14（6）：124-129.
[18] 郭俊，马万华．美国大学校长群体特征的实证研究——基于履历背景的视角［J］. 比较教育研究，2013，35（1）：17-21.
[19] 刘尧．大学校长应当具备的素质——评作为大学校长的朱九思［J］. 吉林教育科学，1998（9）：58-61.
[20] 程斯辉．中国近代大学校长研究［D］. 武汉：华中师范大学，2007.
[21] 程斯辉．中国近代大学校长成为教育家的当代意义［J］. 河北师范大学学报（教育科学版），2007（5）：5-13.
[22] 蔡世华．民国与当代：论中国大学校长群体素质历时性差异［J］. 中国矿业大学学报（社会科学版），2013，15（1）：97-103.
[23] 许庆豫．谈一流大学校长素质［J］. 吉林教育科学，1994（2）：45.
[24] 陈闻晋，胥青山，胡承群．试论中国大学校长的理想模式［J］. 高等教育研究，1995，16（6）：28-35.
[25] 席酉民，郭菊娥，王洪涛，王大刚．中外知名大学校长的比较研究［J］. 西安交通大学学报（社会科学版），2002，22（3）：74-83.
[26] 王鲁捷，王佳．试论大学校长评价［J］. 中国高教研究，2009（9）：58-61.
[27] 司洪昌．加强校长领导力建设　提升大学管理水平——“高校管理者素质提升与能力建设国际研讨会”综述［J］. 国家教育行政学院学报，2008（12）：92-95.
[28] 牛维麟．一流大学校长素质谈［J］. 中国高等教育，2004（24）：22-24.
[29] 吴玉厚．浅谈大学校长的素质与能力［J］. 国家教育行政学院学报，2005（10）：14-17.
[30] 王洪才．大学校长应具备的八种素质［J］. 河南教育（高校版），2006（1）：26-27.
[31] 黄蓓．大学生对大学校长的角色期待研究［D］. 金华：浙江师范大学，2017.
[32] 莫玉婉．“985工程”大学校长的身份特征、素质能力及遴选方式［J］. 国家教育行政学院学报，2013（12）：82-87.
[33] 李中伟．“985工程”学校现任校长个人特征研究［J］. 高校教育管理，2016，10（4）：32-43.
[34] 李然．我国“一流大学建设高校”校长素质调查研究［J］. 高教论坛，2018（7）：94-99.
[35] 王长乐．关于选拔大学校长的思索［J］. 科技导报，2002（6）：39-41.
[36] 王洪才．高水平大学校长生成机制研究导论［J］. 国家教育行政学院学报，2005（8）：31-36.